INTERNET, UNA PROFECÍA

Pablo Mayor y José M. de Areilza

INTERNET, UNA PROFECÍA

Ariel

Diseño de la cubierta: Joan Batallé

1.ª edición: marzo 2002

Provença, 260 - 08008 Barcelona

ISBN: 84-344-1233-0

Depósito legal: B.7.228 - 2002

Impreso en España

Queremos agradecer especialmente el apoyo y la financiación de la Fundación del Instituto de Empresa gracias a cuya valiosa colaboración este libro ha visto la luz.

PABLO MAYOR MENÉNDEZ
JOSÉ M.ª DE AREILZA CARVAJAL

ÍNDICE

TERCERA PARTE

ECONOMÍA Y SOCIEDAD

LOS AUTORES

PABLO MAYOR MENÉNDEZ es abogado del Estado, socio del despacho Clifford Chance y director del programa e-derecho del Instituto de Empresa.

JOSÉ M. DE AREILZA CARVAJAL es profesor de Derecho Comunitario y director del Área Jurídica del Instituto de Empresa.

ANDREW SHAPIRO es profesor en el Aspen Institute y profesor invitado de la Universidad de Yale.

ANDRÉS ORTEGA KLEIN es editorialista y columnista de *El País.*

BLANCA RODRÍGUEZ RUIZ es profesora de Derecho Constitucional en la Universidad de Sevilla.

MARÍA LUISA FERNÁNDEZ ESTEBAN es administradora de la Dirección General de la Competencia de la Comisión Europea.

PABLO DÍAZ DE RABAGO MAZÓN es abogado, socio del despacho Gómez-Acebo Pombo y profesor en el Instituto de Empresa (programa e-derecho).

MARIE-JOSÉ GAROT es profesora en el Instituto de Empresa (programa e-derecho).

GUSTAVO MATÍAS CLAVERO es profesor titular de Organización Económica Internacional en la Facultad de Ciencias Empresariales de la Universidad Autónoma de Madrid.

GREGORY C. UNRUH es profesor en el Instituto de Empresa y en Columbia University.

FEDERICO MAYOR ZARAGOZA es presidente de la Fundación Cultura de Paz. Ex Director General de la UNESCO.

JAN VISSER es presidente y fundador del Instituto para el Desarrollo del Aprendizaje.

INTRODUCCIÓN

Los ensayos agrupados en este libro bajo el título *Internet, una profecía* pretenden decir por dónde irá la red en los próximos años. A partir de una reflexión política, económica y jurídica, este ensayo de ensayos escrito por europeos y norteamericanos describe qué está pasando con el vertiginoso desarrollo de Internet. El libro dibuja un mapa esperanzador, pero también establece las cautelas propias que deben inspirar la universalización de un invento revolucionario.

El hilo conductor de estos ensayos se puede resumir en varias afirmaciones. Al margen de burbujas financieras especulativas, Internet ha venido para quedarse. La red contiene un potencial de liberación individual ilimitado. Los dilemas de «ciudadano en la red o consumidor» deben resolverse a favor de la persona, en su dimensión humana y política, con todos sus derechos fundamentales protegidos. El llamado ciberespacio en los primeros años de funcionamiento de Internet, la imagen de un continente nuevo sin materialidad física, está desapareciendo. A cambio, emerge un panorama de múltiples jurisidicciones estatales que compiten por regular la red y cuyos valores y principios a su vez están siendo transformados por ella.

De este modo, argumentamos en las siguientes páginas que el problema no es regular Internet o no, sino cómo hacerlo. Los precedentes de legislación internacional en los campos más variopintos son muy relevantes para el debate. También los ejemplos de autorregulación, que completan, pero no deben sustituir las legítimas regulaciones estatales, regionales e internacionales del comercio electrónico.

Al decir autorregulación no nos referimos sólo a los códigos de conducta que elaboran los operadores, sino que utilizamos el concepto amplio de Lessig, que incluye a las fuerzas del mercado, a los estándares de productos, al *software*, a los protocolos técnicos y a la arquitectura de la red. Al mismo tiempo, nos parece imprescindible politizar toda esa tecnología y preguntarse qué intereses refleja y qué valores favorece.

Por primera vez, hemos cableado el planeta para crear un mercado global. Es normal que muchas de las preguntas sobre esta revolución en marcha no tengan aún contestación y es saludable y democrático que muchos interrogantes tengan varias respuestas.

Finalmente, una precisión sobre el título del libro, que tiene una doble inspiración. Por una parte, se nutre de la optimista Carta de Okinawa (2000), en la que el G-8 celebraba el fenómeno de Internet. En un momento de exaltación, el texto pide que las normas sobre nuevas tecnologías sean proféticas. Por otra parte, el título está inspirado en una fabulosa ilustración sobre Europa del pintor y poeta inglés, William Blake.

Aunque la profecía sobre Internet que pudo hacer Blake la expresó sobre todo en los famosos versos iniciales de *Augurios de Inocencia (1794)*:

Hold Infinity in the palm of your hand and Eternity in an hour.

PABLO MAYOR MENÉNDEZ
JOSÉ M. DE AREILZA CARVAJAL

Primera parte

PODER

Capítulo 1

HERRAMIENTAS PARA LA DEMOCRACIA

Andrew Shapiro*

Hace quince años, Ithiel de Sola Pool publicó *Technologies of Freedom (Tecnologías de la libertad)*, una historia muy influyente sobre el control por el Estado de las distintas tecnologías de la comunicación. Después de comparar los entornos normativos que han regulado la impresión y el correo, el telégrafo y el teléfono, la radio, la televisión, la televisión por cable y las emergentes redes informáticas, Pool llegó a la conclusión de que la mejor manera de garantizar la libertad y el progreso consistía en que el gobierno quedase al margen de la regulación de las tecnologías de las comunicaciones. Opinaba que si el Estado los dejaba solos, los nuevos medios fomentarían la libertad, al igual que lo habían hecho los libros durante siglos.

En consecuencia, la imagen que se tiene de Pool, es que fue uno de los antepasados del actual consenso libertario sobre la política de las comunicaciones. Aún más, su llamamiento a favor de la limitación del poder gubernamental fue la consecuencia del momento que se vivía, una respuesta al legado de la Guerra Fría de manipulación gubernamental de los medios en los países comunistas, así como el erróneo intervencionismo del gobierno en los Estados Unidos y en otras democracias occidentales.

Con el cambio de siglo, la situación ha variado drásticamente. El mercado y el liberalismo económico guían la economía moderna en general y la política de los medios de comunicación en particular. A medida que se liberaliza el sector de la telefonía

* © Andrew L. Shapiro, *El mundo en un Clic*, Grijalbo, 2001.

y la radiodifusión de todo el mundo, y se privatizan sus redes, y a medida que la tecnología evoluciona a un ritmo superior a la velocidad de la luz, el control sobre los recursos de los medios de comunicación ha pasado casi completamente de manos del sector público al sector privado. Además, las sociedades se están poniendo en manos de los mercados, no sólo para repartir beneficios, sino para resolver los problemas sociales.

Se trata de una bendición poco clara para los individuos. Por un lado, el poder combinado de la tecnología y el mercado nos puede transmitir una sensación fantástica de dominio personal de nuestras circunstancias. A menudo puede parecer que podemos confiar en estos dos motores gemelos para lograr cualquier cosa. Sin embargo, esta revolución del control se puede desarrollar de forma impredecible. El aparente atractivo de un mercado sin restricciones puede ser, en realidad, un espejismo que oculte la limitación cada vez mayor de los valores de democracia y autonomía personal real. Resulta tentadora la idea de confiar en el sector privado para que se autorregule y en los consumidores para que protejan sus propios intereses. Pero hacer eso única y exclusivamente, provocaría relegar al estado de meras mercancías los principales bienes públicos, como son la libertad de expresión, la intimidad, la igualdad y el sentido de comunidad.

Parte del problema es que la revolución del control no garantiza una transferencia lineal del poder de las instituciones a los individuos. En particular, si las políticas liberalizadoras de la economía siguen prevaleciendo de forma simultánea a la debilitación del poder estatal, las empresas, en particular los conglomerados de grandes multinacionales, pueden sacar partido del vacío de poder resultante. Igualmente, el nuevo control individual puede conferir determinados poderes a los consumidores. Sin embargo, si tenemos en cuenta el desproporcionado poder de las empresas, puede que simplemente no seamos capaces de aprovechar nuestras habilidades en detrimento del sector privado. Sin ayuda, la revolución del control puede llegar a convertirse en un fracaso.

No obstante, se puede alcanzar un equilibrio si aplicamos principios jurídicos a este nuevo contexto, reconocemos el valor de los intermediarios y de los intereses locales y nos centramos en gran medida en lo que pueden hacer los individuos para que la revolución se produzca de forma exitosa, reconociendo, como dice Esther Dyson, que en un mundo donde el poder estatal se debilita, «los individuos deberán asumir una mayor responsabilidad con respecto a sus acciones y al mundo que están creando».[1]

Pero la acción individual no es suficiente en sí misma. Para lograr el equilibrio precisamos también acción colectiva, a menudo simbolizada a través de la intervención gubernamental. Por tanto, si queremos encontrar una solución para, por ejemplo, proteger a nuestros hijos de la pornografía, quizá precisemos que el gobierno regule la actuación de los intermediarios comerciales. Es posible que deba intervenir el poder judicial para garantizar que los sistemas en los que confiamos no socaven la justicia. Un mercado del *software* competitivo puede requerir el estímulo del gobierno. Y el gobierno puede que tenga que regular o incentivar a los intermediarios para que creen un foro público *on line* o para fomentar los intereses locales.

En esta línea, en el equilibrio que propugno destaca de manera más explícita la acción pública colectiva. Existen muchas áreas en las que las personas no pueden alcanzar un fin justo individualmente. Debemos actuar juntos para promover la igualdad y las oportunidades y con el fin de proteger nuestros derechos fundamentales.

En otras palabras, necesitamos un equilibrio entre el mercado y el gobierno, entre la libre elección y los valores democráticos.[2] Parte de este gobierno lo deben llevar a cabo con sentido de la justicia los ciudadanos, las organizaciones e, incluso, el sector industrial.[3] No todas las facetas de gobierno precisan la intervención del Estado. Esto es especialmente cierto si consideramos las oportunidades de autoordenamiento que proporcionan las nuevas tecnologías. No obstante, seguirá siendo necesario el tradicional intervensionismo gubernamental. Ya Friedrich Hayek, todo un sím-

1. Esther Dyson, *Release 2.0: A design for living in the Digital Age*, Nueva York, Broadway Books, 1997, p. 7.

2. La necesidad de un equilibrio entre los mercados y el gobierno, y una articulación de lo que cada institución puede hacer bien, se puede encontrar en Robert Kuttner, *Everything for Sale: The Virtues and Limits of Markets* (Nueva York, Knopf, 1997) y en George Soros, *The Crisis of Global Capitalism: Open Society Endangered* (Nueva York, PublicAffairs, 1998).

3. Un ejemplo de un gobierno tan innovador fue la aparición en 1998 de una organización internacional sin ánimo de lucro, Internet Corporation for Assigned Names and Numbers (Corporación de Internet para Nombres y Números Asignados), para asumir la administración del sistema de nombres de dominio de Internet. Véase *www.icann.org*

bolo libertario, escribió: «En ningún sistema que tenga justificación racional, el Estado no haría nada».[4] El objetivo consiste en aceptar que la Red y otros medios nuevos no son sólo meras tecnologías de la libertad, sino tecnologías de la democracia.

1. Mercados y redes de seguridad: el caso de la intimidad

A pesar de las voces que se alzan entre los ciberrománticos argumentando que la red es un territorio soberano en sí mismo, la idea de que el gobierno tiene un papel que desempeñar en el mundo en línea no es una proposición descabellada: el gobierno de los Estados Unidos patrocinó el desarrollo de la red, por tanto no tendría mucho sentido que se desentendiese completamente, en concreto cuando se trata de defender al consumidor.

Por lo general, la Administración Clinton parece haber entendido esto, aunque en ocasiones su política sobre Internet sigue caminos distintos en cuanto a la retórica y a la práctica se refiere, caminos que pueden parecer contradictorios.

Por ejemplo, aunque el presidente ha argumentado que el gobierno no debe «entorpecer» el crecimiento de Internet,[5] eso es exactamente lo que ha hecho su administración en determinadas ocasiones cuando se ocupa de las tecnologías de encriptación, la libertad de circulación de la información y la protección del dominio público. En el extremo opuesto, vemos que, en ocasiones, la Administración ha demostrado tener poca visión de futuro con su insistencia en adoptar una posición no intervencionista, no reconociendo, al menos inicialmente, los puntos en los que el control individual precisa la incorporación de la acción colectiva.

Un ejemplo ilustrativo es el enfoque de la administración para la protección de la vida privada del consumidor. En su intención por mantener su énfasis en la autorregulación del sector, la administración ha apoyado el desarrollo de un «mercado de la intimidad», en el que los individuos negociarían las prácticas para la recopilación de datos. Este enfoque está lleno de

4. Citado en Cass R. Sunstein, «The Road from Serfdom», *New Republic*, 20 de octubre de 1997, 26, 40.

5. «Remarks by the President in Announcement of Electronic Commerce Initiative», nota de prensa de la Casa Blanca, 1 de julio de 1997.

problemas que reflejan los motivos por los que no se debería dejar únicamente sobre los hombros de los ciudadanos la responsabilidad de proteger valores tan importantes como la vida privada. De un modo más general son también el reflejo de por qué es necesario que exista un equilibrio entre el mercado y la regulación.

El control individual de la información personal nos puede proporcionar un elevado grado de seguridad y convertirse en una especie de santuario. Podemos definir nuestras preferencias en cuanto a la intimidad de cada uno, beneficiarnos del uso de determinada información sobre nuestra persona y esperar estar mejor informados acerca del uso que se le dará a dicha información. Sin embargo, el mercado de la intimidad tiene fallos y problemas que nos deben hacer llegar a la convicción de que no tiene sentido evitar la intervención del conjunto del gobierno cuando se trata de proteger nuestros datos. Muy al contrario, debemos confiar en el gobierno como un intermediario leal que puede sentar las bases de la protección de la vida privada. Necesitamos establecer una red de seguridad de la intimidad: no se nos puede negar un nivel mínimo de intimidad sobre nuestra información personal, incluso si creemos que tiene sentido desprotegernos simplemente apretando el botón del ratón. Como mínimo, se debería evitar que los fabricantes recopilasen información de los menores y se debería establecer limitaciones sobre la práctica de recopilar información médica y financiera.

Se han dado pasos alentadores en esta dirección. A finales de 1998, el Congreso autorizó a la Comisión Federal de Comercio a que desarrollase una serie de normas que instasen a las páginas *web* a obtener un permiso de uno de los padres o de un tutor antes de recopilar información de un niño de doce o menos años.[6] De forma simultánea, la Comisión reiteró al sector de las comunicaciones en línea la advertencia de que recomendaría la aprobación de más leyes destinadas a proteger la vida privada, a menos que se adoptasen y se observasen en la propia industria estándares para la recopilación y el uso de información personal.

6. Véase la Ley sobre la privacidad en línea de los niños, Pub. L. N.° 105-277, 105 promulgada en la Cámara de los Representantes 4328 (1998) (codificada en varias secciones del título 13 del Código de los Estados Unidos).

El presidente Clinton también hizo un llamamiento para la aprobación de leyes destinadas a proteger la intimidad de los datos médicos.

El gobierno federal debería hacer más para crear un entorno donde la naturaleza privada de la información personal sea la regla, no la excepción. La responsabilidad debería recaer sobre los encargados de recopilar datos para que justificasen las prácticas que llevan a cabo, en lugar de sobre los desafortunados individuos que tratan de protegerse en un mercado nuevo y desconcertante. En el estado actual, estamos en desventaja.

Por el contrario, la directiva sobre datos personales de la Unión Europea insta a los recopiladores de datos a que obtengan un permiso de cada persona antes de reunir información delicada. De esta manera se le otorga a los individuos el derecho a revisar y corregir los errores contenidos en la información recopilada. Al mismo tiempo, les facilita un remedio exclusivo en caso de violación de su vida privada.[7] Aquí haríamos bien en seguir el modelo europeo, según el cual se considera que a pesar de que el mercado y la tecnología se pueden utilizar para mejorar la intimidad, el gobierno debe cumplir con su parte.[8]

Además de con el fin de crear una red de seguridad de los datos personales, el gobierno debe actuar aunque sea simplemente para proporcionar un marco legal concreto en el que un mercado de la intimidad pueda funcionar de forma eficaz y justa. Es necesario disponer de un mecanismo que garantice su cumplimiento, con el fin de, por ejemplo, prevenir la sustracción de datos y garantizar un trato justo y su observancia. Independientemente de que confiemos en los esfuerzos autorreguladores de grupos del sector, como la Asociación de Marketing Directo, lo que es seguro es que no pueden controlar las acciones de las empresas pirata que se introducen en la red para rastrear los pasos de un usuario confiado. Muchas naciones eu-

7. «Directiva de la Unión Europea 95/46/EC del Parlamento Europeo y del Consejo del 24 de octubre de 1995 sobre la protección de los individuos con respecto al procesamiento de datos personales y del libre movimiento de dichos datos» que entró en vigor el 25 de octubre de 1998. La directiva y la información referente a la misma están disponibles en *www.cdt.org/privacy/eudirective*

8. Véase John Markoff, «Differences Over Privacy on the Internet», *New York Times*, 1 de julio de 1998, DI.

ropeas disponen de algún tipo de autoridad central responsable de la protección de los datos personales de los usuarios. El gobierno de los Estados Unidos debería seguir su ejemplo y crear una agencia federal para coordinar la protección de la intimidad, tanto dentro del país como en el extranjero, o como mínimo, designar a una agencia existente como centro de intercambio de información de todos los asuntos políticos relacionados con los datos personales.

2. **Código y comercio**

Además de proporcionar redes seguras allí donde fallan los mercados, el gobierno debe proteger a los consumidores en el cambiante mundo comercial. ¿Cómo, por ejemplo, seremos capaces de preservar dichas funciones públicas, entre las que se encuentran el sistema tributario, la seguridad y la revelación de la información, que se han confiado a la presencia de intermediarios que pueden estar desapareciendo? La respuesta es el código de la red. Reconociendo una vez más el valor que supone aplicar los principios jurídicos en el nuevo contexto, es necesario que solicitemos al gobierno que apoye la creación o cree códigos de intermediación que puedan asumir algunas de las funciones de interés público que en su momento asumieron los intermediarios tradicionales.

Estos nuevos intermediarios podrían ser de algún modo similares a Amazon y al resto de intermediarios digitales que actúan en un nivel adicional de intermediación en el mercado. Sólo así, el nuevo valor añadido no estaría orientado hacia el precio o la elección, sino hacia la protección del bien público.

En el caso de los impuestos sobre las ventas y la perspectiva de lucro cesante, por ejemplo, podríamos encontrar una solución técnica que se introduzca en la nueva arquitectura del comercio electrónico. Las transacciones comerciales se basarán cada vez más en el dinero digital, denominado en ocasiones dinero electrónico, que se puede transferir por Internet de manera rápida y segura. Para garantizar la seguridad de este dinero, que proviene de la fuente adecuada, no ha sido manipulado, etc., las terceras partes, al igual que ocurre con las compañías de tarjetas de crédito, están empezando a procesar las transacciones y a autenticar la identidad de los usuarios.[9] El gobierno se podría beneficiar de esta situación, instando a dichos intermediarios transaccionales a que remitan de forma automática una pequeña parte del importe abonado a la autoridad tributaria competente.

De hecho, el problema de la competencia de las jurisdicciones que solicitan el reparto de una transacción en línea se podría resolver incluso mediante el uso de dichos recaudadores de impuestos digitales. No sería difícil, digamos, repartir seis centavos de cada dólar entre los tres estados que representan respectivamente la ubicación del comprador, el vendedor y el servidor informático que procesó la transacción.[10] Con lo impopular que puede ser hoy en día la imposición de impuestos en Internet, si el gobierno experimenta una sustancial disminución en los ingresos y se ve forzado a realizar recortes presupuestarios en servicios básicos como la educación o la lucha contra la delincuencia, se producirá un fuerte apoyo popular para la recaudación digital de impuestos.

En algunas zonas, podemos solicitar al gobierno que estimule el desarrollo de códigos de intermediación que aún no existen. Para evitar el fraude y fomentar la transparencia podemos, por ejemplo, hacer uso de la flexibilidad y la interactividad de la red para crear intermediarios que realicen algunas de las tareas que suelen hacer los *brokers*, los agentes y los proveedores. A un vendedor digital de activos financieros se le podría solicitar que estableciese en su página *web* un enlace destacado a un código de intermediación (un tercero independiente, como por ejemplo la Asociación Nacional de Corredores), que valoraría una oferta o informaría de si el vendedor tiene antecedentes de fraude o falta de ética profesional.[11] Se puede incluso instar a un

9. Véase, por ejemplo, la descripción de DigiCash en *www.digicash.com/e-cash/ecash/ecash-home.html*

10. Al considerar tal posibilidad, Ira Magaziner, entonces asesora jefe para Internet del presidente Clinton, observó que «las autoridades tributarias ahorrarían dinero mediante la obtención de una mayor conformidad y una pronta obtención del dinero». Matt Hamblen, Sharon Machlis y Patrick Thibodeau, «Politicos Wrangle Over Internet Taxes; Partial Ban Could Derail Moratotium Bill», *Computer World*, 9 de marzo de 1998, I, 16.

11. Para obtener un ejemplo interesante de un intermediario digital que intenta prevenir el fraude, véase *www.scambusters.com*

vendedor a poner directamente en su página *web* una valoración hecha por un agente independiente o un sello de aprobación de dicho intermediario. No existe ninguna diferencia con la práctica de obligar a los bancos asegurados en el ámbito federal a que coloquen un cartel diciendo «asegurado por el FDIC».[12] La ausencia de dicha información puede ser, en ocasiones, un indicador más valioso para los consumidores que su misma presencia. Intentos similares de utilizar la transparencia en otros contextos a modo de regulación indirecta han tenido mucho éxito.[13]

Las objeciones al gobierno por jugar a ser arquitecto del ciberespacio de este modo son previsibles. Los libertarios argumentarán que el Estado no debería interrumpir la autoordenación del mercado. Y si una industria tiene éxito en la creación de dichos intermediarios por sí misma, es posible que se pueda alcanzar un esquema de gobierno apropiado sin que el Estado tenga que intervenir en gran medida. Sin embargo, la autorregulación, tal y como sugiere el caso de la protección de la vida privada, nunca será suficiente. El gobierno debe sentar las bases para el comercio, y estar pendiente del código que surge en la red con el fin de proteger el interés público.

Al mismo tiempo, tal y como ya hemos visto en el caso de la encriptación y de la libertad de expresión, los intentos del gobierno por influir en este código pueden repercutir tanto positi-

12. Véase 12 U.S.C. sec. 1828 (1998) (donde se solicita a los bancos asegurados por la Corporación Federal de Seguros de Depósitos (FDIC) que colocasen signos que indicasen que los depósitos estaban asegurados federalmente hasta 100.000 dólares. En el contexto en línea, la facilidad de acceso a la información, a través de metadatos o estableciendo vínculos, permite al consumidor aprender mucho más acerca del proveedor que simplemente saber si está aprobado por el gobierno.

13. Los ejemplos de «regulación de información pública» incluyen los requisitos de que las líneas aéreas estadounidenses publiquen los registros de las llegadas a tiempo y las estadísticas sobre equipajes perdidos. Cuando se le instó a que revelase dicha información, obviamente las compañías aéreas lo vieron como un incentivo considerable para que mejorase su rendimiento, de modo que estuvieran situadas a la cabeza del sector y no a la cola. Una solicitud similar de revelación de datos se ha utilizado en el sector de los seguros de los automóviles (tarifas de accidente para cada modelo), concesión de préstamos hipotecarios (desestimados por razones de raza, sexo y nivel de ingresos) y protección medioambiental (lista de materiales tóxicos en diversos productos). Véase Brin, *The Transparent Society: Will Technology Force Us to Choose Between Privacy and Freedom?* Reading, Mass., Addison-Wesley, 1998, pp. 252-253.

va como negativamente. No sólo existen problemas potenciales en materia de legitimidad y jurisdicción debido a la aparente naturaleza sin fronteras de la red, sino que, además, al Estado le resulta complicado operar en un dominio en el que todo cambia a gran velocidad y es técnicamente tan complejo. Además, no estamos acostumbrados a aplicar los procesos de control político tradicionales al poder gubernamental, tanto constitucional como de otro tipo, en el terreno de los oscuros protocolos de la tecnología más avanzada. A pesar de que el gobierno tiene un papel que desempeñar en todo esto, los ciudadanos representan un papel igual de importante a la hora de velar para que el Estado no cometa abusos de poder o ejerza su autoridad de forma incompetente. El reto al que nos enfrentamos se centra en hallar el equilibrio adecuado: preservar ciertas funciones de los intermediarios cuando el interés público lo requiera, al tiempo que se permite funcionar al mercado.

3. El control del poder

El control de las comunicaciones es otra área crítica en la que es preciso lograr el equilibrio entre el mercado y el gobierno. Sin dificultar el crecimiento y la eficacia de los sectores emergentes, necesitamos maneras efectivas de controlar las concentraciones de poder en este campo tan próximo al conocimiento, al debate público y a la libertad de expresión. Probablemente, la promesa de conferir poderes a los individuos se irá al traste si unas pocas grandes empresas tienen un control ilimitado de la infraestructura de nuestras comunicaciones emergentes.

La evolución de la Red en los últimos años sugiere que en la medida en que las nuevas tecnologías acaben con la escasez de las ondas hertzianas y los costes de la impresión a gran escala, cualquiera podrá expresarse y, en cualquier caso, beneficiarse de la prodigalidad de las nuevas tecnologías, siempre y cuando esté conectado. Centrándonos en esta contingencia, las iniciativas del interés público han enfocado sus preocupaciones en gran medida en poder proporcionar acceso universal a la red. Los programas federales, como el plan de la «tarifa electrónica», por ejemplo, subvencionan el acceso a Internet en las escuelas y bibliotecas de las zonas menos favorecidas. Además, se han realizado numerosos esfuerzos voluntarios para llevar los ordenadores y las conexiones de Internet a las aulas.

El acceso es un primer paso necesario, pero no es suficiente para garantizar que se logre todo el potencial democrático que puede ofrecer la red. Los grandes operadores, por ejemplo, pueden influir, o incluso restringir, la capacidad de los usuarios de expresarse libremente, o de poder elegir sus propias opciones de contenido. Las características del entorno operativo Windows de Microsoft que guía a los usuarios directamente a sus sitios de comercio y de contenidos preferidos parece ser, tal y como pone de manifiesto el alegato del Departamento de Justicia estadounidense en el litigio antimonopolio, un caso clásico de proveedor de acceso dominante que, de manera desleal, estimula sus propios intereses a costa de los demás. Incluso Pool, paladín del liberalismo económico, insistió en que «el monopolista del canal no debe tener el control del contenido».[14]

Como resultado, deberíamos pensar en el modo de aplicar un principio atemporal a un contexto que ha cambiado. Este principio no es complicado: *En una sociedad democrática, aquellos que controlan el acceso a la información tienen la responsabilidad de apoyar el interés público*. Como consecuencia de su poder sobre un recurso tan importante, estos guardianes deben asumir su obligación como depositarios y administradores del bien más preciado. De hecho, a no ser que ofrezcan claras muestras de que están asumiendo esta responsabilidad de forma voluntaria, el gobierno debería imponérsela.

Esta idea de fideicomisario público puede que sea simple, pero no lo es tanto cuando se trata de encontrar una regla adecuada para que se convierta en realidad en el contexto de la red emergente. En el contexto de otros medios ha sido bastante sencillo implantar esquemas similares. Los principales periódicos cumplen con sus obligaciones públicas a través de su propia iniciativa de cubrir las elecciones y los temas de interés público, de incluir anuncios de servicios públicos y de dedicar un espacio a las cartas al director y a los artículos de opinión. Las emisoras de radio y televisión se han comprometido con esfuerzos voluntarios similares y,

14. Pool, *Technologies of Freedom*, Cambridge, Mass., Belknap Press, 1983, p. 173.

de forma notable, están sujetos a una serie de leyes que les obligan a dedicar una parte de la programación a asuntos públicos, educativos y de interés para el ciudadano. En ambos casos, la idea es que los guardianes de esa información deberían compartir la *audiencia* a la que tienen acceso, debido al poder comercial del que gozan con respecto a aquellos que les dedican su atención.

Al menos esto es lo que se supone que debería ocurrir. En la práctica, los periódicos, y en especial las emisoras de radio y televisión, con frecuencia no hacen lo suficiente por el público. La creciente consolidación de la propiedad de los diarios que se ha experimentado durante los últimos años, ha llevado a realizar nuevos recortes en las plantillas y a que se simplifique la cobertura. Además, por lo general, las emisoras de televisión han intentado salir del paso con lo mínimo en lo que se refiere a proporcionar programación educativa para los niños, al tiempo en antena del que han dispuesto los candidatos políticos y en general a la cobertura destinada a los asuntos de interés público. Con el regalo del Congreso que supone el espectro de la televisión digital, valorado por algunos analistas en cerca de 70.000 millones de dólares, las protestas se han hecho cada vez más enérgicas y latentes solicitando una mayor dedicación de las cadenas de televisión a los asuntos públicos.

Independientemente de que esto se logre o no, la idea subyacente, sin embargo, es la misma: los principales proveedores de acceso están obligados a devolver algo al público, a la comunidad que les proporciona el sustento. Si aplicamos este principio al contexto de los nuevos medios de comunicación, es necesario realizar pequeños ajustes. Tal y como Pool predijo acertadamente, es posible que los requisitos de acceso público a las emisoras no funcionen en un mundo sin la escasez y la carestía que suponen los canales. De hecho, con los precedentes legales actuales, no sería constitucional. Los defensores del liberalismo económico concluyen que los guardianes en línea no deberían tener que enfrentarse a más obstáculos y trabas que los que tienen actualmente los editores de periódicos. Sin embargo, esta analogía tampoco puede funcionar ya que intermediarios *on line* tienen el potencial de convertirse en canales de transmisión, ya sea de otros contenidos, de actividad comercial, o de cualquier otro tipo de información, y son más poderosos que cualquier periódico o revista.

Por tanto, es una prioridad social el garantizar que los grandes proveedores de acceso no utilicen de forma injusta sus poderes. Y, a pesar de que las organizaciones sin ánimo de lucro o los ciudadanos pueden adoptar ciertas medidas de forma individual, se trata de un área en la que es necesario que el Estado actúe en nuestro nombre como fuerza compensatoria ante los poderosos intermediarios comerciales. Recurriendo a algunas de las ideas que ya he mencionado con anterioridad, a continuación se indican una serie de actuaciones que el gobierno podría llevar a cabo. El Estado podría, por tanto:

— *Limitar la protección de la propiedad intelectual* de los sistemas operativos y de otro tipo de *software* que llegue a dominar el mercado y bloquee, de forma efectiva, la posible competencia. El éxito de Microsoft reside en el *copyright* del producto. Sin embargo, ese derecho es un beneficio concedido por el Estado que no se debe dar por sentado. Básicamente, la finalidad del *copyright* es proteger trabajos creativos, no productos instrumentales, en concreto aquellos que debido a los efectos de la red se han convertido en monopolios. Si el coste social de tan amplia concesión de poder a una sola empresa no es coherente con el interés público, lo correcto es limitarlo. Por tanto, llega un momento en el que el código de un producto dominante (como Windows) entraría en el dominio público y los competidores podrían basarse en el mismo para ofrecer productos alternativos públicos. De hecho, esta solución sería preferible a los interminables pleitos antimonopolio.[15]

— *Perseguir casos en los tribunales de justicia y a través de la opinión pública*. En el caso de Microsoft, los fiscales del Departamento de Justicia probaron que el gobierno puede considerar a las empresas responsables de comportamiento desleal y contrario a la libre competencia y, al mismo tiempo, despertaron la conciencia pública en tor-

15. El economista Garth Saloner y el profesor de derecho David Post se encuentran entre aquellos que han argumentado que los estándares que se han convertido en dominantes a través de los efectos de la red deberían, quizás, perder su estatus de propiedad. Véase David Post, «Opening Up Windows», *American Lawyer*, junio, 1998, 79.

no a las políticas de elección en la era digital. Esto incluye suscitar el debate acerca de lo que constituye el juego limpio en el complejo y cambiante mundo de los nuevos medios.

— *Promover el uso diversificado y tolerante de la tecnología interactiva* mediante, entre otras cosas, el fomento o, si fuera necesario, la obligación a los poderosos guardianes de proporcionar a sus audiencias un fácil acceso a algo como Public Net (Red Pública): un foro público en línea donde se pueden escuchar las opiniones y los puntos de vista de comunidades, sociedades sin ánimo de lucro e individuos independientes.

— *Estimular un mercado de* software *competitivo* financiando el desarrollo y la investigación de tecnologías sin propiedad exclusiva y disponible para todas las fuentes.

— *Fomentar accesos locales*, o cualquier otra red de la comunidad que tenga el firme compromiso de proporcionar un espacio de diálogo para los ciudadanos. Al igual que ocurre en Blacksburg, los gobiernos locales pueden liderar el camino hacia el establecimiento de asociaciones entre activistas de la comunidad, los educadores y las empresas locales. Asimismo, el gobierno debería sugerir a los servicios comerciales en línea que reconociesen su obligación de brindar apoyo a las comunidades locales, utilizando incentivos financieros si fuera necesario.

En cada caso, el objetivo implicaría preservar la eterna idea de que los grandes medios de comunicación tienen la obligación de actuar, al menos parte del tiempo, como fideicomisarios del interés público.[16]

16. En lo que se refiere a la constitucionalidad de esta idea, el eminente erudito de la Primera Enmienda, Zechariah Chafee, dijo bien cuando explicó que los mercados del discurso público, al igual que los mercados de productos, requieren en ocasiones una cierta regulación con el fin de trabajar de forma más llevadera. Como resultado, afirmó: «El gobierno puede definir las reglas del juego que fomentarán el discurso público en lugar de restringirlo». Zechariah Chafee Jr., *Government and Mass Communications: A Report from the Commission on Freedom of the Press* (Chicago, University of Chicago Press, 1947), 471.

4. El nuevo gobierno

El mito sublime de que la interacción en línea se produce en una frontera inexplorada y sin ley ha perdido su lustre. Los atentos legisladores y los analistas políticos reconocen que el gobierno tiene que desempeñar un papel muy importante en este campo. Si echan un vistazo a su propia agenda legislativa, sería complicado que los legisladores llegasen a alguna otra conclusión. En el 105.° Congreso, que finalizó en 1998, se presentaron más de cien proyectos de ley relacionados con Internet, sobre temas como el control de contenido, la intimidad, la propiedad intelectual, el problema del año 2000, las infraestructuras y la tributación del comercio electrónico.[17] Se produjo un crecimiento similar de la actividad de cámaras legislativas estatales y, en el ámbito internacional, en organizaciones internacionales como la Organización Mundial del Comercio.

Por supuesto, no toda esta actividad es digna de elogio. Cuando los legisladores se acercan a la red, con frecuencia la perjudican en mayor medida que la benefician. En parte, esto se debe a lo novedoso de la tecnología, y en particular a la falta de familiaridad del gobierno con todo lo relacionado con la regulación del código de la red. Sus intentos por modificar el código parece que a menudo afectan en mayor medida al comportamiento de los individuos de lo que pretenden, y de diversas maneras. Del mismo modo, los legisladores no son capaces de percibir la necesidad de adaptar los principios existentes a los nuevos contextos, en lugar de empezar desde cero. O bien, recurren a las reglas tradicionales sin tener en cuenta el nuevo contexto de la red.

Sin embargo, los errores cometidos serán cada vez menos frecuentes a medida que la red se convierta en un elemento más familiar y se confunda en el paisaje de las demás comunicaciones, y que sus defensores logren educar a los políticos. En de-

17. La base de datos Thomas del Congreso de los Estados Unidos (*thomas.loc.gov*) contiene en realidad 219 proyectos de ley con la palabra «Internet» del 105.° Congreso (1997-1998). La misma base de datos muestra veinticinco de dichos proyectos de ley del 104.° Congreso (1995-1996) y cuatro del 103.° Congreso (1993-1994). Para obtener un resumen de la legislación más importante en materia de Internet del 105.° Congreso, véase Alan N. Sutin y Ellen Goldberg, «High-Tech Agenda in Congress», *New York Law Journal*, 21 de diciembre de 1998, S3.

terminadas circunstancias, la vanguardia digital haría bien en adoptar un enfoque más comprensivo con respecto a las preocupaciones del gobierno. Con el fin de que las autoridades públicas aprecien los beneficios de la revolución del control, se les debe mostrar que esta transformación no es una invitación a la anarquía o un rechazo categórico de todo lo que conocemos. De hecho, los legisladores deberían ser conscientes de que, sin su ayuda, la revolución del control no será consistente con los valores democráticos y el bienestar individual.

Un informe sobre la política adoptada con respecto a Internet publicado a finales de 1998 por la Administración Clinton sugería que el papel del gobierno en el terreno de las comunicaciones por Internet no iba a diferir en gran medida del que debe desempeñar en la vida de los ciudadanos en otros ámbitos. Se trataba de una mejora de la retórica de un año antes, cuando Clinton calificó la red como «una zona mundial de libre comercio».[18] Era un retorno al lenguaje moderado del plan de Clinton del año 1993, que destacaba que el gobierno tenía que desempeñar «tareas esenciales» para el desarrollo de los nuevos medios y para garantizar que beneficiaría a todos los ciudadanos americanos.[19]

Por lo general, los grupos de activistas ciudadanos deberían, indistintamente, aprender a reconocer el contorno de la política sobre Internet, en concreto sobre la regulación del código, ya que es donde se celebrarán en el futuro numerosos debates acerca del bienestar social, las libertades civiles y la justicia económica. La tecnología más avanzada no será un dominio especializado de los científicos y los ingenieros informáticos. Se convertirá en un área que afectará íntimamente a nuestras vidas.

Finalmente, cuando se trate de equilibrar el mercado y el gobierno, deberemos recordar que los cambios se están produciendo en lo referente al modo y al lugar en el que se llevará a cabo

18. «Remarks by the President in Announcement of Electronic Commerce Initiative», nota de prensa de la Casa Blanca, 1 de julio de 1997.

19. Véase The National Information Infrastructure: Agenda for Action (1993), en *www.usgs.gov/public/nii/NII-Executive-Summary.html* El informe de 1998, «US Government Working Group on Electronic Commerce, First Annual Report», junto con otros informes sobre Internet, se puede encontrar en *www.ecommerce.gov*

el gobierno. En parte esto se debe al proceso de globalización que la tecnología posibilita. Sin embargo, también es debido a que las entidades privadas, incluidas empresas y las organizaciones creadoras de estándares sin ánimo de lucro, estarán tomando muchas decisiones casi gubernamentales sobre tecnología que conformarán el paisaje de nuestras comunicaciones y, por tanto, nuestro mundo.[20]

Esto puede ser ventajoso en el sentido de que estas alternativas al gobierno tradicional pueden producir unos resultados más eficaces de lo que podría hacerlo la burocracia. Sin embargo, debemos permanecer atentos al poder de esta nueva regulación de los códigos. Debemos examinarlo y juzgarlo según los valores democráticos y exigir que sea responsable. De lo contrario, estaríamos enfrentándonos a la privatización de la política.

Igualmente problemática es la manera en que el contrato social descrito por John Locke podría pasar de ser una metáfora a convertirse en una realidad, en la medida en que algunos ciberrománticos literalmente urgen a los ciudadanos a que dejen a un lado al Estado y aspiren al «gobierno privado» que se ajuste a sus necesidades. Tal y como James Dale Davidson y lord William Rees-Mogg escribieron «serás capaz de obtener un gobierno tan personalizado para satisfacer tus gustos y necesidades personales como unos pantalones vaqueros».[21] En otras palabras, a cambio de una cantidad adecuada de dinero puedes adquirir seguridad e infraestructura, sin obligaciones con los demás. Éste es, por supuesto, el tipo de extremismo solipsista contra el que se lucha, pues lleva las cosas al extremo.

¿Qué podría ocurrir en un mundo así? Las instituciones del gobierno actual pasarían de ser molestas y observadas con recelo a ser innecesarias y, en último caso, irrelevantes. Aun cuando parezca en ocasiones que esto es lo que se merecen algunos gobernantes, no podemos dejar que la debilidad de nuestras circunstancias actuales haga que perdamos toda nuestra fe en aquello que es posible. Es más, semejante desacatamiento de las obligaciones y de la autoridad podría poner en peligro la libertad.

20. Véase, por ejemplo, Simson L. Garfinkel, «The Web's Unelected Government», *Technology Review*, noviembre-diciembre de 1998, 38.

21. Davidson y Rees-Mogg, *The Sovereign Individual: How to survive and thrive during the collapse of the Welfare State*, Nueva York, Simon and Shuster, 1997, 320.

¿Podría la democracia americana sobrevivir si sus instituciones políticas (la Presidencia, el Congreso, el Tribunal Supremo) fueran incapaces de establecer y mantener su autoridad? ¿Qué ocurriría con las escuelas, la prensa o las instituciones religiosas?

Como afirma el filósofo político Jean Bethke Elshtain: «Autoridad y libertad no son conceptos opuestos: son gemelos. Si acabamos con uno de ellos, perdemos el otro».[22]

Por tanto, desde un punto de vista más equilibrado la revolución del control nos concede oportunidades extraordinarias, pero al mismo tiempo acarrea nuevas responsabilidades. Los individuos *serán* más responsables de conservar la libertad, salvaguardar la democracia y crear una sociedad civil, lo que cambia por sí mismo la naturaleza del gobierno. «Más que nunca», afirma el autor británico Charles Handy, «dependemos de nosotros para forjar nuestro propio destino».[23]

Sin embargo, todo el control individual del mundo no sirve para construir una sociedad justa o hacer nuestras vidas más plenas. De hecho, nos alejará más de estos objetivos. Nuestro nuevo poder individual debe estar equilibrado mediante la cooperación, la reciprocidad y la acción colectiva. Sólo entonces seremos capaces de disfrutar de las ventajas que nos aporta.

En esta búsqueda, no debemos subestimar la contribución única del Estado. Puede intervenir, de alguna de las maneras sugeridas anteriormente, para proteger la libertad individual y los derechos fundamentales. Y, en líneas generales, de la misma manera que fomenta el equilibrio en áreas como la salud, los mercados financieros y la protección del medioambiente, puede llevar a cabo la importante tarea de promover el equilibrio en la compleja ecología del control con la que estamos empezando a toparnos.

22. Jean Bethke Elshtain, «Authority Figures», *New Republic*, 22 de diciembre de 1997, 11-12.

23. Handy, *The Hungry Spirit: Beyond Capitalism: a quest for purpose in the Modern World*, Nueva York, Broadway Books, 1998, 63.

Capítulo 2

LA RED Y LA POLÍTICA SUPERNACIONAL

Andrés Ortega Klein

1. Introducción

La historia se hace a base de paradojas y contradicciones. Internet nació como un proyecto gubernamental, impulsado, como es sabido, por el Pentágono (aunque la idea original naciera del CERN europeo). Pero ha cumplido tan bien su objetivo que ha cobrado vida propia, y se ha separado de la esfera gubernamental, tanto que es un nuevo factor a tomar en cuenta en las relaciones supernacionales. Pues la Red es un nuevo medio de redistribución del poder que puede tener consecuencias comparables a la invención de la imprenta, y que constituye un nuevo elemento de cambio y erosión de la tradicional soberanía estatal, como aquí queremos explicar, examinando primero el alcance social de Internet, su influencia en la manera de hacer política local y supernacional, las vulnerabilidades que conlleva la red, el intento de los gobiernos de recobrar el control sobre la Red. Cabe adelantar que Internet produce a la vez más globalización y más localismo. Puede favorecer la parcelación, al tiempo que la unificación, y, asimismo, forzar la apertura de sociedades cerradas, si no se quieren quedar al margen de este aspecto esencial de la globalización.

Internet es un nuevo medio, un paso más —cuantitativo y cualitativo— respecto al telégrafo, el teléfono, la radio, la televisión y el llamado *efecto CNN*. Estamos en los albores de este fenómeno y sus consecuencias sólo pueden atisbarse. La banda ancha traerá el segundo salto. Aquí pretendo acotar el inmenso campo que se abre para esbozar lo que pueden ser algunos efectos de Internet (con algunos excursos en otros medios de comunicación) en la vida supernacional (termino que engloba los conceptos de inter-, supra- y trans-nacional), que de la mano de *la red de redes* se ha convertido en una espacio de flujos, por utilizar la terminología de Manuel Castells.

2. La brecha digital

El primer dato del que hay que partir es que, siendo ya un fenómeno de masas y transnacional, Internet es aún, en términos mundiales, algo minoritario. El tráfico en Internet dobla cada 100 días, se calcula que para 2005 habrá 1.000 millones de personas conectadas, muchos, pero menos de una sexta parte de la población mundial. Si en poco más de un lustro, todo lo publicado —que no significa toda la cultura— va a estar en la Red, sólo una parte de los 6.100 millones de habitantes de la Tierra tendrá acceso a ella. Con Internet se está generando una nueva *arquitectura de la inteligencia*, que si no es distributiva, como pedía Al Gore, no logrará colmar las divisiones entre los que tienen acceso y los que no a estas nuevas redes de información. Y aunque crece el número de usuarios, un tema preocupante de cara al futuro es la *brecha digital* que se está abriendo entre los que tienen acceso a la red y los que no lo tienen, y que puede ahondar con las diferencias económicas, en un mundo en el que a finales de los noventa, 80 países tenían un PIB por habitante inferior al de una década antes. El Informe sobre Desarrollo Humano del PNUD de 1999 se centró sobre esta brecha digital, así como el Foro Económico Mundial de Davos, en su edición de 2001.

Las telecomunicaciones globales entran en todos los países, pero no en todos los sectores de la población mundial: un 50 % de la población mundial no usa nunca el teléfono. Es más, vive a dos horas de distancia del teléfono más cercano, aunque esto puede empezar a cambiar con la difusión de las redes para móviles. Como indica el PNUD, la revolución de las tecnologías de la información, que se hallan en su infancia, está alterando notablemente la geografía de la información —la geografía del conocimiento y el privilegio, como prefiere llamarla David Held—, y ha intensificado la corriente desequilibradora de la información, produciendo situaciones paradójicas, no sólo con Internet. Así, es igual de probable que un pueblo en China esté en contacto con Hollywood y la publicidad a través de la televisión, que por carretera o ferrocarril con otra localidad a tan sólo 50 kilómetros de distancia.

La brecha digital —que no se da sólo entre países, sino también en el seno de las sociedades avanzadas— responde tanto a carencias en el acceso a la red como en formación y educación. Pero además de por la falta de infraestructura, a menudo el acceso se ve dificultado, no sólo por cuestiones de control político (que abordaremos después), sino también de impuestos, pues muchos países del Tercer Mundo, especialmente en el África subsahariana, ponen tasas a las llamadas telefónicas que dificultan la extensión de la Red. Los países y los sectores sociales que no pueden físicamente acceder a la Red necesitan para superar la brecha, ayuda exterior, pública y privada. De otra forma, se quedarán estancados, al margen del nuevo paradigma de la sociedad informacional.

La brecha, como decimos, no es sólo geográfica sino también social. La llamada Nueva Economía de la que Internet es parte, favorece la creación de elites locales globalizadas, y por tanto conectadas, pero cada vez más separadas de su población. Es lo que ocurre, por ejemplo, en la India, con los que trabajan en la red o en temas conexos como la creación de *software.* Por una parte se crea una minoría globalizada y cosmopolita, y por otra una mayoría empobrecida y localizada.

3. **Redistribución del poder y nueva política**

En cualquier análisis supernacional de este fenómeno no cabe obviar el predominio del inglés en Internet, aunque es un fenómeno natural, dado que partió de EE.UU. y es allí donde está más extendida la red. El inglés se ha convertido, además, en *lingua franca*, pero ello no significa que con el desarrollo de la red en otros contextos lingüísticos, como el chino o el hispanohablante, otras lenguas queden rezagadas en un futuro, menos aún cuando las herramientas de traducción mejoran día a día. Más bien ocurrirá lo contrario, especialmente ahora que los hispanos en EE.UU. superan los 40 millones, se han convertido ya en la segunda minoría y han hecho de Estados Unidos el segundo país de habla hispana del mundo tras México.

No son pocos los que en este contexto vemos un elemento más del dominio de Estados Unidos, en términos no ya de poderío militar, sino de lo que se ha venido a llamar el *soft power*, el *poder blando*, en el que la tecnología, y en particular la tecnología de la información son recursos de poder esenciales. El *poder blando* también reside en el mayor atractivo de algunos actores y sus principios sobre los demás, lo que vale para Estados tanto como para movimientos políticos o sociales.

Pero, blando o duro, desde hace años, los Estados vienen perdiendo poder hacia abajo (con los procesos de descentralización) hacia arriba (con los de integración, aunque a menudo, compartiendo soberanía con otros recuperen poder) y hacia los lados (hacia las sociedades y los mercados) con la globalización. Se avanza hacia una forma de gobierno en varias capas *(multilayered government)*, un elemento más de la difusión de la autoridad política. Internet favorece esta pérdida de poder lateral, que, a la vez, está ayudando si no al nacimiento de una ciudadanía cosmopolita, al menos sí a la de una sociedad civil transnacional. Internet es un factor más en la nueva distribución del poder público, que cobra una nueva complejidad pues los Estados compiten con otros Estados, como es tradicional, mas también con organizaciones de todo tipo, con empresas y con personas por influencia e información. Los gobiernos también utilizan la red para difundir sus posiciones y textos reduciendo su dependencia de intermediarios. Un ejemplo innovador fue el uso por la diplomacia española de estas ventajas de Internet, con la página *web* de la embajada española en Canadá, durante la llamada «guerra del fletan» en 1995.

La política y la información cambian. La posibilidad de denunciar situaciones a través de la Red ha crecido. Esto fue lo que ocurrió, por ejemplo, cuando Bangaru Laxman, presidente del principal partido de la coalición gubernamental en la India, aceptó unos sobornos, y la información llegó rápidamente a la Red, por delante de los medios tradicionales con nombre propio, que luego siguieron.[1] También Clinton tuvo que padecer este fenómeno durante el tiempo en que duró el *caso Lewinsky*. Ahora

1. *The Economist*, 24.03.2001.

bien, la inmediatez puede producir efectos indeseados, y así, por ejemplo, el semanario *Newsweek* se vio obligado a poner en la Red una investigación que no tenía completamente terminada relacionada con las investigaciones judiciales de este caso, porque un periodista, desde otro sitio, la reveló.

Como señalan Keohane y Nye, «la política va a influir tanto en la revolución de la información como viceversa». Sin duda, la dimensión deliberativa de la democracia va a aumentar. Además, la red contribuye a la desterritorialización de la política. Para Bertrand Badie, la nueva comunicación lleva a un retroceso irremediable de la primacía de la soberanía nacional, y una vez cuestionada la primacía de la soberanía, hay que reemplazarla por un principio normativo nuevo. Ese sustituto saldrá de la interdependencia creciente entre los Estados, que creará progresivamente nuevas obligaciones, que a su vez darán cuerpo a la noción de responsabilidad. Este fenómeno totalmente nuevo articula de modo diferente el sistema internacional y lo articulará de forma creciente. Se demostrará cada vez más que no se puede ser indiferente a la violación de derechos fundamentales, a los problemas ecológicos, al desarrollo de los peligros demográficos, etc., en nuestra tierra y en la de los demás.[2] Y a todo esto, contribuye Internet.

Es una situación nueva en la medida en que el tiempo queda comprimido. Esta *compresión del tiempo* se ve notablemente facilitada por Internet. Los mercados actúan en tiempo real, y los poderes políticos y administrativos se ven también obligados a hacerlo, sin capacidad suficiente de reflexión. Más rápido no significa más veraz, y tanto la verdad como el error se han globalizado también. Esta compresión del tiempo produce también un distanciamiento entre el cambio cultural y el cambio material y organizativo. Es lo que William Ogburn y otros han llamado el «retraso cultural» *(cultural lag)*, que se produce, como en este caso, cuando los cambios en la cultura material (tecnología, transportes, comunicaciones) son tan rápidos que la cultura no material (incluida la política) no sigue y pierde pie. Este retraso contribueye a producir reacciones contrarias a la globalización.

En todo caso, como ya hemos apuntado, la antiglobalización ha pasado a formar parte de la globalización. Los que defienden la globalización como política, como en el Foro Eco-

2. Entrevista en *Le Monde*, 13 de abril de 1999.

nómico Mundial de Davos, cada vez hacen más caso a los antiglobalizadores. En este foro, los antiglobalizadores van siendo tomados cada vez más en cuenta, y también van siendo integrados, como actores y como tema, en los debates de los globalizadores. Los antiglobalizadores hacen buen uso de la Red, generando lo que John Gray ha llamado una *Worldwide Web of Discontent*,[3] una Red mundial de descontentos. La Red les permite comunicarse, concertarse, ser tomados en cuenta. El mayor impacto de la reunión antiglobalización en Portoa Alegre (Brasil) en enero de 2001, frente a la de Davos, se produjo, esencialmente, a través de Internet.

En la dimensión horizontal, nuevos actores que ya empezaron hace tiempo a incidir en las relaciones supernacionales, como las ONG, ven con la Red aumentada su capacidad de difundir e influir, de organización a persona (02P), hasta un grado insospechado, a distancia a través del correo electrónico, o las páginas *web,* y potenciando su fuerza moral, en la medida en que la tienen, o simplemente en la difusión de información. Su capacidad de coordinación se ve también incrementada, tanto entre ellas (O2O) como en las relaciones de persona a persona (P2P). Es *la napsterización* de la política (también de la supernacional, por utilizar el nombre de la empresa que ideó este sistema para intercambio de música entre usuarios, pasando por un centro, que es la propia empresa), aunque ya se han ideado modelos que ni siquiera necesitan esto. Son auténticamente P2P, sistemas de comunicación que de forma creciente también utilizan los dirigentes mundiales o locales, comunicándose por correo electrónico o por mensajes a través de teléfonos móviles.

La construcción de esta sociedad civil transnacional se teje en buena parte sobre la Red, aunque también sobre otros medios de comunicación. El estadounidense Benjamin Barber llama a esta nueva política la «batalla por el corazón de la sociedad civil». Este corazón no es el mercado, ni el gobierno, sino que puede girar en torno a ese llamado *tercer sector,* ni público ni privado, ni gubernamental ni comercial, más desarrollado (aunque en retroceso) en Estados Unidos que en una Europa que, con alguna excepción, no ha sabido liberar todo el potencial de dinamis-

3. John Gray, «A Worldwide Web of Discontent», *Financial Times,* 30.10.2000.

mo que contiene. Es el mundo de las ONG, de las fundaciones de la defensa de los ciudadanos, del voluntariado, de los centros independientes de reflexión, etcétera, que tiene en Internet una poderosa herramienta. Pero también lo que sale desde la más pura sociedad, incluso desde algunas empresas.

El nuevo enfoque, ahora impulsado por la Red, bebe en Tocqueville, un conservador con sentido de lo social, que, más que en la separación de poderes de Montesquieu, pensaba en la dispersión del poder. Y se nutre en muy diversos autores contemporáneos, como, entre otros, Anthony Giddens, uno de los padres intelectuales de la *tercera vía* (nombre que importa poco una vez se saca del contexto británico en el que nació).

La Red empieza a llevar a nuevas formas de hacer política, o de hacer pasar el mensaje político y a plantear la necesidad de inventar una nueva política que recupere su primacía sobre los mercados. Pero, como considera el filósofo alemán Jürgen Habermas, esta idea ni siquiera ha llegado a plasmarse como *proyecto*. Cuando lo sea, esa nueva política debería ser no sólo local, sino esencialmente supernacional, y aquí es donde se aprecian aún las carencias de este nuevo pensamiento político, llámese como se llame. Para responder a este nuevo desafío es necesaria una nueva forma de hacer política que sólo empieza a asomar. Por ejemplo, en la reunión de líderes progresista en Berlín en junio 2000 se decidió no sólo impulsar los contactos entre dirigentes, sino también intercambios de funcionarios y administradores públicos y el establecimiento de redes de pensadores e instituciones científicas diseñadas para identificar retos y opciones de política. Ésta puede ser una nueva manera de hacer política, el *networking*, en ese mundo de redes, y no de jerarquías. Y esas redes y movimientos generales han servido para impulsar la idea, por ejemplo, del Tribunal Penal Internacional, o del Tratado de Prohibición de las Minas Antipersona. Éste nació de la actividad de una ONG, pero, no cabe olvidarlo, tuvo éxito gracias al apoyo decidido de algunos Estados, como Canadá.

La Red plantea otros desafíos a la política y a la democracia, como es la criminalidad que saca provecho de la red ya sea como potente herramienta de conexión, o para vender productos ilegales como la pornografía infantil. También organizaciones terroristas, como ETA, la utilizan para difundir su ideario. Y un movimiento como el Zapatista de Liberación Nacional, desde Chiapas, supo conectar con el mundo entero a través de Internet, y en contra del gobierno de su país, en lo que Castells ha llamado el primer movimiento guerrillero informacional.

4. Vulnerabilidades

La Red pone de relieve también algunas vulnerabilidades. Es una fuente inagotable de información, donde se puede encontrar métodos de fabricación de bombas de todo tipo, o datos sobre cabezas nucleares, como pusieron en 1999 de relieve los chinos tras las acusaciones de espionaje sobre las cabezas nucleares de última generación de EE.UU. La guerra de la información, la recogida, procesamiento y transmisión de datos, pero también la interferencia de la información del otro, y en general lo que se llama la *ciberguerra*, es un factor cuya incidencia crece. Desde el Pentágono se han lanzado acusaciones al respecto contra la Academia Rusa de Ciencias. Según James Adams, experto, autor del libro *La próxima guerra mundial* con el sugerente subtítulo de «Los ordenadores son las armas y el frente está en todas partes», al menos 18 países, EE.UU. incluido, tienen programas agresivos de guerra de información, para intentar penetrar los sistemas enemigos y dañarlos (como ocurrió en la guerra del Golfo). Logran meter programas que se activan a distancia en ordenadores que se venden a países extranjeros.

En general, a mayor complejidad de, en sentido amplio, nuestros sistemas sociales, mayor vulnerabilidad. Las ciudades, la distribución de la energía y de los bienes, las finanzas, etc., es decir, la forma de vida de cada sociedad, incluso en los países en vías de desarrollo, dependen de sistemas informáticos y redes de comunicación electrónica. La integración de redes, la dependencia en infraestructuras informáticas ha producido un nuevo objeto de posible ataque, que ya no será con bombas, sino con virus electrónicos, penetraciones por la red u otras posibilidades. En EE.UU. se creó en 1998 una Comisión presidencial sobre la Protección de la Infraestructura Crítica, que elaboró un informe del que salieron unas recomendaciones y una Directiva Presidencial. Conclusión primera es que el concepto tradicional de seguridad nacional se ha quedado corto. Los *ataques* o peligros pueden provenir de muy lejos. Basta un módem conectado a un teléfono (móvil o no) y un ordenador, portátil o no, para causar problemas. Todo ello se compra en los comercios. Algo que no es tan fácil para ataques físicos, por ejemplo. El virus informático *I love you* que en 2000, difundido por la Red a través del correo electrónico, paralizó parte de las administraciones públicas y muchas empresas de diversos países ilustra esta vulnerabilidad. Además, como indica el informe de la Comisión presidencial americana, ya no son unos pocos expertos en técnicas militares o terroristas, los que plantean estas nuevas amenazas. Hay miles de personas capaces de aprender a realizar estas acciones, a lo que se añade el hecho de que los preparativos para ataques de este tipo son muy difíciles de detectar con antelación.

Incluso el concepto de *ataque* cambia en este contexto. Según diversos informes, en el verano de 1999, tras la petición del anuncio del presidente taiwanés de que su país fuera tratado como Estado separado, hubo una guerra cibernética entre China —pese a no estar muy abierta aún a Internet— y Taiwan: ataques masivos, pues fueron 76.000 *ciberataques* desde ordenadores en China, 165 de ellos con algún éxito u otro aunque fueran de carácter simbólico, al limitarse a plantar banderas o eslóganes contra Taiwan en su sitios en la Red. Otro ejemplo reciente es que, según diversas informaciones, en la primera semana del mayo de 2001, piratas informáticos chinos *derribaron* un millar de páginas de instituciones y empresas estadounidenses como protesta por el incidente del caza chino y del avión espía estadounidense que tuvo que aterrizar de emergencia en la isla de Hainan.

5. **El e-gobierno y la gobernanza global**

La Red lleva a hablar del *e-gobierno,* una posibilidad a la que no auguro un futuro cierto. Sin duda Internet, como ya hemos señalado, induce a una creciente competencia entre un concepto de democracia representativa y otro deliberativo si la Red ésta llegara a universalizarse en una sociedad. Eso dentro de un Estado.

Hacia fuera, los contactos que brinda la Red facilitan la posibilidad de una mayor gobernanza global, aunque sea mínima. Esto, probablemente, como indica Wright, «no es gobierno, tal como lo conocemos; no implica ningún funcionario elegido, ni impuestos. Pero en la medida en que funciona, es gobernanza, en el sentido en que la asociación de mercaderes en la Liga Hanseática lo fue». Es gobernanza en red. De hecho, casi todas las tecnologías que harán posible el e-gobierno funcionan ya para los e-negocios, como la gestión de las cadenas de suministros.

Ahora bien, estamos lejos de una ciberdemocracia planetaria, pese a la necesidad de una gobernanza global pues los problemas ecológicos son mundiales, la ciencia es mundial, la comunicación es mundial, pero la ley, la justicia y las instituciones siguen fragmentadas y esencialmente locales. Sin embargo, para Geoff Mulgan, la interconexión facilita que los gobiernos unan sus fuerzas y operaciones para superar los límites que suponía la anterior organización de la era industrial. Pero si la Red facilita, que no garantiza, la gobernación global, ésta no tendrá un centro de operaciones, sino que funcionará como funciona el cerebro, coordinando, pero sin un centro aparente. Es el «minimalismo en red» *(networked minimalism)*, la formación de una gobernación global mínima que algunos creen discernir. Los regímenes de armonización de estándares en el plano mundial y de mecanismos de solución de controversias internacionales no se han visto aún favorecidos por la existencia de Internet, entre otras razones porque Estados Unidos se resiste a compartir soberanía con otros países o transferirla a otros organismos internacionales, ya sea la ONU, el Tribunal Penal Internacional o, incluso, la Oficina Mundial de Propiedad Intelectual, a la que EE.UU. se niega a dar capacidad legislativa, pese a ser uno de los países cuyas empresas más pierden en pirateo de programas informáticos (unos 13.000 millones de dólares anuales en un mundo en el que casi la mitad de los programas utilizados son copiados). Este factor más el hecho de que la Red es un sistema descentralizado favorece la multi-jurisdicción, cuando no la a-jurisdicción.

La colaboración entre gobiernos, facilitada por la Red o los teléfonos móviles, o la globalización de la justicia es algo diferente del e-gobierno. En general, aunque, como se ha señalado, la Red saliera de un proyecto gubernamental, los gobiernos han llegado tarde a Internet. Y ahora han de competir con el sector privado, creando páginas, mandando información, o construyendo portales. Pero algo han avanzado. El gobierno autoritario de Singapur ha centralizado el acceso a Internet y construido un portal, al que tienen acceso los ciudadanos no sólo para recabar información, sino para tratar con la Administración. Ha lanzado un portal de ese tipo. En Arizona (EE.UU.) se han hecho experiencias de voto por la red. Amsterdam lleva tiempo con programas de relación con los ciudadanos a través de Internet. Valencia tiene otro programa piloto. Y en España, como en otros países, se ha iniciado la posibilidad de hacer la declaración de la renta a través de Internet.

El e-gobierno plantea también la cuestión de la privacidad de las comunicaciones ya no sólo frente a *hackers*, sino frente a las autoridades públicas e incluso las empresas, que hoy pueden saber mucho más acerca de los ciudadanos que utilizan la red. Aunque es tal el volumen de información que circula a través de la red que, salvo en sistemas cerrados, el control gubernamental total es difícil, aunque no el selectivo, de muestreo que se practica a diario en la lucha contra el crimen, y que también puede ser utilizado por regímenes autoritarios en persecución de disidentes políticos.

6. **Sociedades cerradas, transparencia e Internet**

Pero también los disidentes pueden usar la Red, contra el régimen en cuestión. Lo que nos lleva a la cuestión de cómo Internet puede contribuir a abrir sociedades cerradas. Hasta ahora, muchas de ellas, como en China (que con 20 millones de internautas dobla a Francia aunque sea una proporción ridículamente baja de su población total), Singapur o en otros lugares, controlan Internet haciendo pasar todo el tráfico de información y filtrándolo a través de un nodo único. A principios de 2001, 45 países controlaban el acceso a Internet[4] en su territorio, y algunos lo tienen totalmente prohibido: Birmania. Pero incluso así, a estos regímenes se les cuela mucho a través de la red.

La generalización de Internet debería llevar a una descentralización del poder político y social, en los regímenes cerrados (y también en las grandes empresas cerradas). El gobierno de Arabia Saudí puede prohibir el acceso desde su país a sitios de Internet con pornografía o que den una información que no de-

4. *Le Monde*, 11-12.02. 2001.

sean sobre el régimen, pero los internautas locales acaban encontrando huecos para colarse y acceder a esa información. «Hay una batalla al nivel de la arquitectura», según Lawrence Lessig, catedrático de Derecho de la Universidad de Stanford.[5] La censura puede ser muy estricta, pero hay maneras de esquivarla, aunque sólo sea para una minoría muy estrecha. La lucha entre la censura, por ejemplo en China o en muchos países del Oriente Próximo, y los gobiernos es permanente, pero a la larga, la batalla de la censura está perdida. El régimen de Irán, en la carrera hacia las presidenciales a mediados de mayo de 2001, empezó a clausurar cientos de cibercafés, pues los hay en una sociedad esencialmente joven. La policía cerró unos 400 de estos cafés en la capital, Teherán. Los propietarios afirman que las autoridades habían prohibido el uso de estos terminales como una forma barata de hablar con el extranjero, en contra de los intereses de la compañía telefónica estatal. Sea ésta la razón, o la censura, cabe concluir que el *Gran Hermano* puede vigilar más, pues la Red implica en teoría menor privacidad. Pero la cantidad de información crece tan rápidamente que la policía del contenido, ya sea para espiar, controlar, censurar, o luchar contra la criminalidad, resultará cada vez más impracticable.

La Red facilita la creación de grupos de resistencia. Así, frente a los desmanes totalitarios del régimen de Hugo Chávez en Venezuela, se han creado grupos de seguimiento de las actividades del gobierno en distintos ámbitos. Probablemente las autoridades pueden interceptarlos, pero sólo por medio de muestreos, al carecer de la capacidad de controlar todo el correo electrónico. Claro que las protestas de los estudiantes iraníes en 1999, conectados por teléfonos móviles, se desbarataron al cortar el gobierno estas comunicaciones, algo que resultará cada vez más difícil con los avances tecnológicos.

Más, como se pregunta Pierre Levy: «¿Qué dictadura se mantendría en un país en el que el 25 % de la población tuviera acceso a Internet? Probablemente ninguna». Además de contactos directos P2P entre la población, los ciudadanos de regímenes autoritarios acceder a los informes de ONG como World Watch, Amnistía Internacional y otras, como Transparency Internatio-

5. «Web firms strive to get around governments' Internet ban», *International Herald Tribune*, 27.04.2001.

nal. Llega un punto en que el desarrollo de Internet, inevitable para progresar económicamente, puede entrar en conflicto con los sistemas de coerción de regímenes autoritarios y/o tradicionales, como en Arabia Saudí. Es más, los inversores reclaman cada vez más este tipo de transparencia de los Estados. Internet es una fuerza poderosa de transparencia para estos sistemas y para otros. Así, el acceso a la información de, por ejemplo, las instituciones de la Unión Europea, se ha visto sumamente facilitado por este medio de comunicación.

Claro que la Red es también una fuente de información para los servicios de espionaje, o por el control de los correos electrónicos y las páginas *web*. La labor de los espías ha cambiado con Internet, pues, como ya señalamos en el caso de China y las armas nucleares de EE.UU., en la red hay mucha información de interés, en lo que se viene a llamar «inteligencia de fuente abierta». Y hay servicios de inteligencia privados, que ofrecen sus análisis, como Stratfor, basado en Austin (Tejas), que se dedica a buscar en muchas fuentes abiertas para llegar a sus propias conclusiones, además de tener buenos expertos. También las grandes empresas (a través de, por ejemplo, *corpwatch.org*) se ven sometidas a este tipo de escrutinio.

7. **Pluralidad e identidad**

Teilhard de Chardin decía en 1947 que la radio y TV «ya nos vinculan a todos en un tipo de conciencia universal eterizada». Años después, Juan Luis Cebrián ha considerado que la Red contribuye a crear una «conciencia universal». La Red es un paso más, con enormes consecuencias que sólo empezamos a entrever. Es parte de la globalización. Pero la globalización tiene muchas caras. Los nuevos medios de comunicación y las nuevas redes pueden acercar, pero también alejar, a los pueblos. No es algo absolutamente nuevo. Al escribir en 1954, José Ortega y Gasset ya alertaba de que: «No hay duda que la facilidad extrema a que se está llegando en los medios de comunicación es un hecho glorioso que debemos agradecer a la técnica. Pero uno se pregunta qué efectos producirá en el tiempo esta casi súbita aproximación espacial de los pueblos. No conviene hacerse ilusiones. [...] Muchos esperan que el tráfico mundial, al reducir el tamaño del planeta, acerque íntimamente a los hombres, les haga comprenderse mejor [...]. Yo creo que, por lo pronto, ha producido el efecto contrario. Nunca han sentido los pueblos menos simpatía los unos por los otros». Es el enfrentamiento entre la Yihad y el *McMundo,* como lo llama el estadounidense Benjamin Barber, o ese *choque de civilizaciones,* en expresión de Samuel Huntington en un famoso artículo publicado en 1993. Claro que en virtud de los flujos migratorios, el choque ya no es algo puramente externo, sino interno en muchas sociedades, no sólo las afluentes occidentales, como refleja, por ejemplo, el caso de Indonesia.

El reto está en superar el vaticinio de Ortega y lograr un mayor respeto entre unas culturas diferentes, cuando la diferencia se va a mantener o incluso en algunos aspectos crecer. Lo sorprendente no es la uniformización u homogeneización, sino justamente lo contrario, la capacidad de culturas diferentes para asimilar nuevos productos y tecnologías, y sin embargo, seguir siendo profundamente diferentes, como ocurre en las maneras de pensar, por ejemplo, de un chino y un europeo. Es conveniente no insistir en la noción de una civilización universal. Lo que parece universal es la capacidad humana para crear culturas diversas.

La globalización produce una zona de homogenización, pero también más variedad cultural, no menos. Pues si los nuevos medios, incluida la Red, unifican, globalizan, a la vez, facilitan la reproducción de las diferencias culturales. La tecnología produce el espejismo de la uniformización cultural. Cabe hablar de uniformización en lo poco profundo, y de diferencias culturales profundas. En todo caso, la Red permite reforzar las identidades y los particularismos. La peregrinación de musulmanes a la meca tiene una página en Internet, incluso en español.[6] Hoy, por ejemplo, los kurdos tienen en Europa sus propios canales de televisión. Los movimientos fundamentalistas islámicos hacen buen uso de las nuevas tecnologías de la información, aunque llamen «paradiabólicas» a las antenas con las que se captan las emisiones occidentales. Hizbolá tiene una emisora de televisión bombardeada por los israelíes en más de una ocasión, que es una de las más seguidas —noticias incluidas— en Oriente Próximo. Y a

6. Noticia de EFE, fechada en Dubai, 27.02.2001.

través de Internet, los movimientos contra la globalización, los defensores del medio ambiente, los proteccionistas de diversa índole, casi todas las confesiones religiosas y casi todos los fundamentalismos, logran una proyección mundial.

Por otra parte, la globalización cultural está transformando el contexto a través del cual se producen y reproducen las culturas nacionales y particulares, con consecuencias aún difíciles de entrever. Internet está facilitando el proceso de tribalización, de búsqueda de pertenencia a una tribu virtual. Por ejemplo, el servicio matrimonial de *The Hindustan Times* lista 21 categorías o castas, diversas religiones, y tres tipos de color de piel. La globalización, en contra de lo que se suele decir, da nueva vida a los particularismos, a la vez que a un cierto cosmopolitanismo. Es lo que se llama el problema del *narrowcasting* con la multiplicación de los canales especializados en televisión y de páginas en la Red. Y que puede llevar, como señala Wright, a un tribalismo moderno, supernacional o infranacional, unas comunidades virtuales pero de gestión más difícil.

8. **Un nuevo pulso y un trilema final**

Como dijimos, Internet fue impulsado por un gobierno, el de EE.UU. Pero pronto los gobiernos, o los Estados en un concepto más amplio, perdieron control sobre la red, pero ahora vuelven al ataque, porque pierden control sobre la información, porque pierden control sobre los impuestos, o sobre la criminalidad. Hasta ahora Internet ha escapado a la regulación de los gobiernos. Pero esto puede cambiar por varias razones, pero principalmente dos: la lucha contra la criminalidad y contra la evasión de impuestos. Hay una creciente voluntad de regulación de la red por parte de los gobiernos (además de una competencia entre países, con EE.UU. en el centro, para imponer criterios). El mejor ejemplo lo ha proporcionado un fallo del Tribunal de Gran Instancia de París que ordenó a Yahoo! en noviembre de 2000 que impidiera el acceso de los usuarios franceses a subastas de objetos nazis en Francia. Dada las características del portal-buscador, la empresa estadounidense se vio obligada a prohibir el anuncio de estas subastas en sus páginas en todo el mundo. Pero Internet pone de manifiesto que el Derecho Internacional va a menudo por detrás de las realidades. Los atisbos de mayor regulación de Internet requerirán una mayor cooperación internacional, como la propuesta por el Consejo de Europa con un Tratado contra el cibercrimen, posteriormente apoyado por EE.UU. Sin embargo, Europa y EE.UU. no coinciden en todo, y se está larvando una guerra comercial entre ellos a este respecto.[7]

Lo que se plantea ahora, como señala Mulgan, es la gobernanza de la propia información. En parte, como hemos señalado, es un intento de los gobiernos de volver a ejercer un cierto control sobre la Red, lo que requerirá cooperación internacional. O lo que se puede plantear, desde otro ángulo, como hace Cebrián, al reclamar politizar la sociedad digital para que un cierto tipo de nuevo poder político haga que el control de la sociedad digital no quede únicamente en manos de las empresas, provocando nuevas desigualdades.

En los próximos tiempos vamos a asistir a un nuevo pulso entre la Red y la política, pero desde nuevas perspectivas, que harán que cambie la política nacional y supernacional. En el trilema formado por la soberanía, la regulación y la integración, «los países pueden tener dos de estos tres objetivos deseables, pero no los tres a la vez», señala Jeffrey Frankel. Internet refleja como ningún otro fenómeno la profunda tensión entre la libertad y la interdependencia. Pero estamos sólo al principio de esta revolución.

7. *The Economist*, 13.01.2001.

CAPÍTULO 3

UNA PERSPECTIVA EUROPEA SOBRE EL GOBIERNO DE INTERNET

JOSÉ M. DE AREILZA CARVAJAL

1. Introducción

La Unión Europea es el principal bloque comercial del mundo y el primer actor en el comercio internacional. Sin embargo, se sitúa muy por detrás de Estados Unidos en la utilización de Internet, tanto por individuos como por empresas. Este retraso ha influido en el enfoque de la Unión hacia el gobierno de Internet, es decir, en la configuración europea de los intereses y valores que orientan o deben orientar el uso de la nueva tecnología. En las páginas siguientes me gustaría aportar algunas ideas al incipiente debate sobre la política de la Unión Europea dirigida a regular Internet, partiendo de la elaborada discusión que ya existe en Estados Unidos sobre la evolución del gobierno de la red.

Internet está cambiando la vida profesional y la privada del mundo desarrollado y su influencia cada vez es más global. El crecimiento del número de usuarios es impresionante: en 1994 había cinco millones de internautas en el planeta; en 2010, se calcula que habrá 2.500 millones. Esta evolución imparable se debe sobre todo a razones económicas: Internet perfecciona el mercado. La nueva tecnología de comunicación sirve para reducir costes y precios, aumentar la transparencia, superar la fragmentación de mercados en distintas áreas geográficas y eliminar la intermediación. Permite la colaboración más eficaz y estrecha entre distintos agentes y obliga a competir, con una nueva disciplina impuesta directamente por los consumidores y usuarios sobre las empresas.

2. *Don't know much about History*

A la hora de preguntarse por el enfoque de la Unión Europea hacia el gobierno de Internet, con frecuencia el debate todavía se simplifica entre alegres partidarios de la autorregulación y alarmados intervencionistas. Para evitar el trazo grueso, es preciso tener cuenta su origen reciente en EE.UU. y su rápida evolución. Sólo a través de esta perspectiva «histórica», se puede desafiar al tópico en cualquiera de sus dos versiones extremas de regulación y autorregulación.

Nadie ha creado esta tecnología, sino que ha aparecido casi espontáneamente. Es cierto que Internet tiene su origen en un programa de investigación del Departamento de Defensa de EE.UU., quien a partir de 1966 trató de establecer un sistema seguro de comunicaciones entre ordenadores que sobreviviera a un ataque nuclear. Pero enseguida la red primitiva pasó a manos de investigadores de otros ámbitos, atraídos por las posibilidades de comunicación del invento y favorecidos por ordenadores cada vez más potentes y baratos.

Desde ese momento inicial, Internet se basa en un acuerdo entre los miembros de distintas redes de adherirse a un protocolo que les conecta entre sí. Los usuarios de estas redes no conocen ni controlan el funcionamiento de la red de redes y su protocolo y estructura técnica evoluciona a través de mejoras creadas y pactadas por los propios usuarios.

Los creadores y primeros navegantes en la red eran sobre todo norteamericanos, profesores universitarios, ingenieros e investigadores, muchos con talante libertario y opuestos a que ninguna institución pública regulase la nueva tecnología. Llegaron a definir la red como un *opt-out* de cualquier gobierno. Tenían mentalidad de pioneros, de haber descubierto un territorio nuevo, el ciberespacio. Internet era un continente sin explorar, abierto a todos y que no pertenecía a nadie en particular. Las especificaciones técnicas y el *software* puesto en Internet debían ser accesibles y gratuitos. Cualquier persona podía beneficiarse de la red y, a partir de una capacidad técnica elevada, contribuir a su desarrollo o a mejorar su estructura, a la vez que disfrutaba de las ilimitadas posibilidades de este medio interactivo. Todo ello, sin tener que revelar la identidad verdadera de cada internauta —una de las verdades mejor enunciadas de esta época fue la de «en la red nadie sabe que soy un perro...».

La red de redes creció entre 1969 y 1997 a través de este sistema abierto, con una mínima intervención del gobierno de EE.UU. y gracias al clima de innovación y capacidad de experimentación creado a su alrededor. El ejemplo de creatividad más citado de este período experimental es el de Linus Torvald, estudiante de la Universidad de Helsinki, quien en 1991 puso en la red el borrador de un nuevo sistema operativo para ordenadores, por si alguien podía desarrollarlo. Varios investigadores usaron el modelo de Torvald para mejorar enormemente otro sistema ya existente y el resultado de esta colaboración, de uso público, ha servido para desafiar nada menos que al sistema operativo de Microsoft.

Durante esta etapa experimental, se explicó el modelo político de la red en términos utópicos, utilizando la imagen de «construir un granero», siguiendo la tradición alternativa de algunas comunidades rurales norteamericanas, basadas en el trabajo colectivo y voluntario que beneficia a toda la comunidad. Se desarrolló también, a través de un consenso imperfecto y evolutivo *(rough consensus)*, un cierto código de buenos modales en la red.

Pero cualquier aspecto comunitarista de gobierno de la red chocaba desde el principio con la idea de neutralidad sobre lo que cada uno haga con Internet, también muy presente en la tradición libertaria de los fundadores de la red y con la anarquía y la evolución «democrática» de abajo arriba de la estructura y de los contenidos de la red. Además, la apertura de la red a nuevos usuarios e ideas servía para limitar mediante la competencia el poder de cualquiera de los participantes en ella o de sus emergentes comunidades de usuarios.

Aunque no ha existido ni existirá un gobierno formal de la red, desde el principio se establecieron normas sociales no escritas, relaciones de poder entre los usuarios y una cierta autorregulación a través de las organizaciones de usuarios. Estas entidades estuvieron al principio en mayor o menor medida tuteladas o incluso subsidiadas por el gobierno de EE.UU., como la dedicada a la adjudicación de dominios y direcciones, una tarea que se tenía que hacer a través de un sistema seguro y jerárquico.

Las organizaciones de autorregulación se han dedicado al establecimiento de estándares técnicos que permiten que la red funcione y crezca, a resolver las apelaciones sobre estos estándares y a solucionar problemas mediante el contacto entre expertos en la red. Todas estas organizaciones se han debatido entre lograr la representación efectiva de la creciente diversidad de intereses de los usuarios y concentrarse en los aspectos técnicos de la red. Pero es indudable que la arquitectura técnica de Internet no es neutral y privilegia ciertos intereses y valores y a algunos actores sobre otros —los más capacitados técnicamente, los más innovadores o los que tienen más medios a su alcance.

En 1988, una vez conseguido un desarrollo técnico suficiente, se abrió el uso de Internet a particulares y empresas. En 1997 todos los países del mundo estaban conectados. Entre estas dos fechas se produjo una transición a una nueva etapa de Internet, distinta de su fase experimental, romántica y primera. Andrew Shapiro, del Aspen Institute, califica este nuevo período como instrumental, ya que la red ha pasado a ser un instrumento para hacer de todo: socializar, trabajar, vender, comprar, informarse, opinar o participar en política.

Shapiro explica que la nueva etapa ha hecho desaparecer la sensación de que Internet es un lugar autónomo de nuestro mundo real. La red ya no es un lugar soberano, aunque a veces lo parece, sino una tecnología que transforma nuestra sociedad occidental.

Los fraudes en las ventas de acciones por Internet, la utilización por terroristas de esta vía de comunicación, la difamación en la red, la falta de protección de la infancia o la desaparición de los derechos de autor son realidades que han planteado en estos años recientes con toda crudeza el debate del gobierno de Internet. Así, la segunda generación de usuarios se encuentra alejada de la actitud extrema anti-gobierno de algunos fundadores de la red.

Aunque en marzo de 2000 se pinchó la burbuja de la nueva economía, el boom de Internet no ha parado. La red sirve cada vez más para hacer de todo de manera más rápida y barata en este mundo, el de la vieja economía, habitado por personas y empresas que venden bienes y ofrecen servicios reales. Las empresas basadas sólo en Internet se están reduciendo a aquellas que son capaces de crear un mercado *on line* o un standard de la red. Pero a pesar de las pérdidas millonarias y quiebras espectaculares de los llamados negocios punto.com, pocos discuten que Internet ha venido para quedarse. Su potencial de transformación de las empresas, la sociedad y la economía sigue intacto y su desarrollo continúa de forma acelerada, hasta el punto que la sensación es que los años en la red pasan a la misma velocidad que en la vida de un perro y doce meses equivalen a unos siete años.

3. Nuevos y viejos problemas al regular Internet

En los últimos años ha emergido un consenso sobre la necesidad de combinar normas públicas y reglas privadas para regular Internet. En el régimen jurídico del comercio internacional o del medio ambiente, hay paradigmas válidos para crear un modelo de múltiples niveles de regulación y desregulación de la red, en competencia y coordinación. Sin embargo, al mismo tiempo, se debe tener en cuenta que Internet ha nacido rodeada de circunstancias que hacen que no sea posible una intervención pública eficaz con métodos tradicionales, ni tampoco tratar a Internet como una tecnología de comunicación más.

El primer factor de diferenciación es ideológico. La red puede servir para potenciar la libertad individual. Como argumenta Shapiro en este libro, es capaz de proporcionar un nuevo sentimiento de dominio del hombre sobre sus circunstancias. En la red, podemos pasar de ser consumidor y receptor pasivo a editor de información y prestador de servicios, por lo que no sería tan preciso un control gubernamental clásico. La acción gubernamental sobre Internet podría afectar al dinamismo con el que crece, a su capacidad de innovación tecnológica y a la creación de oportunidades individuales. La red sería una tecnología de liberación y de realización de la potencialidad de cada individuo. Detrás de esta manera de pensar está el convencimiento de que el mercado sirve para distribuir con eficacia bienes, pero también para resolver problemas sociales.

No obstante, en esta segunda etapa instrumental, por ahora la red favorece más a las grandes compañías que a los individuos. La complejidad técnica y los costes de acceso dejan todavía hoy en una posición secundaria al usuario medio y se corre el riesgo de la comercialización de bienes públicos como la intimidad, la libertad de expresión o la propiedad intelectual.

La preeminencia de espacios privados en la red tiene la ventaja de ofrecer al internauta lo que busca, o al menos la posibilidad de crear él mismo ese contenido. Pero también presenta el problema de que sólo teóricamente la capacidad de difundir información y prestar servicios en la red está al alcance de todos. De hecho, hay una gran desigualdad entre el individuo de a pie y las grandes empresas a la hora de expresar ideas o promover valores en la red. No es real la descripción de la red por el Tribunal Supremo de EE.UU. en el caso ACLU v. Reno (1997) como un espacio de *laissez faire*, en el que todos somos internautas en un mercado global con el mismo potencial para expresarnos a través de la misma tecnología.

Durante los años iniciales de Internet buena parte de la autoridad residió en unos pocos individuos creativos, reconocidos por las comunidades de usuarios. Posteriormente, con la comercialización de la red, han ganado influencia en el diseño de Internet empresas con notable capacidad de «captura» de las organizaciones de autorregulación. Tras descubrir las ventajas de hacer sus negocios a través de la red, tratan de preservarla como un espacio de libertad, sin normas escritas ni impuestos, desde el que crecer sin controles públicos y presionar a los gobiernos para la liberalización de la economía.

De este modo, actividades empresariales *off line* que están sometidas al control público, serían actividades privadas una vez *on line* y se impondrían las normas que se crean de manera informal en la red, como los estándares técnicos, las prácticas de grandes empresas o el desarrollo colectivo del *software* de Internet, y ninguna de estas normas son neutrales. En buena medida, hasta ahora las decisiones sobre la seguridad en las transacciones y la protección del consumidor, la comercialización de datos personales, la censura sobre ciertos contenidos o la protección de la infancia, por citar sólo algunos ejemplos, se dejan en manos de los que se pueden beneficiar económicamente de un tipo de regulación u otra sobre estas materias.

No pocos reguladores han admitido este discurso a favor de la autorregulación casi completa —Clinton definió la red como «una gran área de libre comercio»— y aceptan que una intervención gubernamental más decidida puede ser perjudicial para el desarrollo de la red y su beneficioso impacto económico. Pero muchas decisiones de los actores privados sobre cuestiones aparentemente técnicas de la arquitectura de Internet y la mayor parte de las opciones comerciales sobre sus contenidos tienen un impacto sobre los valores protegidos por las constituciones de cada Estado.

Esta liberación de ataduras constitucionales puede beneficiar no sólo a actores privados, sino también a agentes públicos, que actuarían en la red sin necesidad de acomodarse a los límites de su derecho público. Por ejemplo, en las actuales circunstancias en las que se están re-escribiendo las normas nacionales para luchar contra el terrorismo global, no sería sorprendente que la red se utilizase para extender la capacidad de los Estados de vigilar y controlar a los ciudadanos, a partir del triste precedente del proyecto Echelon o con el sistema Carnívoro. El Congreso norteamericano aprobó el 13 de septiembre de 2001 la Combating Terrorism Act 2001, que permite a la policía controlar los contenidos de los servidores de Internet sin permiso judicial previo, con sólo autorización de un fiscal.

Por otro lado, algunos autores como Saskia Sassen han resaltado que las redes privadas digitales a través de las cuales los mercados financieros se han globalizado, afectan más profundamente que Internet a la vida pública de los Estados. A través de ellas unos pocos individuos deciden sobre la bondad de las políticas económicas de los gobiernos e influyen sobre su capacidad para llevarlas a cabo.

El segundo problema a la hora de plantearse el gobierno de la red no es ideológico sino estructural. El diseño descentralizado de la red de redes impide un control central. No hay un punto de Internet por el que pase toda la información. Se trata de una multijurisdicción, con 206 países con posibilidad de establecer su regulación pero no siempre con capacidad de hacerla respetar.

Así, existe la posibilidad real de que los sometidos a las reglas cambien de jurisdicción siempre que lo necesiten y busquen reglas más favorables a sus intereses ante cualquier intento de regulación gubernamental. La existencia de múltiples jurisdicciones puede derivar en el caso extremo hacia una inquietante a-jurisdicción. En la red, en buena medida, pierden relevancia las fronteras geográficas o la localización física de los usuarios y proveedores. No funciona el «centralismo legal», basado en un solo gobierno y un mecanismo central de aplicación de sus normas.

Esto no quiere decir que cada gobierno no sujete a las actividades en la red de sus nacionales a normas locales. Dependiendo de la forma política de cada Estado, los controles sobre los proveedores de servicios, los creadores de *software* o los dueños de portales, los cuales pueden tener un poder extraordinario, son más o menos estrictos, pero no hay ejemplos de liberalización plena —se supone que estos actores deben algo a la comunidad en la que viven—. Como ha recordado la revista *The Economist*, desde las dictaduras de China o Arabia Saudí a las democracias europeas o americanas, existe la posibilidad de emprender acciones legales y acudir a los tribunales en nombre de bienes públicos protegidos en la red. Internet se materializa en personas con ordenadores y datos, presentes en algún lugar de la geografía del globo.

Es cierto que la multijurisdicción y el dinamismo de la red invita a experimentar con nuevos modos de gobierno y de regulación, sin acción directa de los Estados, a través de incentivos a la autorregulación. Pero también en este tipo de actuación a través de directrices o *soft law*, el resultado es que cada país proyecta en la red sus valores cuando regula por su cuenta algún aspecto de esta nueva tecnología. La antes mencionada sentencia del Tribunal Supremo de EE.UU. de 1997, que declaró la inconstitucionalidad de una de las primeras leyes norteamericanas de protección de la infancia en Internet, la «Communications Decency Act», es un ejemplo de los problemas y las ventajas de una regulación unilateral. El Supremo norteamericano, en nombre de la libertad de expresión, decidió que el standard de lo publicable en Internet es el mismo que el de la prensa escrita en EE.UU., pero no explica cómo garantiza ese standard mínimo fuera de su territorio nacional.

De este modo, Internet se regula a través un libre mercado de reglas provenientes de cada Estado, de grupos de Estados y también de normas privadas —a través de la autosanción, los contratos entre usuarios y la organización de fuerzas sociales dentro de la red con más o menos formalidad.

Este libre mercado de normas permite tanto la competencia como la cooperación. A la hora de resolver los problemas comunes originados por el desarrollo de Internet y la multijurisdicción a la que da lugar, existen precedentes de regulaciones flexibles y multilaterales y de coordinación exitosa entre los gobiernos de todo el mundo.

La legislación sobre Internet requiere a veces coordinación y codificación internacional y otras competencia entre soluciones unilaterales y ni aun así se acaban los problemas a la hora de aplicar el derecho y de ejecutar sentencias. Pero todo esto también ocurre, por ejemplo, con el derecho del comercio, el derecho de la aviación, el derecho marítimo o el derecho fiscal y en tales casos se combinan normas internacionales con normas autóctonas y con una autorregulación supervisada o incentivada.

En todos estos casos de regulación combinando normas internacionales y locales, como Internet, es importante resaltar que el plano internacional hace que cambien los esquemas de representación y de participación en la definición de políticas públicas. Ya no son los propios del ámbito nacional. Las mayorías y las minorías nacionales ven redefinidas las reglas del juego democrático. Las nuevas normas internacionales no reflejan necesariamente sus valores. Sobran los ejemplos actuales de la dificultad de legitimar el ejercicio del poder por instituciones internacionales o supranacionales.

Por eso, como ha advertido Miguel Maduro en el caso del comercio mundial, sólo la idea de una comunidad política global legitima la definición a través de normas internacionales de un bien común planetario. Pero si aceptamos esta premisa, entonces es preciso compensar los costes sociales que supone toda armonización. La dificultad de introducir el debate sobre costes sociales en cualquier regulación internacional y de legitimar por lo tanto a las instituciones internacionales hace que por ahora la armonización vaya más despacio que la profusión de reglas locales sobre Internet.

No obstante, la armonización no siempre consiste en normas basadas en un bien común. Con frecuencia, las normas internacionales reflejan sólo un standard de un país concreto y de hecho preservan su autonomía nacional para regular, exportando a los demás su criterio, o incluso, esta norma internacional puede limitarse a mantener la ventaja competitiva de una sola empresa.

4. La Unión Europea y el gobierno de Internet

En estos últimos años, los líderes europeos cada poco tiempo proclaman que la red no está tan extendida en la Unión como debiera y que su crecimiento es una de las claves para acortar la ventaja tecnológica de EE.UU. No deja de ser irónico que el llamamiento pro-Internet tenga lugar en cumbres últimamente asediadas por diversos grupos de protesta, coordinados eficazmente a través de la misma red. Pero lo más preocupante es que, con frecuencia, esta apuesta europea para que todos nos beneficiemos de ser internautas, se hace pensando en la red como un espacio distinto, que necesita reglas específicas dictadas por sus protagonistas, los actores privados, entre los que destacan grandes compañías norteamericanas.

La regulación europea sobre la red empieza a ser considerable pero, a mi entender, todavía se hace pensando en Internet como un lugar distinto al mundo real, un error que lleva a respetar en exceso el conjunto de normas informales que han creado los principales actores comerciales de la Red.

En este sentido, las conclusiones del Consejo Europeo de Lisboa (23-24 de marzo, 2000), dedicadas en buena parte a la nueva economía, subrayaron la importancia de preservar la red como un ámbito excepcional para hacer negocios y crear empleo, y más en la Unión Europea, que parte de un considerable retraso en el desarrollo de Internet frente a EE.UU.

Este Consejo Europeo adoptó la iniciativa e-Europe, lanzada en diciembre de 1999, y la convirtió en un Plan de Acción para lograr en 2002 la difusión generalizada de una Internet barata, rápida y segura en toda la Unión. La sensación es que dicho impulso político puso el acento en lograr la confianza de los consumidores europeos (no de los ciudadanos) que utilizan la red. Se trataba de fomentar el comercio electrónico y por lo tanto la seguridad en las transacciones, en plena expansión de las empresas punto.com, que hacían negocios sólo en la red.

Es cierto que en otras ocasiones la regulación comunitaria de la red ha ido más allá de una visión predominantemente comercial y se ha propuesto todo tipo de objetivos, incluida la salvaguarda de algunos derechos fundamentales. Un ejemplo de la acción decidida de la Unión en ese sentido fue la adaptación en 1997 al sector de telecomunicaciones de las garantías contenidas en la Directiva 95/46/CE de protección de datos personales, mediante la nueva Directiva 97/66/CE.

Pero por lo general, la acción legislativa de la Unión se ha desarrollado en un contexto político en el que hay resistencias extendidas a una armonización completa y guiada por el interés público, en parte por la crisis de legitimidad de la UE de estos años.

Desde la década de los noventa, las instituciones de Bruselas son percibidas por muchos ciudadanos y por no pocos gobiernos europeos como una instancia centralizadora que ha acumulado excesivo poder. La regulación de Internet ha llegado en un momento de recelo hacia una Unión que no tiene claro sus límites en lo que puede regular. Este dato, unido a los problemas de regulación de Internet a los que nos hemos referido (ideológicos y estructurales), han llevado a que, por ejemplo, el Plan de Acción e-Europe se desarrolle sobre todo mediante un método abierto de coordinación y evaluación comparativa *(benchmarking)*, es decir, a través de la competencia entre normas de los Estados miembros y entre códigos de conducta redactados en el ámbito nacional. La labor principal de la Unión consistiría en fomentar esta competencia normativa o armonización *ex post*, mediante la recogida de datos sobre sus efectos y la medición y publicidad acerca de cómo se acercan a los objetivos específicos.

La regulación específica europea sería sobre todo un complemento a lo que hacen los Estados, salvo cuando se tratase de eliminar obstáculos a las libertades económicas que permiten el establecimiento del mercado interior.

Así, la Directiva 2000/31/CE, prohíbe las barreras y restricciones a la libre prestación de servicios de la sociedad de información, pero evita la armonización penal y sólo hace una armonización de mínimos sobre aspectos fundamentales como la contratación electrónica o la responsabilidad de los proveedores de servicios de Internet. En su artículo 16 recomienda para su mejor transposición a derecho nacional la elaboración de códigos de conducta por los propios operadores y usuarios, es decir, invita a los Estados miembros a privatizar parte de su contenido público e imperativo. Del mismo modo, la recomendación 98/560 de la UE propone que los códigos de conducta para la protección de los menores y de la dignidad humana sean redactados por los operadores.

Sin embargo, la Unión Europea no tiene por qué tener complejos a la hora de garantizar los mismos derechos fundamentales a sus ciudadanos estén o no navegando por Internet. El criterio de que las normas sirvan para crear un entorno favorable a los negocios no puede sustituir a la salvaguarda de derechos directamente relacionados con la dignidad de las personas.

Un ejemplo de unilateralismo saludable por parte de la Unión Europea, en aras de garantizar derechos fundamentales, fue su posición frente a las empresas de EE.UU. en lo relativo a la protección de datos personales. La Comisión Europea firmó el llamado acuerdo de puerto seguro con EE.UU., el 14 de marzo de 2000, cuyo objetivo es que las empresas norteamericanas en Internet sigan el standard europeo en esta importante materia, al menos en sus tratos con ciudadanos europeos.

Otro caso de unilateralismo loable es la conocida sentencia francesa en el caso Yahoo!, una decisión sobre si los ciudadanos franceses tenían derecho a acceder a subastas *on line* de objetos nazis. Como consecuencia, la empresa Yahoo! decidió adaptarse en sus páginas en francés a la ley francesa que prohíbe la venta o exposición de objetos que inciten al racismo. El tribunal fue más allá y le pidió que también lo hiciera en cualquier página suya a la que tenga acceso un ciudadano francés —es decir, en casi todas—. Este tipo de páginas entrarían dentro de la protección de la libertad de expresión en EE.UU.

Por tanto, a falta de armonización internacional, lo que se establece es una competencia entre standards que reflejan opciones de comunidades políticas distintas —no son ni máximos, ni mínimos, son tan sólo maneras distintas de organizar una sociedad—. Pero este conflicto abierto es mejor que la imposición de un criterio sobre otro que se produce cuando una comunidad se abstiene de defender valores que considera básicos por miedo a los efectos extraterritoriales de su acción.

Otra misión básica de la UE en Internet sería desarrollar una política que fomente la competencia entre espacios privados, pero que también abra espacios públicos en Internet. Andrew Shapiro ha explicado que para luchar contra la privatización completa de la red es preciso crear «esquinas de calles», «aceras», «parques públicos» en el ciberespacio, de modo que exista una mayor pluralidad de opiniones y valores e ideas, siguiendo el famoso dictum del juez Holmes según el cual una de las condiciones básicas para una democracia sana es un robusto mercado de ideas. Con este fin, Shapiro propone iniciativas concretas para el caso norteamericano, que la Unión Europea también ha apuntado, pero no ha llegado a poner en práctica, como subvencionar compras de ordenadores por individuos, ofrecer conexiones a la red en buenas condiciones para rentas bajas o instalar terminales en sitios públicos.

Además, la Unión y sus Estados miembros deben promover espacios públicos en Internet con contenidos de valor cultural o educativo propios de la identidad plural europea. No tienen por qué renunciar a su tradición de mecenazgo del arte, la cultura o las organizaciones sociales, por el hecho de que se realicen en la red. Precisamente por la importancia futura de los contenidos en la red para la definición de las identidades colectivas, conviene que las actividades de patrocinio público se extiendan a Internet. Iniciativas como MEDIA plus, para el sector audiovisual, o programa marco CULTURE 2000, más nuevo programa anunciado de la Comisión sobre contenidos digitales europeos en red y fomento de la diversidad lingüística.

En conclusión, la Unión Europea y otros actores internacionales deben tener en cuenta que Internet ya está regulando y cambiando nuestras sociedades y afectando a principios y valores jurídicos básicos. El desafío, por lo tanto, es regular Internet de manera más ilustrada y decidida. La Unión está llamada a hacerlo a partir de la tradición europea de defender el interés público. El cauce con frecuencia serán acuerdos con otras organizaciones internacionales y países (sobre todo, con EE.UU.) y con los principales actores privados de la red, pero siempre teniendo en cuenta la sociedad europea que queremos.

SEGUNDA PARTE

DERECHO

CAPÍTULO 4

DERECHOS DE AUTOR EN EL CIBERESPACIO

BLANCA RODRÍGUEZ RUIZ

1. **Introducción**

La realidad social se anticipa necesariamente al derecho. Y con frecuencia los cambios que tienen lugar en la primera tardan en verse reflejados en el segundo, cuyo inmovilismo, consustancial a su compleja artificialidad, se opone al dinamismo natural de las evoluciones sociales. Lo específico de la revolución tecnológica que en el terreno de las comunicaciones está marcando el tránsito hacia el nuevo milenio no es pues, ni su carácter innovador, ni su desfase temporal con su sucesiva regulación jurídica. Es más bien la amplitud y la profundidad de la innovación y el ritmo vertiginoso con que se está imponiendo. Entre sus aspectos más notables se encuentra la creación de las llamadas autopistas de la información, canales de comunicación electrónica entre ordenadores, y entre redes o grupos de ordenadores, que configuran, junto con esas redes y estos ordenadores, un universo comunicativo digital, un ciberespacio sobrepuesto al espacio analógico.[1] Ciberespacio que en la actualidad se encuentra dominado por la autopista o red de redes que conocemos como Internet, o simplemente como la Red.[2]

1. Sobre estos conceptos, María Luisa Fernández Esteban, *Nuevas Tecnologías, Internet y Derechos Fundamentales*, McGraw-Hill, Madrid, 1998, pp. 3 y ss.

2. Podemos concebir Internet como una experiencia piloto, de cobertura y operatividad todavía limitadas, de lo que serán las autopistas de la información del futuro. Idealmente, serán éstas redes de redes de cobertura universal y un ancho de banda generoso que les permitirá transmitir a alta velocidad y sin pérdida de calidad toda clase de información u objeto digitalizado.

La regulación del universo comunicativo digital de Internet constituye uno de los grandes retos de los juristas de la nueva era tecnológica. Ante todo, ese universo responde a parámetros distintos de los que rigen el mundo analógico, lo que lo convierte en difícilmente subsumible a las normas que regulan este último. Además, Internet y mundo analógico son espacios íntimamente conectados entre sí a través de sus actores. No se trata pues tan sólo de regular un universo nuevo y en buena medida aún por explorar, sino de coordinar además su regulación con la normativa que en materias conexas está vigente en el mundo analógico, lo cual exige un esfuerzo paralelo de adaptación de esta última. Pero sobre todo, Internet adolece de una resistencia tendencial a ser objeto de regulación salvo en lo necesario para su funcionamiento. Lo verdaderamente revolucionario de Internet no es tanto su arquitectura técnica, y por fascinante que sean las posibilidades comunicativas que ésta abre, como el espíritu libertario o anárquico que al abrigo de esa arquitectura informa los actos de comunicación que tienen lugar en su seno. Este espíritu dicta que en Internet tienda a considerarse permisible todo lo técnicamente posible. Lo cual es mucho. Notable es la dificultad de perseguir aquí actuaciones que en el mundo analógico se consideran ilícitas, y que inevitablemente repercuten en este último.

2. Una visión del panorama analógico

Con ese triple reto se enfrenta la regulación de los llamados derechos de autor, y más genéricamente la de los derechos de propiedad intelectual,[3] en la era digital. En una primera aproximación, nuestra Ley de Propiedad Intelectual[4] (LPI) concibe los derechos de autor como el conjunto de «derechos de carácter

3. Estos últimos abarcan, además de los derechos reconocidos a los creadores de una obra literaria, artística o científica, la protección jurídica de prestaciones próximas a dichas obras o relacionadas con ellas, también conocidas como derechos afines a los de autor. Así, el Libro II de nuestra Ley de Propiedad Intelectual (véase la nota siguiente) reconoce derechos de propiedad intelectual a artistas intérpretes o ejecutantes, a los productores de fonogramas o de grabaciones audiovisuales, a entidades de radiodifusión, al tiempo que protege las meras fotografías y determinadas producciones editoriales.

4. Texto Refundido de la Ley de Propiedad Intelectual, aprobado por el real decreto legislativo 1/1996, de 12 de abril.

personal y patrimonial, que atribuyen al autor la plena disposición y el derecho exclusivo a la explotación de la obra, sin más limitaciones que las establecidas en la Ley» (art. 2 LPI). Persiguen estos derechos un doble objetivo. De un lado, con ellos se configura el reconocimiento y el respeto de la paternidad o maternidad de la obra, tal y como ésta ha sido creada, como un derecho moral de sus autores, derecho que incluye la facultad de decidir si la obra ha de ser divulgada y cómo (art. 14 LPI). De otro lado, ofrecen a los autores la posibilidad de recibir una compensación económica por su labor creadora que contribuya a estimular esta última. Esto se articula, ante todo, mediante los derechos exclusivos de explotación a que hace referencia el citado artículo 2 LPI, derechos a autorizar cada acto concreto de explotación de la obra y a percibir por él una remuneración. Como actos de explotación más importantes la LPI menciona expresamente, aunque sin ánimo exhaustivo, la reproducción, distribución, comunicación pública y transformación de la obra, actos éstos sobre cuyo contenido nos detendremos más adelante (art. 17 LPI). El ejercicio de los derechos a explotar su obra mediante estos u otros actos corresponde, según el artículo 2 de la LPI, exclusivamente a sus autores, salvo que la ley prevea otra cosa. Y en algunos supuestos, efectivamente, la ley reconoce a los autores derechos exclusivos a percibir una remuneración por cada acto de explotación de su obra, no sin embargo un derecho a autorizarlos. Son casos en que la ley presume, salvo pacto en contrario, que este último derecho ha sido transmitido a un tercero, típicamente el productor de una obra audiovisual o el empleador (arts. 88, 90 y 110 LPI). En otros casos, la ley priva a los autores de todo derecho exclusivo a la explotación de su obra, concediéndoles a cambio el derecho a una compensación pecuniaria por los ingresos dejados de percibir como consecuencia de esa falta de exclusividad (arts. 24 y 25 LPI).[5]

Ahora bien, todos esos derechos no pueden reconocerse al margen del interés del público, destinatario de las obras intelectuales, en acceder a ellas. Pues precisamente este interés jus-

5. Cfr. Abel Martín Villarejo, «El ejercicio de los derechos de propiedad intelectual en el ámbito de las nuevas tecnologías», en *Nuevas Tecnologías y Propiedad Intelectual*, ed. Carlos Rogel Vide, Reus, Madrid, 1999, pp. 131 y ss., en pp. 137 y ss.

tifica la tutela jurídica de la creación intelectual, hasta el punto de que el contenido de los derechos de autor aparece delimitado sobre la base de una doble racionalidad: el interés del público en acceder a la obra y el de sus autores en explotarla. Esto explica su limitada duración. Justifica también que en ocasiones se conceda al público el libre acceso a una obra, aunque no sin tener en cuenta la repercusión que ello pueda tener en el disfrute global de los derechos de autor sobre la misma, no pues en términos que afecten al disfrute ordinario de esos derechos y a su función de estímulo de la creación intelectual.[6] En el mundo anglosajón, esta doble racionalidad cristaliza en la fórmula indeterminada de *fair use*, o uso correcto o leal. Supuesto típico de uso leal es la realización de una copia de una obra para uso privado. Otro es el que se recoge en la doctrina de la primera venta o *first sale*, según la cual quien adquiere una copia de una obra podrá vender o disponer de ella sin autorización del titular de los derechos de autor sobre la misma. En el continente europeo se prefiere recurrir a un listado de situaciones en las que parece razonable conceder a terceros el libre acceso a una obra sin autorización previa de su autor. Así, haciéndose eco de la doctrina anglosajona de la primera venta, nuestra LPI regula la extinción de los derechos de distribución de una obra tras su primera venta, siempre que ésta tenga lugar en el ámbito de la Unión Europea (art. 19.2). Lo que se agota, con todo, es tan sólo el derecho a distribuir mediante venta, no mediante otras formas de explotación como el arrendamiento. La LPI permite asimismo la comunicación privada de obras, entendiendo por tal la que tiene lugar en un ámbito estrictamente doméstico no integrado o conectado a red alguna de difusión (art. 20). En lo que a la reproducción de obras se refiere, y por mencionar algunos ejemplos significativos, ésta se permite siempre que se trate de obras ya divulgadas y para uso

6. Explícito en este sentido es el artículo 9 del Convenio de Berna para la protección de las obras literarias y artísticas, en la redacción correspondiente a su revisión de París de 24 de julio de 1971. Tras reconocer en su apartado 1 el derecho exclusivo de los autores a autorizar la reproducción de sus obras, el apartado 2 reserva a los países la facultad de permitir la reproducción de dichas obras en casos especiales, «con tal de que esa reproducción no atente a la explotación normal de la obra ni cause un perjuicio injustificado a los intereses legítimos del autor».

privado (art. 31), a modo de cita o reseña (art. 32), en el supuesto de obras sobre temas de actualidad difundidas por medios de comunicación social (art. 33), o de obras susceptibles de ser vistas u oídas con ocasión de informaciones sobre acontecimientos de actualidad, en la medida que lo justifique dicha finalidad informativa (art. 35), así como en el contexto de instituciones de carácter cultural o científico, como bibliotecas, si se trata de copias realizadas sin finalidad lucrativa y para fines de investigación (art. 37).

Los derechos de autor son pues el resultado de una relación dialéctica entre los intereses de los creadores de obras intelectuales en explotarlas y los del público en conocerlas, intereses aparentemente contrapuestos pero que contribuyen a definirse recíprocamente. Ambos se coordinan para configurar una realidad social, un universo comunicativo[7] cuyos interlocutores son los autores y los integrantes del público, la voluntad creativa de los primeros y la receptividad de los segundos, y cuyo objeto, la obra intelectual, es fruto de una síntesis dialéctica de los intereses más directos de unos y otros. La definición tradicional de ese objeto se amolda, como no podía ser de otro modo, a las características del mundo analógico. En él ocupa un lugar central la noción de reproducción. Tiene ésta una doble vertiente.[8] Por ella se entiende, por un lado, la fijación de una obra en un medio material que permita su comunicación, incluida la obtención de copias de la misma y, por otro lado, el proceso de obtención de copias en sí mismo considerado. Ambas aparecen recogidas en el artículo 18 de nuestra LPI, donde por reproducción se entiende «la fijación de una obra en un medio que permita su comunicación y la obtención de copias de toda o parte de ella». En el mundo analógico la fijación material de una obra y la obtención de copias de la misma son sus vehículos cardinales de difusión. Y el derecho exclusivo a controlar ambos tipos de actos, a autorizarlos y a percibir por ellos remuneración, ostenta una importan-

7. Para una visión postmoderna de los derechos como garantes de un espacio comunicativo, consúltese Christoph Beat Graber y Gunther Teubner, «Art and Money: Constitutional Rights in the Private Sphere», *Oxford Journal of Legal Studies*, vol. 18 (1998), p. 61, en p. 67.

8. Eduardo Serrano Gómez, *La propiedad intelectual y las nuevas tecnologías*, Cuadernos Cívitas, Madrid, 2000, p. 27.

cia igualmente cardinal dentro de los derechos de autor. Indicativo es que la palabra inglesa *copyright* haga referencia genérica a todos ellos.[9]

La importancia de la noción de reproducción se ha visto reforzada en las últimas décadas debido al desarrollo de mecanismos técnicos de reproducción de obras impresas, cinematográficas y musicales cada vez más sofisticados. Tanto es así que la proliferación de copias privadas producidas con base en dichos mecanismos ha llevado a reconsiderar las fronteras de los derechos de autor de cara a proteger el disfrute efectivo de su contenido. Así el artículo 25 de nuestra LPI ha incluido las copias privadas de producción mecánica dentro del contenido de estos derechos. Más concretamente, y ante la dificultad de someter a control individualizado cada acto de producción de copias, nuestra legislación ha optado por controlar su fuente, sometiéndola al pago de tasas en concepto de derechos de autor, supuesto típico de derecho compensatorio.[10] Solución ésta que, además de ser la única efectivamente viable para tutelar los intereses de los titulares de estos derechos, logra un cierto equilibrio entre ellos y los del público. Ello es así sobre todo si consideramos que dichas copias mecánicas no suelen ser cualitativamente comparables a las obras originales reproducidas, que su mercado no es pues totalmente coincidente con el de las segundas, aunque ciertamente existan zonas de intersección entre ambos.

9. Nótese que a diferencia de lo que sucede en el continente europeo, donde se reconoce a los autores derechos morales sobre su obra, los derechos de autor englobados en el sistema anglosajón de *copyright* son exclusivamente derechos de explotación patrimonial. Sobre este punto, José Massaguer y José R. Salelles, «El Derecho de la propiedad intelectual ante los desafíos del entorno digital. Perspectiva general y problemas particulares para las bibliotecas», *RGD* (1997), pp. 10927 y ss., en p. 10930, nota 7.

10. Es ésta una solución usual en el continente europeo. En los Estados Unidos, por el contrario, la Corte Suprema ha considerado a las grabaciones en vídeos domésticos como casos de *fair use* exentos del pago de derechos de autor, con el argumento de que se trata de copias realizadas con el solo fin de posponer la visión de programas televisivos *(time shifting)* de por sí exenta del pago de tales derechos (*Sony Coorp. v. Universal City Studios, Inc*, 464 US 417 (1984), conocido como caso *Betamax*). Cfr. Jane C. Ginsburg, «Putting Cars on the "Information Superhighway"», en *The Future of Copyright in a Digital Environment*, ed. Bernt Hugenholtz, Kluwer Law International, The Hague, 1996, p. 189, en p. 200.

Los autores son también titulares de derechos exclusivos a la distribución de su obra. Por tal se entiende la «puesta a disposición del público del original o copias de la obra, mediante su venta, alquiler, préstamo o de cualquier otra forma» (art. 19.1 LPI). Original o copias que, según opinión generalizada,[11] deben ser bienes tangibles. Puede también una obra ser objeto de comunicación, entendida como el «acto por el cual una pluralidad de personas pueda tener acceso a la obra sin previa distribución de ejemplares a cada una de ellas». Como ya vimos, los autores gozan de derechos exclusivos sobre tales actos siempre que tengan carácter público, siempre que no se celebren «dentro de un ámbito estrictamente doméstico que no esté integrado o conectado a una red de difusión de cualquier tipo» (art. 20.1 LPI). Sin restar protagonismo a la noción de reproducción, la de comunicación pública ha tenido gran importancia histórica en la configuración del contenido de los derechos de autor. En efecto, el llamado derecho de comunicación pública surgió ya en el siglo XVIII en relación con obras teatrales y musicales, con el objetivo de conceder a sus autores el derecho a controlar las representaciones de las mismas, a autorizarlas, pues, y a percibir por ellas una compensación económica.[12] En Francia, tal dere-

11. Cfr. Mihály Ficsor, «Towards a Global Solution: The Digital Angenda of the Gberne Protocol and the New Instrument», en *The Future of Copyright in a Digital Environment*, ed. Bernt Hugenholtz, Kluwer Law International, The Hague, 1996, pp. 111 y ss., en p. 131. En este sentido se expresan el art. 6 del Tratado de la Organización Mundial de la Propiedad Intelectual (OMPI) sobre Derechos de Autor (TDA), y el art. 8 del Tratado, también de la OMPI, sobre Interpretación o Ejecución y Fonogramas (TIEF), ambos de 1996. En uno y en otro el derecho de distribución de una obra se concibe como un derecho exclusivo a autorizar la puesta a disposición del original y de *ejemplares* de la misma, refiriéndose el art. 8 del TIEF a la puesta a disposición de ejemplares de interpretaciones o ejecuciones *fijadas* en fonogramas. Explícita en este sentido es también de Directiva sobre derechos de autor en la sociedad de la información, en el punto (28) de su Exposición de Motivos. Directiva 2001/29/CE del Parlamento Europeo y del Consejo del 22 de mayo de 2001, relativa a la armonización de deterinados aspectos de los derechos de autor y derechos afines a los derechos del autor en la sociedad de la Información. DOCE L n.º 167. 22/06/2001.

12. Egbert J. Dommering, «Copyright Being Washed Away through the Electronic Sieve: Some Thoughts on the Impending Copyright Crisis», en *The Future of Copyright in a Digital Environment*, ed. Bernt Hugenholtz, Kluwer Law International, The Hague, 1996, pp. 1 y ss., en pp. 3 y ss.

cho a comunicar una obra al público sin mediar soporte material fue reconocido incluso antes que el de reproducción (1791 y 1793, respectivamente).[13] En la actualidad, las posibilidades de difusión pública de obras intelectuales por medios de comunicación de masas como el cine, la radio y la televisión han acentuado la importancia del derecho de comunicación pública.[14] Han venido incluso a ampliar su objeto mediante la ampliación de la noción de público. Pues si en un principio éste se identificaba con las personas físicamente presentes en el lugar de la comunicación, los destinatarios de obras transmitidas por radio o televisión no deben estar todos presentes en el lugar de su comunicación para ser considerados su público. Ni deben los miembros del público estar presentes en un mismo lugar para tener acceso a la obra. Cada uno de ellos la recibirá simultáneamente, pero en lugares distintos. Desde el punto de vista temporal, el acto de recepción de la obra se individualiza y se independiza del de su transmisión.[15]

Finalmente, la transformación de una obra «comprende su traducción, adaptación o cualquier otra modificación en su forma de la que se derive una obra diferente», incluyendo cuando se trate de una base de datos la reordenación de la misma (art. 21.1 LPI). Y si al autor de la transformación corresponden los derechos de propiedad intelectual sobre la obra resultante de ella, el autor de la obra preexistente conserva el derecho de autorizar la explotación en cualquier forma de dichos resultados (art. 21.2 LPI).

¿Qué sucede en el universo digital de Internet? Para empezar, prácticamente toda obra intelectual puede ser introducida en la Red previa digitalización. Y toda obra introducida en la

13. André Lucas, «La propiedad intelectual y la infraestructura global de la información» *Boletín de Derecho de Autor*, vol. XXXII, n.° 1 (1998), pp. 3 y ss., en p. 13.

14. En nuestro país, y en línea con el Convenio de Berna, la comunicación pública se entiende pues como una noción genérica que engloba todos los actos de transmisión de una obra al público, incluidas su representación y su radiodifusión. La relación entre los conceptos de comunicación, representación y radiodifusión varía, sin embargo, en algunos ordenamientos (cfr. M. Ficsor, «Towards...», cit. p. 133).

15. Nótese que hoy la posibilidad de grabar obras transmitidas por radio o televisión modifica también este punto, si bien es ésta una circunstancia externa al proceso de comunicación de obras.

Red puede ser objeto de reproducción instantánea a un coste desdeñable. Reproducción cuyo resultado es en ocasiones idéntico en calidad y durabilidad al original, o a la copia digitalizada de éste. Ello es así muy notablemente en el contexto de obras musicales o audiovisuales y de obras creadas en Internet. O al menos lo es si se cuenta con un ancho de banda adecuado. Tanto es así que más que de copias digitales cabe hablar de «clonación digital»,[16] de actos de producción de nuevos originales. Además toda obra introducida en la Red puede ser comunicada, de forma igualmente instantánea y cuasi gratuita, a un número ilimitado de usuarios de la Red, y/o ser puesta a disposición de todos ellos, permitiéndoles el acceso a la misma en el momento que cada uno desee, sin que ello implique la distribución de copias tangibles. El carácter interactivo de las comunicaciones en el ciberespacio permite asimismo alterar la forma y el contenido de las obras disponibles en él, sin que deba quedar constancia de la autoría de la obra y/o de sus alteraciones. A ello hemos de sumar las dificultades de controlar los actos mencionados. Las cuales determinan que, para hacerse valer el derecho a controlarlos ha de apoyarse en exceso en la autoridad de la norma jurídica que lo articula. Esto, que ya de por sí es síntoma y a la vez causa de inoperatividad del derecho, habrá de serlo mucho más en un mundo animado por una lógica libertaria que lo convierte en refractario a todo control no considerado necesario para su buen funcionamiento. En definitiva, la arquitectura técnica y la lógica de Internet constituyen un reto para la aplicación de la lógica de los derechos de autor y afines, y para el mantenimiento del delicado equilibrio que éstos articulan entre los intereses de sus titulares y los del público.

3. Autores en tránsito hacia el ciberespacio

Un modo de superar el aparente desfase lógico entre derechos de autor e Internet consiste en aplicar aquí los parámetros por los que se vienen rigiendo los primeros, en hacer valer pues

16. Peter Schonning, «Licensing Authors' Rights on the Internet», en *International Review of Industrial Property and Copyright Law*, vol. 31 (2000), pp. 967 y ss., en p. 971.

en la Red los derechos de reproducción, distribución, puesta a disposición y transformación. La noción de transformación no presenta problemas en este sentido, al menos no desde una perspectiva puramente conceptual, al margen pues de las dificultades de controlar la transformación de una obra en Internet. Puede también entenderse que la noción de comunicación pública de una obra engloba su transmisión *on line*.[17] Efectivamente, el artículo 20.2(e) de nuestra LPI incluye en dicha noción «la transmisión de cualesquiera obras al público por hilo, cable, fibra óptica u otro procedimiento análogo, sea o no mediante abono». Ciertamente, habrá que discernir qué comunicaciones quedan incluidas en este concepto. En concreto, habrá que excluir las privadas entre usuarios de la Red, típicamente realizadas mediante correo electrónico. Y para dilucidar el carácter público o privado de una comunicación deberá atenderse a las características de sus destinatarios, a su identidad y a su número, tal y como sucede, por lo demás, en el contexto analógico.[18]

Ahora bien, la noción de comunicación pública no sobrevive indemne el tránsito hacia el ciberespacio, como tampoco lo hizo al advenimiento de la radio y la televisión. Y es que tan importante como la transmisión de una obra, el acto por el que el público accede efectivamente a ella, es aquí su puesta a disposición del público. Lo que antes se concebía como un acto único, la comunicación de una obra, se disocia ahora en dos, su puesta a disposición y el acceso a ella, actos éstos distintos y no necesariamente coincidentes en el tiempo. Para tener operatividad, el concepto de comunicación pública debe englobar tanto el primero como el segundo. Dicha disociación se produce incluso donde la obra no es puesta a disposición del pú-

17. Nótese, sin embargo, que en su redacción actual el Convenio de Berna reconoce un derecho de comunicación en relación con obras musicales, dramáticas y dramático-musicales (artículo 11.1), cinematográficas (artículos 14.1 y 14*bis*.1), para la radiodifusión de obras (artículo 11*bis*.1) y la recitación de obras literarias (artículo 11*ter*.1). No reconoce pues un derecho a comunicar obras literarias por un medio distinto de la radiodifusión, como es su comunicación *on line*.

18. Véase así la STS de 19 de julio de 1993, RJA 1993/6164 (sobre el carácter público de las emisiones televisivas en un bar), y otra jurisprudencia sobre el tema recogida en E. Serrano Gómez, *La propiedad...*, cit. pp. 65 y ss.

blico en general, sino transmitida a destinatarios concretos, ya que éstos podrán decidir si y cuándo desean tomar conocimiento de ella. Tenemos así que, aplicada al ciberespacio, la noción de comunicación permite que los destinatarios de una obra elijan dónde y cuándo desean acceder a ella. La apuntada disociación aparece asumida en los tratados de la Organización Mundial de la Propiedad Intelectual (OMPI) de 1996. El artículo 8 del Tratado sobre Derecho de Autor (TDA) y los artículos 10, 14 y 15.4) del Tratado sobre Interpretación y Ejecución de Fonogramas (TIEF) incluyen expresamente dentro del derecho de comunicación al público de obras intelectuales por cualquier medio de comunicación alámbrico o inalámbrico, la puesta a disposición de las mismas «de tal manera que los miembros del público puedan tener acceso a ellas desde el lugar y en el momento que cada uno de ellos elija». En el mismo sentido se pronuncia el artículo 3.2 de la Directiva sobre derechos de autor en la sociedad de información. La puesta a disposición interactiva de obras intelectuales, en Internet o en cualquier otro medio (piénsese en el vídeo a la carta), se consagra así como objeto de los derechos de comunicación. Y nótese que la interactividad intrínseca a las comunicaciones en el ciberespacio no sólo afecta al lugar y al momento de la recepción. También incide en su objeto, permitiendo que sus destinatarios se hagan con un conocimiento de éste personalizado o a medida, alterando la disposición de su contenido, o seleccionando partes concretas del mismo. Todo lo cual nos obliga a reconsiderar nuestra la noción de público como destinatarios pasivos de una obra, e incluso nuestra concepción de obras intelectuales como objetos estáticos de una comunicación intelectual unívoca.[19]

19. P. Bernt Hugenholtz, «Adapting Copyright to the Information Superhighway», en *The Future of Copyright in a Digital Environment*, ed. Bernt Hugenholtz, Kluwer Law International, The Hague, 1996, pp. 81 y ss., en p. 85. Esta interactividad ofrece bastante juego en el terreno musical, al permitir el acceso a piezas musicales aisladas de la obra en que se integran. También abre nuevas posibilidades en el terreno de la producción literaria y de la investigación académica, permitiendo la publicación de estudios monográficos *on line* de factura compleja con distintos niveles de lectura según los intereses del lector (así Robert Darnton, «The New Age of the Book», *The New York Review of Books*, 18 de marzo de 1999).

No puede hablarse, por otro lado, de distribución de obras intelectuales en un contexto en el que la transmisión y puesta a disposición de éstas no se realiza sobre la base de copias tangibles.[20] Lo cual excluye la aplicación de la doctrina de la primera venta.[21] Mayores dudas suscita la noción de reproducción, y en concreto la cuestión de qué debe entenderse un acto de reproducción en Internet a efectos jurídicos. Para empezar, la introducción de obras en Internet, su transmisión, el acceso a ellas por terceros, su visualización, todos éstos son actos que se apoyan en operaciones técnicas complejas articuladas mediante múltiples actos de fijación de la obra, algunos de ellos efímeros, en soportes materiales diversos, como la memoria del servidor, la pantalla o el disco duro del ordenador transmisor, del receptor y de otros intermediarios.[22] Técnicamente, cada uno de estos actos es un acto de reproducción. Y aun así, cabe plantearse si tiene sentido incluirlos todos dentro de los derechos de autor sobre la obra transmitida. La opinión más difundida es que sólo debe considerarse objeto de dichos derechos la digitalización de una obra y, seguidamente, aquellas reproducciones en sentido técnico que siendo necesarias para la transmisión digital de la

20. En Estados Unidos sí se ha querido ampliar la noción de distribución para hacerla englobar la transmisión de copias desmaterializadas de una obra. Así, el informe de 1995 de la *Information Infrastructure Task Force, Intellectual Property and the National Information Infrastructure* (*Report of the Working Group on Intellectual Property Rights*, Washington D.C., 1995 -*NII White Paper*) concibe la distribución como la transmisión por cualquier medio o proceso de copias que quedan fijadas más allá del lugar desde el que se transmite (pp. 213-220; cifr. M. Ficsor, *Towards...*, cit. p. 129; Jane C. Ginsburg, «Putting Cars on the "Information Superhighway": Authors, Exploiters and Copyright in Cyberspace», en *The Future of Copyright in a Digital Environment*, ed. Bernt Hugenholtz, Kluwer Law International, The Hague, 1996, pp. 189 y ss., en p. 204). Dicha visión encuentra también aquí apoyo jurisprudencial (cfr. J. Massaguer y J. R. Salelles, *El Derecho...*, cit. nota 62, donde se cita también jurisprudencia alemana). En derecho internacional y comparado, sin embargo, la tendencia general consiste en renunciar a tal ampliación de la noción de distribución en cuanto que forzada y además innecesaria, en la medida en que afecta a actos de transmisión de obras subsumibles en la noción de comunicación (J. C. Ginsburg, *Putting Cars...*, cit. p. 204).

21. Incluso en los Estados Unidos, el *NII White Paper* (cit. p. 92) aboga por la exclusión de la doctrina de la primera venta en Internet, al entenderse que la distribución de una obra se realiza aquí mediante la producción de nuevas copias, con lo que dicha doctrina afectaría indebidamente al derecho de reproducción (cfr. M. Ficsor, *Towards...*, cit. p. 130.

22. J. H. Spoor, *The Copyright Approach...*, cit. p. 67.

obra impliquen una fijación de la misma en cualquier medio, como puede ser su fijación en una base de datos, su almacenamiento, su recuperación en pantalla y su impresión.[23]

Esto suscita el problema de la mera visualización de una obra en pantalla. De una parte, no es posible acceder a una obra en Internet sin visualizarla, lo que equivale a reproducirla en el sentido técnico-jurídico arriba apuntado. Pero someter la mera visualización de obras al control de sus autores puede parecer excesivo y contradice, además, el espíritu dinámico de Internet, afectando a la posibilidad de consulta rápida de obras o *browsing*. De otra parte, ello no carece de sentido en atención, precisamente, a ese espíritu dinámico, el cual permite que los usuarios de la Red hagan uso de obras intelectuales sin necesidad de realizar copias permanentes de las mismas. No es pues de extrañar que tanto en los Estados Unidos como a nivel europeo (artículo 2 de la Directiva sobre derechos de autor en la sociedad de información) se haya entendido que el derecho a explotar las obras intelectuales abarca, en línea de principio, la reproducción temporal o permanente de dichas obras intelectuales.[24]

Dentro del terreno de las reproducciones temporales, parece pacífico que la noción técnico-jurídica de reproducción no abarca las copias efímeras realizadas como parte del proceso técnico de transmisión de los datos sin base material discernible. En este sentido, el artículo 5.1 de la Directiva sobre los derechos de autor en la sociedad de la información excluye del derecho de reproducción las reproducciones temporales, que su artículo 2 en principio incluye en ese derecho, «cuando formen parte integrante de un proceso tecnológico cuya única finalidad consista en facilitar el uso de una obra u otro trabajo, y que no tengan por sí mismos una significación económica in-

23. J. Massaguer y J. R. Salelles, *El Derecho...*, cit. p. 10944; Pedro A. de Miguel Asensio, *Derecho Privado de Internet*, Civitas, Madrid, 2000, pp. 218-219.

24. Ésta ha sido considerada la innovación más importante de la Directiva, sobre todo respecto de los tratados de la OMPI de 1996 (José A. Gómez Segade, «La propuesta de Directiva sobre determinados aspectos de los derechos de autor y derechos afines en la sociedad de la información», en Carlos Rogel Vide, coord., *Nuevas Tecnologías y Propiedad Intelectual*, pp. 17 y ss., en p. 28). Véase más abajo la nota 27. En relación con el tratamiento de esta cuestión en los Estados Unidos, véase la nota 28 y el texto que la acompaña.

dependiente»,[25] y el punto 33 de la Exposición de Motivos incluye en este artículo la visualización en pantalla de una obra. Existen, por lo demás, actos de fijación temporal de una obra cuya ubicación conceptual no es clara. Piénsese, en concreto, en el llamado *caching*, nombre por el que se conoce la realización automática, y por tanto involuntaria, de copias temporales en el servidor de toda página o documento de la Red visualizado y en la memoria de trabajo del ordenador del usuario, de cara a facilitar su posible recuperación posterior, por ese mismo usuario *(client caching)* o por otros *(proxy caching)*.[26] Aquí, indudablemente, hay fijación en soporte material, y sin embargo no está claro si ha de concedérsele relevancia jurídica. Ni nuestra LPI, ni el Convenio de Berna, ni los tratados de 1996 de la OMPI (TDA y TIEF),[27] contienen referencia expresa a este problema. En los Estados Unidos de América, parece haberse impuesto, no sin críticas, la doctrina de que las copias *caché* constituyen un acto de reproducción sometido al derecho de autor.[28] En el ámbito de la Unión Europea, por otro lado, la Directiva citada en el punto 33 de su Exposición de Motivos encuadra dichas copias dentro del ar-

25. La Directiva 91/250/CEE del Consejo, de 14 de mayo de 1991, sobre la protección jurídica de programas de ordenador, no contiene tal limitación del derecho de reproducción. Éste abarca aquí la reproducción total o parcial, permanente o transitoria, de un programa de ordenador, incluso cuando ella fuera precisa para la carga, presentación, ejecución, transmisión o almacenamiento de un programa, en cuyo caso tales actos estarán sujetos a la autorización del titular del derecho (artículo 4[a]).

26. E. Serrano Gómez, *La propiedad intelectual...*, cit. pp. 102 y ss.

27. La polémica en torno a las copias efímeras impidió que estos Tratados incluyesen, como estaba previsto, una referencia expresa a éstas como objeto del derecho de reproducción, seguida del reconocimiento de la facultad de los Estados firmantes para limitar dicho derecho en el supuesto de copias cuya trascendencia fuera puramente técnica. Sobre este punto, M. Ficsor, *Towards...*, cit. pp. 126-127; J. Massaguer y J. R. Salelles, *El Derecho...*, cit. p. 10939, nota 38.

28. Cfr. J. H. Spoor, *The Copyright Approach...*, cit. p. 70. Se trata de la doctrina recogida en el *NII White Paper*, pp. 64-65. Sobre este punto, J. C. Ginsburg, *Putting Cars...*, cit. p. 198. Para una crítica global del *White Paper*, en cuanto que documento inspirado por intereses de mercado, Yong-Chan Kim, «Copyright and Internet. Social Claims and Government's Intervention» (1996), *www.msu.edu/user/kimyong2/copy.html*

tículo 5.1 como actos no cubiertos[29] por los derechos de explotación exclusivos de los autores.

Admitir la vigencia en Internet del derecho de reproducción plantea también la aplicación aquí de las excepciones al mismo, notablemente de la excepción de copia realizada para uso privado o de la realizada para fines de investigación en el contexto de bibliotecas. A una y a otra las guía el interés de no convertir en excesivamente oneroso el acceso a una obra intelectual por los destinatarios de la misma. Además, la persecución de copias realizadas para uso privado o con fines de investigación puede suponer una intromisión injustificada en la privacidad de quien las realiza.[30] La cuestión es si ambas consideraciones tienen vigencia en Internet. En relación con la primera, la excepción de copia privada pierde su razón de ser en un contexto donde, en todo caso, las copias son directamente realizadas por o para sus destinatarios finales. El reciente caso Napster nos ofrece una visión de las consecuencias que la excepción de copia privada puede tener en el disfrute de los derechos de autor. Napster es un sitio *web* creado en mayo de 1999 para facilitar el intercambio gratuito de música entre usuarios de la Red. Y aunque éstos se limitaran a hacer copias de piezas musicales para uso privado y sin fines lucrativos, la lógica del sitio, y su ingente número de usuarios (se habla de 40 o 50 millones en todo el mundo), fueron percibidos por los titulares de derechos intelectuales sobre las piezas intercambiadas como un peligro para su disfrute. Así la RIAA, asociación de las principales discográficas, y algunos grupos musicales se querellaron contra Napster por permitir la violación de derechos de autor y otros afines, y ganaron el caso tanto en primera instancia como en apelación. Y si bien no han conseguido que se ordene el cierre de Napster, sí le ha obligado a

29. Cabe preguntarse, con todo, si dichas copias cumplen con el requisito de no tener «significación económica independiente». Y es que, en su configuración técnica actual, las copias *caché* pueden perjudicar económicamente a los sitios cuyas páginas se reproducen de este modo temporal, provocando una disminución ficticia de su audiencia y de sus expectativas de ingresos si las tienen, Pedro A. de Miguel Asensio, *Derecho Privado...*, cit. p. 222.

30. Dirk J. G. Visser, «Copyright Exemptions Old and New: Learning from Old Media Experience», en *The Future of Copyright in a Digital Environment*, ed. Bernt Hugenholtz, Kluwer Law International, The Hague, 1996, pp. 49 y ss., en p. 50.

bloquear el acceso a las canciones sobre las que las discográficas acrediten tener el *copyright*. El mensaje es claro: admitir la excepción de copia privada en Internet implica vaciar de contenido los derechos de autor. Aun así, la Unión Europea, en la Directiva sobre derechos de autor en la sociedad de información, opta por dejar al margen de los derechos exclusivos de los autores «las reproducciones en cualquier soporte efectuadas por una persona física para uso privado y sin fines directa o indirectamente comerciales» (Artículo 5.2[b]).[31] Ahora bien, sí reconoce a los autores derechos compensatorios, aunque sólo si éstos han protegido la obra o prestación de que se trate mediante medidas tecnológicas, punto éste sobre el que se volverá más adelante.

Por su parte, los mecanismos técnicos disponibles para perseguir copias digitales en la Red pueden llegar a ser especialmente onerosos para la privacidad de los usuarios. Así lo parece la introducción de una «huella digital»,[32] elemento de identificación y de seguimiento de una obra que deja constancia de sus usuarios y de los usos de que haya sido objeto (si ha sido memorizada, grabada y/o impresa por un usuario). Desde la perspectiva de los autores, sin embargo, y si partimos de la ilicitud de las copias privadas en Internet, un control semejante es crucial para poderlas perseguir. Lo es incluso si dichas copias se consideran lícitas, y de lo que se trata es de verificar que su uso es efectivamente privado y sin fines lucrativos.[33] Una alternativa menos gravosa para la privacidad de los usuarios consiste en encriptar o codificar las obras introducidas o creadas en Internet para que sus autores puedan controlar y explotar el acceso a ellas con independencia de su uso posterior. Desde la perspectiva del derecho de reproducción, sin embargo, el control que permite la codificación resulta al mismo tiempo excesivo e insuficiente. Excesivo porque en lo que a la obra codificada concierne el control de su reproducción es absoluto; in-

31. Redactado según la Enmienda 5 del Parlamento Europeo, Acta del 14 de febrero de 2001.

32. Ferdinand Melichar, «Collective Administration of Electronic Rights: A Realistic Option?», en *The Future of Copyright in a Digital Environment*, ed. Bernt Hugenholtz, Kluwer Law International, The Hague, 1996, pp. 147 y ss., en 151.

33. Vivamente en este sentido, P. Schonning, *Licensing...*, cit., p. 972.

suficiente porque no abarca la realización de copias ulteriores de la obra descodificada.

La aplicación de los derechos de autor en su concepción analógica al contexto de Internet es la solución mayormente adoptada por documentos jurídicos que se enfrentan a la necesidad de proteger también aquí esos derechos. El énfasis en la noción de reproducción y la necesidad de adaptarla a este nuevo contexto están así presentes en los esfuerzos realizados en los Estados Unidos, en la Unión Europea y a nivel internacional. Y sin embargo cabe preguntarse si este modo de proceder no resulta artificioso, en concreto si la noción de reproducción ofrece un fundamento adecuado para articular la tutela de los derechos de autor en el ciberespacio. Como alternativa radical se ha propuesto tomar como punto de partida, no la lógica analógica de los derechos de autor, sino la lógica técnica y sociológica de Internet, sus posibilidades de libérrima comunicación e intercambio de información.[34] Desde esta perspectiva, los derechos de propiedad intelectual aparecen como un anacronismo de la era analógica cuyo objeto es premiar, no a quienes generan información, sino a quienes elaboran el continente en que ésta aparece presentada. Lo cual carece de sentido en un contexto digital en el que la información aspira a circular libremente. Carece de sentido incluso para los propios autores, habida cuenta de lo contraproducente que puede resultar el intento de controlar lo incontrolable. Más sentido tiene también para éstos aceptar la existencia del ciberespacio, su lógica de comunicación libre, e intentar operar dentro de ella renunciando a todo derecho exclusivo a explotar en él sus obras. El futuro de la propiedad intelectual se vislumbra desde esta óptica en el uso del universo digital para promocionar obras intelectuales explotadas en el mundo analógico. Es más, ese universo, se prevé, acabará por transformar el modelo de explotación analógica de la obra intelectual. La amplia distribución de copias digitales acabará desplazando a las analógicas, y servirá a los autores para promocionar, no éstas, sino el original de su

34. Así John Perry Barlow, «Selling Wine without Bottles. The Economy of Mind on the Global Net», en *The Future of Copyright in a Digital Environment*, ed. Bernt Hugenholtz, Kluwer Law International, The Hague, 1996, pp. 169 y ss.

creación: la función cinematográfica, la representación de teatro, los conciertos u otros espectáculos, e incluso los foros de discusión académica. El nuevo reto de los autores consistirá pues, no en comercializar las copias de su obra, sino en atraer al público a tales acontecimientos.

4. La noción de comunicación pública como nuevo punto de partida

Si trasladar a Internet las nociones que definen el contenido de los derechos de autor en la era analógica conduce a resultados insatisfactorios, también lo son los de la opción de renunciar a estos derechos en aras de la lógica libertaria del ciberespacio. Pues si no cabe ignorar el lugar que dicha lógica ya ocupa en nuestra sociedad, las pretensiones de los autores reflejan también una realidad sociocultural en la que su labor es valorada y considerada digna de estímulo en lo que tiene de creativo. Sin perjuicio de que la visión de futuro de los derechos de propiedad intelectual arriba ofrecida pueda resultar premonitoria, no cabe imponerla por encima de los parámetros culturales que aún miden la trascendencia social de la creación intelectual. Hacerlo pondría en peligro la producción y explotación de obras intelectuales en la Red, privando de tráfico, y de sentido, a las autopistas de la telecomunicación digital.[35] Tendría incluso repercusiones negativas en la producción de obras intelectuales en soporte analógico, en la medida en que éstas pueden ser digitalizadas y distribuidas en la Red sin el consentimiento de sus autores. Si el objetivo es potenciar tanto la creación intelectual como la explotación de las posibilidades creativas y comunicativas de Internet, imponer aquí a los autores una renuncia a sus derechos no parece el camino adecuado.

Más aconsejable parece adaptar la lógica de los derechos de autor y afines a la lógica técnica y sociológica de Internet. Y lo primero que debemos asumir es que en la realidad digital de Internet el concepto de copia o de reproducción pierde opera-

35. Jane C. Ginsburg, *Putting Cars...*, cit.

tividad de cara a articular la tutela de estos derechos. Más sentido tiene aquí, tanto desde la lógica de los autores como desde la de los usuarios, reconocer a los primeros un derecho a explotar, ante todo, los actos que ponen una obra a disposición del público, y seguidamente, los que articulan el acceso efectivo a ella, concebidos unos y otros como operaciones unitarias y autónomas entre sí, con independencia de que para realizar cada una de ellas sea preciso recurrir a actos diversos de reproducción en sentido técnico. Desde esta perspectiva, la tutela de los derechos de autor en el ciberespacio pasa por el abandono de lo que se ha calificado de *repro-thinking* en favor de planteamientos que atiendan a las posibilidades de acceder a una obra, a su representación electrónica *(electronic perfomance)*,[36] dentro de la Red. Lo que se propone, en concreto, es que la transmisión *on line* de una obra intelectual se configure como una nueva modalidad de explotación,[37] y que se reconozca el correspondiente derecho exclusivo sobre ella. Un derecho que, para evitar la creación de nuevas categorías jurídicas, bien puede articularse en torno a la noción de comunicación pública tal y como aquí ha sido perfilada, y tal y como aparece recogida en los TDA y TIEF de la OMPI y en la Directiva sobre los derechos de autor en la sociedad de la información. De este modo se confiere nitidez conceptual a la aproximación a los derechos de autor en Internet. Al mismo tiempo, se evitan los problemas prácticos que surgen de la necesidad de coordinar los diversos derechos de autor y afines, y posiblemente sus respectivos titulares y administradores diversos, que desde una perspectiva analógica pueden concurrir en la explotación *on line* de una obra,[38] sobre todo en un contexto donde los contornos conceptuales de esos derechos no siempre aparecen, como hemos visto, definidos con la claridad que sería deseable. No se trata pues de renunciar a los derechos de autor en el ciberespacio.

36. Egbert J. Dommering, *Copyright Being Washed Away...*, cit. p. 7. También en este sentido, P. B. Hugenholtz, *Adapting Copyright...*, cit. pp. 81 y ss.

37. En este sentido se pronuncia E. Serrano Gómez, *La propiedad intelectual...*, cit. págs. 114-115; asimismo, S. Olswang, «Accessright: An Evolutionary Path for Copyright into the Digital Era?», *EIPR* (1995), p. 217, cfr. J. Massaguer y J. R. Salelles, *El Derecho...*, cit. p. 10946, nota 52.

38. P. Schonning, *Licensing...*, cit., pp. 975-976.

Se trata tan sólo de sustituir su visión analógico-reproductiva por otra más operativa que gire en torno a la noción de comunicación pública.

5. **Problemas prácticos, soluciones técnicas**

En el universo etéreo, dinámico y al mismo tiempo permanentemente accesible de Internet, en definitiva, la propiedad intelectual aparece amenazada, no tanto porque los usuarios puedan fijarla en un soporte concreto, sino porque puedan acceder libremente a ella. Es la noción de comunicación pública, no la de reproducción, la que mejor recoge estas exigencias y sirve de punto de partida para articular la solución de problemas prácticos. Destacan dos fundamentales y relacionados entre sí. El primero es cómo organizar la explotación de la propiedad intelectual en Internet sobre la base de esas nociones en un modo que estimule la producción y la introducción de obras en la Red. El segundo es cómo impedir la violación de derechos sobre obras analógicas mediante su introducción y distribución en la Red sin el consentimiento de sus autores. En realidad, la solución del segundo se encuentra implícita en la del primero. Pues para estimular la producción o distribución de obras en la Red, y además de garantizar a los autores una cierta rentabilidad, su sistema de explotación debe tener fuerza disuasoria frente a actos de violación de los derechos de propiedad intelectual sobre ellas, frente a su digitalización y/o distribución no autorizada.

Para ello no basta con recurrir al derecho. Para hacer valer los derechos de autor en Internet no basta con reconocerlos jurídicamente. Es preciso idear medios técnicos que permitan a los autores explotar la comunicación de sus obras.[39] La importancia de la protección técnica de la creación intelectual como presu-

39. Vivamente en este sentido, Ejan Mackaay «The Economics of Emergent Property Rights on the Internet», en *The Future of Copyright in a Digital Environment*, ed. Bernt Hugenholtz, Kluwer Law International, The Hague, 1996, pp. 13 y ss.; Charles Clark, «The Answer to the Machine is the Machine», ibídem, pp. 139 y ss; Isabelle de Lamberterie, «L'Internet et la propriété intellectuelle», *Cahiers francais.* N.° 295 *(L'Internet)*, pp. 82 y ss., en p. 89. Así también, entre nosotros, E. Serrano Gómez, *La propiedad intelectual ...*, cit. pp. 110 y ss.

puesto de su tutela jurídica aparece reconocida incluso a nivel normativo, en los artículos 11 del TDA y 18 del TIEF de la OMPI. Ambos obligan a las partes contratantes a proporcionar «protección jurídica adecuada y recursos jurídicos efectivos contra la acción de eludir las medidas tecnológicas efectivas» utilizadas por autores, artistas intérpretes o ejecutantes o productores de fonogramas en relación con el ejercicio de sus derechos. En el mismo sentido se pronuncia el artículo 6 de la Directiva. En su apartado 3 se especifica que «medida tecnológica» es todo dispositivo o producto destinado a prevenir o impedir la violación de los derechos de autor o derechos afines. Es más, su artículo 5.2(b), tras reconocer el derecho de los usuarios de la Red a realizar copias privadas de obras que aparecen en ella, concede a los autores el derecho a una compensación equitativa siempre y cuando a la obra se apliquen las medidas tecnológicas contempladas en el mencionado artículo 6. Proveer a los autores de medios técnicos de control sobre sus obras es fundamental, además, para imponer un clima general de respeto de la propiedad intelectual en Internet como premisa para su tutela jurídica, para convertir el respeto de la legalidad en la norma y la desviación de ella en la excepción. Condición para ello es que dichos medios sean efectivos, sin provocar con todo un rechazo tal en los usuarios que les incite a idear medios para obviarlos.[40]

Una solución puede ser la administración digital de los derechos de autor mediante depositarios de obras intelectuales en la Red.[41] Se trata de contenedores de obras intelectuales, creados bien por voluntad de los propios autores o a iniciativa de terceros que desean actuar de intermediarios en el mercado intelectual, con el encargo de que administren el acceso a dichas obras. Éste puede concederse de forma gratuita, si los depositarios gozan de otras fuentes de financiación, como la difusión de publicidad con cada acto de comunicación de una obra, o mediante pago, organizado en forma de cuotas periódicas, de cuotas tipo *pay per view*, o de

40. Así, P. B. Hugenholtz (*Adapting Copyright...*, cit., p. 86) advierte del peligro de rechazo que encierra la encripción de obras en la Red.

41. Son los que se han llamado *right-management containers*. Para una discusión de esta solución técnica, véase Note: «Developments in the Law: The Law of Cyberspace. IV Internet Regulation Through Architectural Modification: The Property Rule Structure of Code Solutions», 112 *Harvard Law Review* (1999), en *www.harvardlawreview.org/cgi-bin/issues/search.cgi*

una combinación de ambas. Las obras administradas deben estar codificadas y sus claves de descodificación en poder exclusivo de sus depositarios. Nótese que este sistema no se apoya en la noción de copia, sino en la de comunicación. No se trata de hacer pagar al usuario por cada copia de una obra que realice, sino por cada comunicación de que sea destinatario, posiblemente en función de su duración. Asimismo, el sistema debe prever que la transmisión a terceras personas de toda obra ubicada en un depositario administrador digital pase necesariamente por éste, el cual la descodificará recaudando por ello la cuota correspondiente. La idea es que dicha cuota no se adeude al usuario que transmite la obra a otro, lo que desincentivaría su circulación y distribución en la Red, sino a cada uno de sus destinatarios finales, reservándose éstos la posibilidad de declinar el acceso mediante pago a la obra recibida.

Iniciativas semejantes han sido ya aplicadas a la explotación *on line* de libros[42] y de piezas musicales, especialmente aquí a raíz del caso Napster, aunque aún con deficiencias técnicas notables.[43] Pero aun presumiendo un funcionamiento técnicamente óptimo del sistema de depositarios administradores digitales de obras intelectuales en la Red, tal sistema presenta algunos problemas aparentes. Ante todo, los depositarios administradores digitales pueden proteger el acceso a las obras situadas en ellos, pero no impedir la distribución en la Red de copias digitalizadas de las mismas sin autorización de su autor. Por otro lado, los depositarios digitales, y por medio de ellos los titulares de derechos de propiedad intelectual, ejercen un control absoluto sobre las obras que administran.[44]

42. Jason Epstein, «The Rattle of Pebbles», *The New York Review of Books*, 27 de abril de 2000.

43. «Napster: ¿el comienzo del fin?» *El País Digital* de 6 de marzo de 2001; «Napster: ingenio de usuarios para violar el bloqueo», *El País Digital* de 11 de marzo de 2001. Las soluciones intentan combinar la venta de música con su promoción, aprovechando las posibilidades que Internet ofrece. Puede así permitirse la escucha de piezas musicales a cambio de contribuciones voluntarias a los artistas, o bien permitirse su escucha una sola vez, o a baja calidad, antes de su adquisición.

44. De ahí las críticas a este modelo de administración de obras intelectuales en la Red (Niva Elkin-Korn, «Cyberlaw and Social Change: A Democratic Approach to Copyright Law in Cyberspace», 14 *Cardozo Arts & Ent. L. J.* 215, 290 (1996); Jessica Litman, «The Exclusive Right to Read», 13 *Cardozo Arts & Ent. L. J.* 29, 40 (1994), cifr. Note: *Developments in the Law...*, cit. nota 102).

Pueden así recortar el acceso a ellas, fijando por ejemplo su duración y frecuencia máximas, e incluso denegarlo a discreción a determinados usuarios. Ciertamente, podrían imponerse excepciones a los derechos exclusivos de comunicación. El artículo 53 de la Directiva sobre derechos de autor en la sociedad de la información permite a los Estados miembros optar por esta solución, por encima incluso de toda protección técnica de sus derechos por los derechos habientes (artículo 6.4). Pero estas excepciones responden aun a una lógica reproductora, y en cualquier caso no se corresponden con la dinámica de representación electrónica a que responde el sistema de administración recién descrito.

Los problemas apuntados encuentran respuesta más bien en la propia lógica de este sistema, en concreto en el bajo coste de su funcionamiento. Efectivamente, la supresión de las copias físicas de una obra y de los intermediarios comerciales tradicionales, junto con lo económico de su puesta a disposición y comunicación electrónica en la Red, son factores que reducen enormemente el coste del servicio y las cuotas de acceso a él, tanto más cuanto más crezca el número de usuarios. Esto resta atractivo a la alternativa de digitalizar y distribuir paralelamente las mismas obras en la Red, incrementando el esfuerzo y coste marginales de esta operación. En efecto, el éxito del sistema depende de que logre disuadir de la producción y distribución de copias digitales no autorizadas. Lo cual depende a su vez de lo fácil y económico que resulte recurrir a él, y de que satisfaga, ya más genéricamente, los intereses de sus usuarios reales y potenciales. Esta misma lógica de mercado debería ser el principal estímulo de cara a no limitar el acceso a las obras administradas, sin perjuicio de que donde ésta no resulte suficiente deba recurrirse a la fuerza normativa del derecho.

Además, el acceso fácil y económico a las obras administradas resta trascendencia práctica a las excepciones a la explotación exclusiva de una obra por sus autores desempeñando en la práctica la función que tradicionalmente ha correspondido a éstas. También nos obliga a reconsiderar el papel que en el universo digital corresponde desempeñar a las bibliotecas. En la era analógica, las bibliotecas eran instituciones depositarias de obras intelectuales que permitían el acceso a ellas a un coste muy inferior al de adquisición de una copia de las mismas. En

Internet,[45] la relevancia económica de las bibliotecas se difumina. Su importancia se medirá aquí más bien en atención a la riqueza de las bases de datos que administren y a la facilidad del acceso a las mismas por parte de los usuarios. Precisamente esa riqueza justifica que, para no ver frustradas otras iniciativas de explotación de sus obras, los titulares de derechos intelectuales sobre ellas deban llegar a un acuerdo económico con las bibliotecas para su puesta a disposición en la Red.[46] Y sin duda muchos optarán por permitir la comunicación gratuita de su obra, bien porque su difusión sea objetivo prioritario, como es frecuente en la comunidad académica, o para dar publicidad a libros u obras impresas explotadas predominantemente en formato analógico. Pero muchos otros estarán interesados en explotar su obra también en Internet, lo que requerirá algún tipo de acuerdo económico con bibliotecas digitales. Las cuales, y salvo que cuenten con subvenciones a tal efecto, repercutirán previsiblemente el contenido económico de dicho acuerdo a sus usuarios. Las bibliotecas digitales se configuran pues, y en última instancia, como supuestos de depositarios digitales de obras intelectuales con una oferta intelectual múltiple.

En cuanto a la gestión de los derechos de propiedad intelectual, en un contexto en que la oferta intelectual aparece descentralizada y administrada en modos diversos, parece previsible que los titulares de estos derechos recurran a su gestión mediante entidades colectivas.[47] Pero además el universo digital ofrece la posi-

45. No me detendré a considerar el acceso *off-line* a fondos bibliotecarios digitalizados, cuya relevancia jurídica en el contexto de los derechos de autor puede articularse sobre la base de esquemas analógicos tradicionales. Sobre este tema, J. Massaguer y J. R. Salelles, *El Derecho...*, cit. pp. 10943 y ss.

46. Tienen los autores, ante todo, el derecho a decidir acerca de la digitalización de sus obras, concebida como un supuesto de reproducción (sobre este punto, J. Massaguer y J. R. Salelles, *El Derecho...*, cit. pp. 10943 y ss.), pero también sobre su puesta a disposición de los usuarios de la Red, concebida como un acto de comunicación. En contra, Georgia Harper, «Copyright in the Library. The Digital Library» (1999), *http:www.utsystemedu/OGC/Intellectual-Property/l-diglib.htm*

47. Sobre la gestión colectiva de derechos de autor y afines, y su vigencia en Internet, véase Abel Martín Villarejo, «El ejercicio de los derechos de propiedad intelectual en el ámbito de las nuevas tecnologías», en Carlos Rogel Vide (coord.), *Nuevas Tecnologías y Propiedad Intelectual*, ed. Reus, Madrid, 1999, pp. 131 y ss., esp. pp. 151 y ss. Nótese que esta modalidad de gestión de derechos inte-

bilidad técnica de someter los actos de comunicación de obras intelectuales a seguimiento individualizado, mediante la introducción en ella de un localizador capaz de identificar cada acto de acceso a la misma por un usuario de la Red. Ello permite el control y la administración de esa obra en Internet por sus autores, bien directamente o por entidades de gestión en que éstos deleguen para seguir la explotación de su obra. Las cuales no serían ya, sin embargo, entidades de gestión colectiva, sino de gestión conjunta o centralizada de derechos explotados a título individual.[48] Especial importancia puede cobrar la gestión conjunta o colectiva de los derechos morales de los autores, habida cuenta de las posibilidades de violación de los mismos que Internet encierra.

6. Obras creadas en Internet: autoría y co-autoría en el ciberespacio

Las consideraciones precedentes relativas a la explotación de obras intelectuales en el ciberespacio son válidas tanto en relación con obras analógicas digitalizadas como de otras directamente creadas en la Red. En relación con estas últimas pueden sin embargo surgir dudas adicionales. Para empezar, no todo lo que aparece en la Red es una obra intelectual a efectos jurídicos, en la medida en que no todo es el resultado de una mínima labor creativa. No lo son, por ejemplo, los sitios *web* que dan cobijo a grupos de discusión y organizan el hilo de las discusiones *(conversation thread)*, salvo que en esta labor se siga algún tipo de criterio creativo y no puramente automático.[49] Sí son creaciones los mensajes de correo electrónico, por lo que su destinatario no está auto-

---

lectuales surgió precisamente en el contexto de comunicaciones públicas, en el contexto de representaciones de obras teatrales y, sobre todo, musicales, cuyo control sus autores no habrían podido llevar a cabo a nivel individual. Sobre este punto, véase Egbert J. Dommering, *Copyright Being Washed Away...*, cit. p. 4; F. Melichar, *Collective Administration...*, cit. p. 147.

48. F. Melichar, *Collective Administration...*, cit. p. 151.

49. En el mismo sentido, en relación con las bases de datos, el artículo 12 LPI reconoce como objeto de propiedad intelectual «las colecciones de obras ajenas, de datos o de otros elementos independientes como las antologías y las bases de datos que por la selección o disposición de sus contenidos constituyan creaciones intelectuales, sin perjuicio, en su caso, de los derechos que pudieran subsistir sobre dichos contenidos».

rizado a usar su contenido sin consentimiento de su emisor. Sin embargo, es de prever que aquí predomine por lo general el interés de las partes en hacer valer el derecho al secreto de su correspondencia electrónica. También son creaciones, qué duda cabe, las páginas y los sitios *web*. Lo cual suscita la cuestión de la licitud de los enlaces de una página a otra *(links)*, y del llamado *framing*, técnica de inclusión de una página *web* concreta en otra que no necesariamente pertenece al mismo autor. Si tomamos la lógica de Internet como criterio, tenemos que los enlaces son centrales para mantener el dinamismo característico del sistema, mientras que no cabe decir lo mismo del *framing*. Partiendo de dicha lógica, parece razonable subordinar la inclusión de una página *web* en otra a la autorización del titular de la primera. Los enlaces, por otra parte, deben presumirse lícitos en cuanto que implícitamente consentidos por los creadores de páginas *web*, salvo que el titular de una página manifieste su voluntad en sentido contrario, mediante la adopción de medidas que impidan su enlace desde el exterior.[50]

También pueden suscitar problemas específicos las obras creadas en el ciberespacio por autores diversos, bien se trate de obras multimedia o de obras creadas en medio único.[51] Son las que nuestra LPI llama obras de colaboración, colectivas y compuestas. Las primeras son el resultado unitario de la colaboración entre varios autores, quienes ostentan los derechos sobre ellas en la proporción que determinen. Cada coautor podrá explotar su aportación por separado, salvo pacto en contrario, mientras que es necesario el consentimiento de todos para la divulgación y modificación de la obra completa, decidiendo el juez en defecto de acuerdo (artículo 7 LPI). Obra colectiva es «la creada por la iniciativa y bajo la coordinación de una persona natural o jurídica que la edita y divulga bajo su nombre y está constituida por aportaciones de diferentes autores cuya contribución personal se funde en una creación única y autónoma, para la cual haya sido concebida sin que sea posible atribuir separadamente a cualquiera de ellos un derecho sobre

50. Sobre estos y otros temas, E. Serrano Gómez, *La propiedad intelectual...*, cit. pp. 95 y ss.; P. A. de Miguel Asensio, *Derecho privado...*, cit. pp. 206 y ss.

51. Un estudio pormenorizado de esta cuestión lo encontramos en J. C. Ginsburg, *Putting Cars...*, cit.

el conjunto de la obra realizada. Salvo pacto en contrario, los derechos sobre la obra colectiva corresponderán a la persona que la edite y divulgue bajo su nombre» (artículo 8 LPI). Por último, obra compuesta es «la obra nueva que incorpore una obra preexistente sin la colaboración del autor de esta última, sin perjuicio de los derechos que a éste correspondan y de su necesaria autorización» (artículo 9 LPI).

Las reglas precedentes son perfectamente aplicables a las obras creadas en la Red. Ahora bien, las posibilidades de interacción que el entorno de la Red ofrece y su dinamismo intrínseco pueden suscitar problemas a la hora de identificar quiénes son, efectivamente, los autores de una obra y cuál es la relación entre ellos. Es pues aconsejable que las personas involucradas en la creación de una obra en la Red expresen con claridad su relación con la misma. Donde no exista constancia de la autoría de una obra, ésta deberá deducirse de su proceso de creación y de la voluntad que durante el mismo pusieron de manifiesto quienes participaron en él. Esto es así incluso si dicho proceso no estuvo guiado por una abierta voluntad creativa y/o de cooperación, si la conciencia de la existencia de una obra y el interés en explotarla surgieron una vez concluida su creación.

Importante es también la expresión de voluntad en relación con la titularidad de los derechos de explotación de una obra creada en la Red en virtud de una relación laboral, situación ésta que la proliferación del tele-trabajo convierte en cada vez más frecuente. En ausencia de tal declaración de voluntad, nuestra LPI presume que los derechos de explotación han sido cedidos en exclusiva por el autor asalariado a su empleador en el momento de la entrega de la obra realizada en virtud de dicha relación laboral, si bien sólo con el alcance necesario para el ejercicio de la actividad habitual de éste (artículo 51 LPI). Esta última excepción no se aplica, con todo, a los programas de ordenador o bases de datos elaborados en el contexto de una relación laboral, en cuyo caso el empleador se presume titular en exclusiva de todos los derechos de explotación sobre ellas sin limitación de alcance.[52] De este modo, la LPI prima la inversión eco-

52. Artículo 97 LPI, que incorpora el artículo 2.3 de la Directiva europea 91/250/CEE del Consejo, de 14 de mayo, sobre la protección jurídica de programas de ordenador; artículo 133.3 (a) LPI.

nómica en la creación intelectual, sobre todo en la creación de obras con nuevas (y costosas) tecnologías, por encima del acto de creación en sí mismo considerado, estimando que la primera es más digna de promoción y tutela que la segunda. Ello es así sobre todo habida cuenta de lo improbable de un pacto entre empleador y trabajador asalariado que rompa las presunciones legales en favor del primero.

7. Consideraciones finales

En Internet las manifestaciones de voluntad de los (posibles) titulares de derechos de autor y afines, incluyendo sus iniciativas de autorregulación técnica, son cruciales de cara a asegurar la efectividad de estos derechos. Importantes son también las iniciativas de negociación y adaptación recíproca de las lógicas que inspiran el funcionamiento de las autopistas de la información y los derechos de propiedad intelectual, los intereses que guían unas y otras, mediante procedimientos flexibles y elásticos. Autorregulación o adaptación recíproca cuya articulación debe tener las mismas dimensiones transnacionales que el ciberespacio. Lo cual no supone desconocer la importancia de los mecanismos tradicionales de creación del derecho, la producción de normas jurídicas y su aplicación por los tribunales de justicia, mecanismos éstos que sin duda jugarán un papel crucial de guía en el proceso de autorregulación y adaptación recíproca de las distintas lógicas e intereses en liza. No se trata de este modo de sofocar dicho proceso, sino de coordinarlo y acotarlo, de evitar sobre todo la consolidación de prácticas impuestas unilateralmente en atención a intereses concretos. Todo ello idealmente a escala internacional.

La necesidad de homogeneizar la regulación del ciberespacio a nivel internacional es especialmente acuciante en el contexto de los derechos de autor y afines, cuyo objeto, la obra intelectual tiene vocación de ser difundida y explotada internacionalmente, en la Red y en el espacio analógico. De ello da buena cuenta la adopción ya en 1886 del Convenio de Berna para la protección de obras literarias y artísticas. A la espera de esa mayor integración internacional es preciso adoptar criterios prácticos para resolver conflictos en que se vean envueltas distintas jurisdicciones. Un criterio plausible consiste en adoptar el derecho de la jurisdicción de quien reclama la tutela de sus derechos. Así se evita por ejemplo la inseguridad de acoger la jurisdicción del país con vinculación más estrecha con la violación en cuestión. Se evita asimismo el peligro de que surjan paraísos digitales, peligro intrínseco a la adopción de la jurisdicción en que se hubiese producido la presunta violación de derechos. Como se ha señalado, antes que ofrecer una alternativa plausible a la homogeneización internacional de los derechos de autor, este último criterio sólo es aceptable sobre la premisa de dicha homogeneización.[53] Y es cierto que nacionales de países diversos pueden reclamar la tutela de sus derechos de autor en un caso concreto, produciéndose sobre la base del criterio propuesto una acumulación de casos que deberán ser valorados y resueltos por separado y en jurisdicciones distintas.[54] Pero lejos de merecer valoración negativa, esta circunstancia puede servir de acicate para una más estrecha cooperación y coordinación internacional.

La coordinación jurídica internacional constituirá previsiblemente la última fase en el proceso de implantación de los derechos de autor en el ciberespacio. En el curso de dicho proceso habrá de restringirse la libertad de acción de sus usuarios en aras de seguir estimulando la creación intelectual. Pero es la tutela de esta última, e incluso nuestra visión y valoración de dicha creación, la que sin duda sufrirá mayores transformaciones en su adaptación a este nuevo espacio. Ésta bien puede evolucionar en el sentido que se nos auguraba al final del apartado 3, convirtiéndose la obra intelectual en objeto de explotación masiva *on line*, mientras en el mundo analógico se impone el gusto por lo exclusivo, entendido como el gusto por el acceso directo al original: al concierto musical, a la función teatral o cinematográfica, así como a ediciones especiales o especialmente cuidadas de obras impresas. Es posible, en definitiva, que el hecho de que una obra esté al alcance de todos *on line* genere una demanda de exclusividad en torno a ella en el contexto analógico que altere también aquí nuestra aproximación a la creación intelectual.

53. Paul Vandoren, «Copyright and Related Rights in the Information Society», en *The Future of Copyright in a Digital Environment*, ed. Bernt Hugenholtz, Kluwer Law International, The Hague, 1996, pp. 153 y ss., en p. 159.

54. E. Serrano Gómez, *La propiedad intelectual...*, cit. p. 109.

Capítulo 5

INTERNET Y LOS DERECHOS FUNDAMENTALES

María Luisa Fernández Esteban

1. Introducción. El Plan de Acción e-Europa 2002

La garantía de que Internet es un espacio seguro en el que comprar, aprender, divertirse o, simplemente comunicarse con otros se ha convertido en uno de los requisitos para el crecimiento de la Red. Tanto es así que ha sido objeto de consideración por los Consejos europeos de Lisboa y Feira, en cuyas conclusiones se establece que la confianza de los consumidores es un factor esencial en el crecimiento del comercio electrónico, principal motor de Internet. El comisario europeo para la Sociedad de la Información ha recalcado que lo más importante para el despegue del comercio electrónico en Europa es la confianza (E. Liikanen, 2000). En su Comunicación sobre impacto y prioridades de Europa 2002 (Comisión Europea, 2001-1), la Comisión señala que los problemas de seguridad, tanto los reales como los percibidos como tales, son un hecho que inhibe el comercio electrónico. En una encuesta realizada por el Eurobarómetro en otoño del 2000 dio como resultado que en torno al 17 % de los usuarios de Internet ha experimentado algún tipo de problemas. Varias son las razones que ponen a prueba la seguridad de los intercambios en Internet: la utilización de Internet para la comisión de delitos tales como la propagación de virus informáticos, el ataque de los piratas informáticos, la violación de los derechos de propiedad intelectual y la usurpación de marca, y la ocupación de direcciones de Internet a expensas de sus legítimos propietarios o *cibersquatting*. Algunos de estos obstáculos a la seguridad inciden directamente en los derechos fundamentales: la proliferación de contenido ilícito en Internet, o la interceptación ilegal de las comunicaciones; la amenaza a la intimidad que supone la recolección y proceso oculto de datos en Internet, etc.

La Unión Europea ha respondido a estos retos planteados por Internet a través de varias iniciativas. La iniciativa e-Europa fue lanzada el 8 de diciembre de 1999 con la adopción por parte de la Comisión de la Comunicación «e-Europa - Una Sociedad de la Información para todos» (Comisión Europea, 1999). El Consejo Europeo ha respaldado el Plan de Acción global «e-Europe 2002» y ha solicitado a las instituciones comunitarias, a los Estados miembros y a todos los demás agentes que garanticen su plena aplicación a su debido tiempo, antes de 2002 (Consejo Europeo, 2000-1 y 2000-2). El objetivo de la iniciativa es acelerar la implantación de las tecnologías digitales en toda Europa y garantizar que todos los europeos tengan los conocimientos necesarios para utilizarlas. El Consejo Europeo se fijó como objetivo convertir a Europa en la economía más competitiva y dinámica del mundo y ha convertido las cuestiones relativas a la sociedad de la información y a la nueva economía en una de las prioridades de las instituciones comunitarias. En el Plan de Acción «Europa 2002, Una Sociedad de la Información Para Todos» (Consejo, 2000-1), la Comisión y el Consejo dan cuenta de una serie de acciones para impulsar la Sociedad de la Información en Europa. El Plan de acción introduce tres objetivos principales: una Internet rápida, barata y segura, inversión en capital humano y en su formación, y el estímulo del uso de Internet.

Uno de los medios de la iniciativa e-Europa para incrementar la confianza en Internet es completar el marco regulatorio de Internet. Componen este marco regulatorio numerosas iniciativas de la Comisión que afectan a distintos aspectos de la vida de Internet tales como decisiones sobre la liberalización definitiva de las telecomunicaciones, la introducción de un dominio general de alto nivel .eu, el estímulo de contenidos multimedios europeos y de la educación a través de las nuevas tecnologías, la protección de los derechos de propiedad intelectual en la Red, la lucha contra la delincuencia en el ciberespacio, la regulación de contenidos en Internet, la regulación del comercio electrónico, la protección de datos personales y de la intimidad en las comunicaciones electrónicas, la nueva regulación de la encriptación y la firma electrónica. Estas iniciativas son muy variadas, y van desde planes de acción a directivas y reglamentos comunitarios, pasando por las famosas comunicaciones y libros verdes de la Comisión. El Plan de Acción e-Europa 2002 pretende recopilar todas las iniciativas de regulación de Internet por parte de la Unión Europea. Por lo que a derechos fundamentales se refiere, estas acciones incluyen las propuestas para la lucha contra el cibercrimen, en particular contra la delincuencia en Internet, la regulación de contenidos en Internet, las medidas para la protección de datos en la Red, la lucha contra el racismo y la xenofobia en Internet o la simplificación del uso de tecnologías de doble uso que tutelan la intimidad en Internet.

En este trabajo se analizarán los aspectos concretos del Plan e-Europe que inciden en los derechos fundamentales. El siguiente apartado está dedicado a la lucha contra el cibercrimen a través del proyecto de tratado del Consejo de Europa contra el cibercrimen. La lucha contra la pornografía infantil en Internet es uno de los ámbitos donde existe más consenso para su erradicación. El segundo apartado analiza la regulación de contenidos en Internet. En este caso se parte del análisis comparado de la situación en Estados Unidos y en la Unión Europea con el Plan de Acción para el fomento del uso seguro de Internet. En relación con la regulación del contenido en Internet es preciso mencionar la creciente presencia de material xenófobo o racista en Internet. En el tercer apartado se analizan las causas de este crecimiento y las dificultades para encontrar un punto de acuerdo para la lucha contra este contenido de Internet. El último apartado está dedicado a uno de los retos más importantes que supone Internet para la protección de la intimidad: la protección de datos en Internet.

En el Libro Verde sobre la Protección de los Menores y de la Dignidad Humana en los Nuevos Servicios Audiovisuales y de Información, la Comisión Europea distingue entre dos tipos de contenido en Internet que pueden afectar a la creación de un entorno seguro: contenido ilegal y contenido perjudicial. «Contenido ilegal» se refiere a una amplia variedad de problemas: seguridad nacional; protección de los menores; protección de la dignidad humana; seguridad económica; protección de la información; protección de la vida privada; protección de la reputación; y propiedad intelectual. «Contenido perjudicial» es un contenido autorizado pero de distribución limitada (reservada a los adultos, por ejemplo) y un contenido que puede ofender a algunos usuarios, aunque no se limite su publicación debido al derecho fundamental a la libertad de expresión (Comisión 1996). Ambos tipos de contenidos requieren una respuesta jurídica distinta. La lucha contra el contenido ilegal constituye el objeto del siguiente apartado, con el estudio de las distintas iniciativas en la lucha contra el cibercrimen tanto en la Unión Europea como en el ámbito del Consejo de Europa. La regulación del acceso al contenido perjudicial o nocivo constituye el objeto de estudio del apartado tercero, donde se realiza un estudio comparado entre las iniciativas de derecho norteamericano y las de derecho comunitario.

2. **La lucha contra el cibercrimen**

El cibercrimen es una de las actividades delictivas de mayor crecimiento en el mundo. Existe un gran número de actividades criminales realizadas a través de la Red como delitos financieros, entrada ilegal en los sistemas informáticos *(hacking)*, circulación de pornografía infantil, virus informáticos, y delitos de apología del genocidio, el racismo y la xenofobia a través de páginas *web*. La reunión del G-8 en París del 15 al 17 de mayo de 2000 trató sobre la coordinación internacional para hacer frente a la creciente criminalidad en la Red.

Debe mencionarse la existencia de un proyecto de Convenio auspiciado por el Consejo de Europa sobre cibercrimen. Se trata del proyecto de Convenio sobre delincuencia en el ciberespacio que ha sido hecho público por el Consejo de Europa el 27 de abril de 2000. Desde abril de 2000 se han publicado varias versiones del proyecto y la versión final parece ser la de diciembre de 2000. Se trata del primer proyecto de tratado internacional en regular aspectos penales y procesales de varios delitos contra sistemas informáticos y otros abusos. De entrar en vigor, el proyecto de Tratado armonizaría la legislación de los Estados miembros sobre estas cuestiones, facilitando las investigaciones y permitiendo una cooperación eficaz entre las autoridades de los 41 miembros del Consejo de Europa. El texto podría ser aprobado por el Comité de Ministros del Consejo de Europa durante el otoño de 2001.

El proyecto de Tratado introduce, entre otras cosas, la armonización en cuanto a la definición de ataques a sistemas informáticos, interceptación ilegal de comunicaciones electrónicas, fraude y falsificación. También prohíbe la pornografía infantil en Internet, incluyendo la posesión y la reproducción y distribución de material sujeto a derechos de propiedad intelectual. El proyecto no sólo define los delitos, sino que introduce disposiciones sobre responsabilidad y determina unos niveles mínimos para las penas. También se incluyen medidas para su aplicación: los países miembros del Tratado deberán otorgar competencias a sus autoridades competentes para permitir el registro y secuestro de ordenadores y datos, y obligar a terceros a entregar datos referentes a la comisión de delitos. La interceptación legal de las comunicaciones electrónicas es objeto de discusión en estos momentos, y ello porque este tipo de medidas requiere la cooperación de los operadores de telecomunicaciones. En este sentido, la redacción del proyecto de Tratado ha recibido las críticas del grupo de trabajo sobre protección de datos personales de la Unión Europea, que ha expresado su preocupación sobre las obligaciones que se establecen para los operadores de cooperar con las fuerzas del orden, que les llevan a tener que almacenar los datos de tráfico hasta 60 días, lo que puede suponer una violación tanto del derecho fundamental a la protección de datos como un notable coste económico para estos operadores de Internet. Además, el proyecto, que tendrá un importante impacto en los derechos fundamentales, incorpora definiciones vagas de orden público y no presenta ninguna disposición sobre protección de datos personales. (Grupo de trabajo sobre protección de las personas en lo que respecta al tratamiento de datos personales, 2001).

Como el cibercrimen es, a menudo, de naturaleza internacional, las medidas nacionales necesitan ser completadas con la cooperación internacional. El proyecto de Tratado requerirá a los países miembros una cooperación activa entre ellos, conservando las pruebas o indicios del delito y localizando a los sospechosos. Las formas tradicionales de cooperación internacional, asistencia y extradición se verán completadas por una red de puntos nacionales de contacto, en contacto permanente, con el fin de agilizar las investigaciones internacionales. La participación en el proyecto de tratado de países que no son miembros del Consejo de Europa puede generar conflictos sobre la aplicación del tratado en relación a la protección de derechos fundamentales, ya que países como los Estados Unidos o Canadá no están vinculados por los estándares mínimos establecidos en el Convenio de Roma de 1950. La cooperación internacional entre países miembros del Consejo de Europa y países no miembros puede suponer riesgos para la intimidad de las personas, ya que no queda en absoluto claro que las autoridades de los primeros puedan oponerse a la transferencia de datos sensibles a países que no garanticen la protección de datos, en franca contradicción con los principios del Convenio de Roma y las Directivas comunitarias de protección de datos (grupo de Trabajo sobre protección de las personas en lo que respecta al tratamiento de datos personales, 2001).

En el ámbito de la Unión Europea, el Plan de Acción e-Europa (Comisión Europea, 1999) ha incluido entre sus objetivos el establecimiento de un enfoque europeo coordinado y coherente frente a la delincuencia informática. En un Consejo de la Unión informal celebrado en febrero de 2001 en Estocolmo, los ministros de Interior decidieron adoptar un marco legal común que permita armonizar la definición y las penas de estos delitos.

En este contexto se inscribe la Comunicación de la Comisión sobre ciberdelincuencia y ciberseguridad de febrero de 2001 (Comisión, 2001-2). Constituye la primera declaración política global sobre ciberdelincuencia efectuada por la Comisión. Esta Comunicación pone en perspectiva las diversas cuestiones, anuncia medidas legislativas y no legislativas y delinea la manera en que la Comisión va a tratar de alcanzar un equilibrio entre los distintos intereses sociales en la preparación de nuevas propuestas de medidas. Combatir el cibercrimen para crear un entorno más seguro en Internet es uno de los objetivos del Plan de Acción de e-Europe 2002, que es vital para el desarrollo del comercio electrónico en Europa y de la sociedad de la información en general.

La nueva infraestructura ofrecida por Internet crea nuevas oportunidades de actividades delictivas. Éstas constituyen una amenaza para la inversión y pueden causar daños considerables. Es precisa, por tanto, la acción para prevenir la actividad delictiva como para asegurar a las fuerzas del orden que cuentan con los medios de acción necesarios. La Comunicación anuncia medidas legislativas y no legislativas. Las medidas legislativas previstas incluyen la aproximación de la legislación de los Estados miembros, en particular de las medidas contra la pornografía infantil. Esto último forma parte de un paquete de medidas contra la explotación infantil y el tráfico de seres humanos que la Comisión aprobó en diciembre de 2000. En el futuro, la Comisión introducirá propuestas para la aproximación del derecho penal sustantivo en materia de criminalidad de alta tecnología, incluyendo medidas contra la denegación de servicio y los ataques informáticos *(hacking)*. La Comisión también examinará la posibilidad de una acción contra el racismo y la xenofobia en Internet. En segundo lugar, la Comunicación sugiere también una serie de medidas no legislativas para impulsar el conocimiento de este tipo de acciones por los actores de la seguridad de la información. Esta propuesta insiste en la necesidad de una formación adecuada de las fuerzas de seguridad del Derecho y del resto de operadores jurídicos en temas relacionados con la criminalidad de alta tecnología a través de los programas de la Comisión.

En materia de lucha contra la pornografía infantil el Consejo de la Unión adoptó una decisión para combatir la pornografía infantil en Internet en mayo de 2000 (Consejo, 2000-2). Esta decisión se refiere a la necesidad de estimular la colaboración de los ciudadanos indicando los modos de ponerse en contacto con las autoridades policiales y el establecimiento de una cooperación más estrecha entre puntos de contacto especializados de las policías de los Estados miembros. La decisión menciona la necesaria cooperación de los proveedores de acceso a Internet para acabar contra esta lacra. Con este fin, su artículo 3 precisa que los Estados miembros estudiarán las medidas siguientes que serían obligatorias para los proveedores de Internet:

a) informar a las fuerzas del orden acerca del material de pornografía infantil del que hayan recibido información o tengan conocimiento y que se difunda a través de ellos;
b) retirar de la circulación el material de pornografía infantil del que tengan conocimiento y que se difunda a través de ellos;
c) conservar, de conformidad con lo enunciado en la resolución del Consejo, de 17 de enero de 1995, sobre la interceptación legal de las telecomunicaciones, datos de tráfico a efectos de la persecución penal en caso de sospecha de abuso sexual de menores;

d) crear sistemas propios de control destinados a combatir la producción, el tratamiento, la posesión y la difusión de material pornográfico infantil.

En diciembre, la Comisión hizo pública una propuesta de Decisión Marco del Consejo para combatir el tráfico de seres humanos, en el ámbito del tercer pilar de la Unión Europea. El actual artículo 29 del Tratado de la Unión Europea contiene una referencia explícita a los delitos contra los niños. El Consejo Europeo de Tampere expresó el acuerdo en definiciones comunes de los tipos penales y las penas en delitos cometidos con el uso de nuevas tecnologías. La propuesta se refiere a la cada vez más preocupante cuestión de la pornografía infantil en Internet, con el fin de dejar patente la determinación de la Unión Europea de incorporar medidas comunes de derecho penal y contribuir a crear un entorno más seguro para los usuarios de Internet. La propuesta de la Comisión se ha inspirado en el trabajo realizado en el ámbito internacional por el Protocolo de Naciones Unidas sobre tráfico de seres humanos y la futura convención sobre cibercrimen antes mencionada.

En su propuesta de Decisión Marco del Consejo para combatir la explotación sexual de los niños y la pornografía infantil, la Comisión introduce importantes elementos para combatir la pornografía infantil que serán tratados también en la futura convención sobre cibercrimen. La propuesta de Decisión Marco prevé la aproximación de las legislaciones penales de los Estados miembros relacionadas con la explotación sexual de los niños y la pornografía infantil. La propuesta incluye cuestiones judiciales horizontales y cooperación judicial entre los países.

El artículo 6 se refiere a la responsabilidad civil y penal de las personas jurídicas, y es relevante por lo que se refiere a la comisión de estos delitos en las redes informáticas. El artículo 6 no afecta a las disposiciones de la Directiva 2000/31/EC sobre comercio electrónico, que establece las normas sobre responsabilidad de los proveedores de servicios intermediarios en sus artículos 12, 13 y 14 y el artículo 15, que especifica que los Estados miembros no impondrán a los intermediarios una obligación general de supervisión, ni una obligación de buscar indicios de actividad ilegal. La Directiva 2000/31/CE sobre comercio electrónico prohíbe a los Estados miembros que impongan a los prestadores de servicios una obligación general de supervisar los datos que transmiten, ni de realizar búsquedas activas de hechos o circunstancias que indiquen actividades ilícitas, sin perjuicio de cualquier actividad de supervisión, selectiva y transitoria establecida por mandamiento judicial. La propuesta de Decisión Marco es asegurar que los intermediarios proveedores de servicios serán responsables si cometen delitos. De igual modo, se regula la responsabilidad cuando la falta de supervisión ha permitido la comisión de delitos de pornografía infantil por personas bajo la autoridad del proveedor de servicios y cuando el delito fue cometido en beneficio del proveedor de servicios.

En cuanto a la definición de los delitos, la Propuesta de Decisión hace referencia a la configuración de los delitos que deberían introducirse en los países miembros de la Unión. La Propuesta cubre la producción, distribución, diseminación, transmisión, adquisición, el ofrecimiento o la puesta a disposición y la posesión de pornografía infantil (art. 3.1). La propuesta de Decisión pretende que se establezca como delito no sólo la comercialización o transmisión de la pornografía infantil, sino también la posesión y visualización a través de Internet. El término visualización debe incluir imágenes almacenadas en un ordenador o por medios electrónicos que pueden convertirse en una imagen. Según la Propuesta, todas estas conductas, salvo la posesión y la adquisición deberán ser también perseguidas en grado de tentativa (art. 4). El párrafo primero determina que los Estados miembros deben asegurar que los delitos enunciados también serán perseguidos cuando se usa un sistema informático. El párrafo segundo cubre dos supuestos específicos de este tipo de material pornográfico: cuando la persona parece ser un niño y cuando la imagen ha sido modificada o creada para generar tal impresión, es decir, el párrafo segundo cubre supuestos en los que no existe una explotación de menores. En el párrafo segundo se trata de prevenir el abuso de menores, mientras que el segundo párrafo trata de evitar que los niños sean usados como objetos sexuales y evitar la proliferación de imágenes pseudopornográficas, y con ello la consolidación del abuso de menores.

La Propuesta de Decisión, si es finalmente aprobada por el Consejo de la Unión, implicará un adelantamiento considerable de la línea de defensa del Estado al criminalizarse no sólo la tenencia y visualización de pornografía infantil, sino las conductas que tienen que ver con material realizado con adultos, pero modificado digitalmente para generar la impresión de que se trata de menores de edad. Mientras que resulta evidente la necesidad de perseguir penalmente la creación, intercambio y tenencia de este tipo de material, requiere una reflexión más pausada la conveniencia de perseguir la alteración digital de unas fotos o filmaciones en las que no se ha dañado a ningún niño. La criminalización de la alteración de unas fotos o películas se convierte en un delito de los considerados de peligro abstracto, es decir, se persigue una conducta que no implica un peligro real e inmediato para un bien jurídico concreto. Todo adelantamiento de la línea de defensa del Estado en materia punitiva implica siempre un recorte de libertades de los ciudadanos, en este caso del derecho fundamental a la libertad de expresión que ampara también la pornografía, como ha establecido el Tribunal Constitucional. La incriminación de conductas de peligro abstracto, además de adelantar notablemente la barrera punitiva del Estado, y al ser el contenido del injusto de tipo abstracto, implica que la definición de la conducta suele ser difusa, abstracta y de difícil concreción, con la consiguiente e indeseable discrecionalidad del juez penal.

3. La regulación del contenido nocivo en Internet

La preocupación por la regulación de la libertad de expresión en Internet se ha intensificado desde la incorporación masiva de cientos de millones de usuarios en todo el mundo. La inquietud por la necesidad de crear un entorno seguro que favorezca el crecimiento de la Red es compartida por muchos países.

Aunque la preocupación por la presencia de material ilícito y nocivo en la Red es la misma en Europa y en Estados Unidos, las soluciones que se han adoptado son distintas. Mientras que en Estados Unidos ha existido un intento de regulación y limitación de la libertad de expresión en Internet con la Ley de Decencia en las Telecomunicaciones (*Congress Decency Act*, en adelante CDA) y otras leyes posteriores, desde la Unión Europea auspician otras soluciones menos restrictivas de la libertad de expresión, como el Plan de Acción.

3.1. La ley de Decencia en las Telecomunicaciones de Estados Unidos y la polémica en torno a los filtros obligatorios

Reflejando preocupaciones análogas de otros lugares del mundo, en febrero de 1996 el Congreso de Estados Unidos estableció la CDA. Esta ley declaraba ilegal el uso de ordenadores y de las líneas telefónicas para transmitir material «indecente», y preveía severas penas de privación de libertad y multas para los nuevos tipos penales. La CDA establecía penas de prisión de hasta dos años y multas de hasta 250.000 dólares para cualquiera que usase un tipo de discurso «indecente» *(indecent)* o «claramente ofensivo» *(patently offensive)* en una red de ordenadores en los que ese tipo de discurso pudiera ser visto por menores. Hay que subrayar que el contenido «indecente» se corresponde con la noción de contenido perjudicial o nocivo definida anteriormente: se trata de un tipo de discurso protegido por el derecho fundamental a la libertad de expresión, pero que resulta perjudicial para los menores.

Al prohibir de hecho la presencia de material «indecente» en Internet, la CDA introducía una severa restricción de la libertad de expresión en aras de la protección de la juventud y la infancia que, debido a la gravedad de las penas, hubiese provocado la «autocensura» *(chilling effect)* de los que introducen contenidos en Internet. Por este y otros motivos, la CDA fue declarada inconstitucional por el Tribunal Supremo norteamericano por ser contraria a la Primera Enmienda a la Constitución Norteamericana (*Caso CDA. Comentarios a la sentencia del Tribunal Supremo:* Volokh, E , 1997; Fernández Esteban, M. L., 1998). El objeto fundamental de la sentencia del Tribunal Supremo norteamericano consistía en decidir si Internet es similar a la radiodifusión, en cuyo caso, el Congreso podía lícitamente prohibir el contenido «indecente», o bien se asemeja más a la prensa escrita, lo que impediría al Congreso establecer esa limitación.

Basándose en la equiparación de Internet a la prensa escrita, el Tribunal Supremo norteamericano declaró la inconstitucionalidad de la CDA, inclinándose a favor de una mayor libertad de expresión en el ciberespacio. En este sentido, el Tribunal Supremo considera que Internet se asemeja más a la prensa escrita y al teléfono que a la radiodifusión, y, por ello, Internet carece de las características que tradicionalmente han justificado la mayor limitación del ejercicio de la libertad de expresión en la radiodifusión.

Durante el segundo semestre de 1998 fueron aprobadas en Estados Unidos otras dos leyes federales: la Ley de Internet Seguro para las Escuelas (*Safe Schools Internet Act,* SSIA) y la Ley de Protección de los Menores Conectados a Internet, (*Child Online Protection Act*, COPA), que ha sido denominada por sus detractores la *Congress Decency Act* II. El 23 de julio de 1998 el Senado norteamericano aprobó la SSIA. Esta nueva ley requiere que toda escuela, instituto o biblioteca que reciba fondos públicos debe instalar programas-filtro para restringir el acceso a Internet. En estos momentos existen ya varios procesos judiciales abiertos contra la ley (Caso Mainstream). En cuanto a la COPA, la nueva ley bordea los límites de la declaración de inconstitucionalidad CDA, ya que permite a los titulares de páginas *web* distribuir pornografía, pero exige que aquellos sitios que distribuyen material que es nocivo para los menores comprueben que el usuario es un adulto a través del uso de cartas de crédito, códigos de acceso para adultos u otras tecnologías que puedan desarrollarse en el futuro. La COPA fue declarada inconstitucional, y por ello inaplicable, por un juez de Filadelfia el 1 de febrero de 1999 (Caso CDA II-2), aunque los tribunales norteamericanos siguen estudiando su inconstitucionalidad.

La *Children's Internet protection Act,* o ley de protección de los niños en Internet fue aprobada en diciembre de 2000 y modifica la Ley de Telecomunicaciones norteamericana *(Communications Act)*. La ley establece que todas las escuelas y bibliotecas que tienen ordenadores con acceso a Internet deben garantizar que han introducido apropiadas medidas de filtrado con el fin de obtener un descuento en la tarifa de acceso a Internet, los servicios de Internet y la tarifa de conexión, y ello antes del 20 de abril de 2001. El filtrado debe ser adecuado para bloquear contenidos de Internet que, teniendo en cuenta las categorías de derecho constitucional norteamericano sean obscenos, nocivos para los menores o se trate de pornografía infantil. El sistema de filtrado debe aplicarse tanto a la visualización de páginas en Internet como a *chat rooms*, correos electrónicos o cualquier otro modo de comunicación. La instalación de este sistema debe permitir que el personal autorizado pueda desbloquear el programa de filtro cuando el ordenador deba ser utilizado por un adulto. El 20 de marzo de 2001 se ha iniciado un proceso ante un tribunal federal reclamando la inconstitucionalidad de la ley por la American Library Association.

En definitiva, todas las iniciativas de control de contenidos en Estados Unidos han sido y son muy polémicas. Todas ellas han sido o están siendo impugnadas, ya que en derecho norteamericano existe una presunción de inconstitucionalidad de las leyes que limitan, prohíben o regulan un determinado discurso. Tan sólo los llamados *constitutive compelling interest*, es decir los intereses constitucionales prioritarios, tales como la protección de los menores, puede salvar de la inconstitucionalidad algunas de estas leyes. Tal es el caso de la limitación de contenidos que se aplica a la radiodifusión. Sin embargo, los tribunales norteamericanos, partiendo de la sentencia CDA I del Tribunal Supremo, han separado netamente Internet y radiodifusión, por lo que las leyes de regulación y limitación del contenido en Internet no están respetando los límites de la doctrina de los *constitutive compelling interest* y su aplicación encuentra múltiples obstáculos jurídicos (Fernández Esteban, 1998-2)

3.2. El Plan de Acción comunitario para promover el uso seguro de Internet

El 25 de enero de 1999 se aprobó el Plan plurianual de Acción para propiciar una mayor seguridad en la utilización de Internet mediante la lucha contra los contenidos ilícitos y nocivos en las redes mundiales. La Comisión Europea, el Parlamento Europeo y el Consejo de la Unión son los promotores de esta iniciativa cuya finalidad es contribuir de manera eficaz a promover el uso seguro de Internet, completando y en cierta medida coordinando las acciones de los Estados miembros. El Plan de Acción comunitario se basa en tres pilares fundamentales: 1) fomento de un uso responsable de Internet a través de la educación y de la promoción de métodos de control por el usuario, como filtros y sistemas de clasificación 2) impulso de la autorregulación del sector y establecimiento de líneas de denuncia y 3) sensibilización. El Plan de Acción, de una duración de cuatro años (del 1 de enero de 1999 al 31 de diciembre de 2002) tiene como objetivo: incentivar el desarrollo de los actores (industria, usuarios) y la aplicación de sistemas adecuados de autorreglamentación; el impulso inicial favoreciendo las demostraciones y promoviendo la aplicación de soluciones técnicas; alertar e informar a padres y profesores, en particular por medio de las asociaciones correspondientes; fomentar la cooperación y el intercambio de experiencias y mejores prácticas; promover la coordinación a escala europea y entre los actores interesados; garantizar la compatibilidad entre los enfoques adoptados en Europa y en otros lugares.

3.2.1. *Fomento de la autorregulación a través de códigos de conducta*

La reglamentación tradicional de por sí, que era útil en un entorno analógico, ya no constituye el enfoque adecuado en la era digital. El desarrollo de los medios digitales, particularmente de Internet, la radiodifusión digital y los videojuegos, representa un reto fundamental para la política audiovisual de la Unión Europea, especialmente por lo que se refiere a la protección de menores. El desarrollo de Internet ha complicado en mayor medida la situación de proteger a los menores. Mientras que en la radiodifusión tradicional —ya sea por vía analógica o digital— es fácil identificar al organismo de radiodifusión de que se trate, es difícil y a veces imposible determinar la fuente de las informaciones de Internet. Por tanto, es fácil acceder, incluso de manera involuntaria, a contenidos nocivos e ilícitos.

Para responder a este reto, el Consejo adoptó la Recomendación 98/560 sobre la promoción de marcos nacionales destinados a lograr un nivel de protección comparable y efectivo de los menores y de la dignidad humana, por la que se pedía el establecimiento de marcos autorreguladores nacionales que complementen a los marcos reguladores europeos, a fin de mejorar la protección de los menores y de la dignidad humana en los sectores de la radiodifusión e Internet. La recomendación incluía un anexo, con unas directrices para la aplicación de los marcos de autorregulación. El objetivo perseguido era elaborar, en el marco nacional de autorregulación, normas básicas estrictamente proporcionadas a los objetivos perseguidos. Estas normas debían integrarse en un código o códigos de conducta adoptados y aplicados voluntariamente por los operadores (esto es, principalmente las empresas). A la hora de elaborar estas normas, la Recomendación mencionaba que debían tenerse en cuenta tanto los principios de libertad de expresión y de protección de la vida privada así como el principio de libre circulación de servicios como el principio de viabilidad técnica y económica, dado que el objetivo global es el desarrollo de la sociedad de la información en Europa.

En cuanto al contenido, la Recomendación mencionaba, en primer lugar, la protección de menores, con el objetivo de permitir que los menores utilicen de forma responsable los servicios en línea y evitar que accedan sin permiso de sus padres o educadores a contenidos legales que puedan perjudicar su desarrollo físico, mental o moral; la protección de la dignidad humana, a través de la lucha contra el contenido ilícito y el establecimiento de medidas de control de las infracciones de los propios códigos de conducta.

Para proteger a los menores la Recomendación establece que los códigos de conducta deben incluir disposiciones sobre información a los usuarios por los proveedores de acceso de los peligros y riesgos que genera Internet, las condiciones a las que la oferta y difusión de contenidos que puedan perjudicar a los menores deban quedar sometidas, y el apoyo al ejercicio del control paterno. En cuanto a las condiciones de oferta de material nocivo, la Recomendación señala que los códigos de conducta pueden hacer referencia a medidas tales como una portada de advertencia o una señal sonora o visual, marcado descriptivo o clasificación del contenido o sistemas de comprobación de la edad de los usuarios. El apoyo al ejercicio del control paterno implica que, siempre que sea posible, debería proporcionarse a los padres, educadores y demás personas que ejerzan este tipo de control, herramientas de ayuda fáciles de usar y suficientemente flexibles que, sin comprometer sus opciones educativas, permitan que los menores de los que son responsables accedan a los servicios, incluso sin supervisión. Se trata de los programas de filtrado que serán analizados en el siguiente apartado. También se menciona en la Recomendación que debe hacerse mención en los códigos de conducta a una gestión de reclamaciones sencilla, a través de líneas directas.

En cuanto a la lucha contra el contenido ilícito a través de los códigos de conducta, merece ser destacada la mención a la cooperación de los operadores con las autoridades judiciales y policiales. Los códigos de conducta deberían abordar, por ejemplo, la cuestión de las normas básicas sobre los procedimientos de cooperación entre los operadores y las autoridades públicas competentes.

El 27 de febrero de 2001, la Comisión ha hecho público un Informe (Comisión, 2001-3) de evaluación de la aplicación de la Recomendación en los Estados miembros dos años después de su adopción. En la mayoría de los Estados miembros, entre ellos España, ya se han creado asociaciones de operadores de Internet. En el ámbito europeo se ha creado la Asociación Europea de Proveedores de Servicios de Internet (EuroIspa) como federación paneuropea de asociaciones de proveedores de servicios de Internet procedentes de distintos países de la Unión Europea. Se han establecido códigos de conducta por los proveedores de acceso, en los que se tratan cuestiones como la responsabilidad de los proveedores respecto a las informaciones que ofrecen, la protección de los menores y los procedimientos que deben seguirse con relación a las reclamaciones. Este tipo de códigos existen en todos los Estados miembros.

3.2.2. *Fomento del uso responsable a través del filtrado*

Otra línea de actuación del Plan de Acción tiene por objeto fomentar el establecimiento de sistemas europeos de filtrado y de clasificación, así como familiarizar a los usuarios con su utilización y demostrar los beneficios que reportan estos recursos. El filtrado implica la instalación en el ordenador del usuario de un programa que, siguiendo unas pautas predefinidas, impide la visualización de ciertas páginas de Internet. Junto al filtrado, otra posibilidad más ofrecida por la tecnología para la protección de menores es el etiquetado de páginas de Internet. El sistema, más sofisticado que el simple filtrado, implica que el autor de una página publicada en Internet establece una especie de etiqueta sobre el contenido de su página con indicaciones sobre el nivel de violencia, sexo, etc., contenido en la página. Después, un programa es capaz de leer las etiquetas de la páginas e impedir el acceso a ciertas páginas de acuerdo con unas coordenadas predeterminadas por el usuario.

Un estudio encargado por la Comisión Europea (Mathonnet), publicado en diciembre de 1999, analiza la situación de estos dispositivos. El objetivo del estudio era analizar la eficacia y aceptación de cinco programas en seis países europeos. Con otras palabras, se trataba de apreciar si los programas pueden funcionar teniendo en cuenta la diversidad cultural y lingüística de los usuarios europeos. Los resultados demostraron que los usuarios sólo están parcialmente satisfechos con estos programas, y demuestran una gran desconfianza hacia la eficacia de estos dispositivos para bloquear el contenido considerado peligroso o inapropiado para los niños. La insatisfacción de los consumidores procede, en gran parte, de las dificultades de instalación, de la incapacidad de los programas para discernir cuándo el material es apropiado o inapropiado para los niños según su contexto, sucediendo un exceso o defecto en el bloqueo del material presente en Internet. Además, los usuarios analizados en países de habla no inglesa declararon su insatisfacción con la capacidad de estos productos para bloquear material nocivo en otros idiomas distintos del inglés.

La mejora de estos productos es esencial si se quieren convertir en productos de uso masivo para la protección de menores en Internet. Por lo que se refiere al contenido, los programas de filtrado deberían ser capaces de bloquear imágenes pornográficas, cosa que algunos programas no hacen. Además, deberían evitar que los usuarios pudieran manipular fácilmente cuando se trata de niños. El aviso de que se va a entrar en una página pornográfica no es suficiente. Los creadores de este tipo de programas deben mejorar el proceso de indexado de palabras para integrar mejor el significado de palabras asociadas con el contexto y crear un sistema de filtrado más inteligente. En general, debería darse a los consumidores una mejor explicación sobre los criterios de filtrado y clasificación usados por las compañías.

Aunque los programas existentes en el mercado permiten controlar el acceso a contenido ilícito y nocivo de contenido por parte del usuario, es precisa una supervisión por parte de los organismos públicos sobre este tipo de dispositivos por los problemas que pueden generar. La definición de lo que es ilegal o nocivo varía de un país a otro. La noción de contenido nocivo tiene un componente cultural muy fuerte que da lugar a una nueva problemática y que requiere soluciones específicas. Como conclusión, los autores del análisis entienden que es preciso aún realizar notables mejoras para extender el uso del filtrado entre los consumidores europeos.

En cuanto al etiquetado de páginas en Internet, la Comisión ha publicado un reciente informe sobre INCORE (Kerr). El objetivo del proyecto INCORE es analizar la posibilidad de un sistema de autoetiquetado y sistema de filtrado para el contenido de Internet desde una perspectiva europea. Este sistema debe respetar los principios de libre competencia y el derecho a la libertad de expresión, tener en cuenta las diferencias culturales y lingüísticas de los Estados miembros, ser aceptado por la comunidad de Internet y asegurar unos niveles de calidad suficientes frente al etiquetado incorrecto.

El informe, como el elaborado sobre el sistema de filtrado, parte de la constatación de que existe una gran diferencia entre lo que los consumidores quieren y lo que el mercado ofrece hoy en día. La mayor parte de los consumidores aprecian las ventajas y beneficios potenciales del autoetiquetado de páginas y del filtrado. Estos sistemas pueden permitir a cada usuario aplicar sus propios valores, aunque existen notables diferencias entre sus valores como grupo lingüístico, como país y como individuos. Sin embargo, los sistemas existentes no cumplen con las expectativas creadas por estos productos. El principal problema es que el material etiquetado es insuficiente, ya que el número de páginas etiquetadas es insuficiente al tratarse de un sistema voluntario. Los consumidores europeos buscan páginas en su propio idioma y sólo pocas páginas escritas en idiomas distintos del inglés han sido etiquetadas, aunque los usuarios de habla inglesa se encuentran con la misma situación. El número de páginas etiquetadas es inferior a lo requerido para generar confianza en los consumidores en los sistemas existentes. La complejidad de estos sistemas hace necesario que se establezcan sistemas de ayuda a los usuarios para manejar la complejidad de las clasificaciones a través de perfiles ya elaborados por terceros independientes. El estudio sugiere la necesidad de que se dé a los usuarios la posibilidad de bajarse de Internet listas verdes o blancas de páginas aceptables para sus navegadores. El sistema que reciba el apoyo de la Comisión debería permitir a los usuarios bajarse de Internet e instalar fácilmente perfiles que se ajusten a sus preferencias o tener la posibilidad de completar la información recibida del autoetiquetado a través de información recibida de terceros.

3.2.3. *El establecimiento de líneas directas*

Una tercera línea de actuación del Plan de Acción se refiere a la creación de un entorno más seguro mediante el establecimiento de una red europea de líneas directas (INHOPE) y de vínculos entre esta red y las líneas directas de terceros países.

En casi todos los Estados miembros se han creado o se están estableciendo líneas directas para tramitar las reclamaciones sobre contenidos ilícitos o nocivos, y en España, según el informe de la Comisión (Comisión, 2001-3), se prevé el establecimiento de una línea de estas características. Ya existen líneas directas asociadas a la Red Europea de Líneas Directas INHOPE *(http://www.inhope.org)* —financiada por la Comisión y que forma parte del Plan de Acción— en seis Estados miembros (Austria (ISPA), Alemania (FSM, Newswatch, jugendschutz.net), Francia (AFA-France), Irlanda (Hotline), Países Bajos (Meldpunt) y Reino Unido (IWF). España está en proceso de incorporarse a esta red. En Suecia, los grandes operadores disponen de departamentos de detección de abusos y se está facilitando a la policía la información disponible sobre contenidos ilícitos; además, el defensor del pueblo proporciona ayuda y apoyo a los usuarios de Internet en lo referente tanto a problemas técnicos como a informaciones, y se ha creado una línea directa especial denominada «Salven a los niños».

4. **La creciente presencia de material racista y xenófobo en Internet**

Asistimos a un aumento dramático de toda la clase de propaganda racista y xenófoba en Internet. Las disposiciones de la Unión Europea sobre cibercrimen que han sido analizadas hacen todas mención a este preocupante fenómeno. Algunos expertos incluso hablan de una «comunidad electrónica del odio». En 1997 la Asamblea General de los Naciones Unidas adoptó la resolución 51/81 que estableció un seminario sobre el papel de Internet en la perpetuación o la eliminación del racismo y de la discriminación racial. Esta conferencia exploró las características de este tipo de propaganda en la red y qué se está haciendo para oponerla.

La aplicación de las leyes nacionales contra el racismo y la xenofobia se enfrenta a problemas derivados de la naturaleza global de Internet y a la distinta estrategia seguida por los países para combatir el racismo y la xenofobia. Así, si para la mayoría de los países que han ratificado la Convención Internacional sobre la Eliminación de todas formas de Discriminación Racial, el discurso racista y xenófobo y el revisionismo está perseguido, en países como Estados Unidos o Australia se trata de un contenido protegido por la Constitución, por lo que no puede prohibirse su publicación. Estos países se han convertido en un puerto seguro para todo tipo de grupos que promueven el odio racial.

En la época previa a Internet, era relativamente fácil controlar el contenido de lo publicado en un país. Al fin y al cabo los libros tienen que ser impresos y distribuidos o, al menos, ser importados. La prensa y la televisión tienen unos responsables últimos que son fácilmente identificables y sobre los que el ordenamiento jurídico hace recaer la responsabilidad de lo publicado. En el mundo de Internet se produce la accesibilidad inmediata a todo tipo de material en la Red en cualquier parte del mundo y desde cualquier punto del planeta, por lo que los países han perdido el control sobre lo publicado o distribuido entre sus ciudadanos. Si las posibilidades de acceso ilimitado a información que ofrece Internet es el sueño de todo activista de la libertad de expresión, y es el fenómeno relacionado con la libertad de expresión más excitante desde el invento de la imprenta, también puede suponer el fin de la autonomía que tienen los países para regular el contenido de Internet.

Por lo que se refiere al racismo y la xenofobia, Internet supone una dura prueba para aquellos países como España que han optado por ilegalizar este tipo de material. La existencia de normas penales muy estrictas en la Europa comunitaria poco puede hacer contra la proliferación de páginas de Internet de grupos racistas, neonazis, revisionistas o xenófobos en servidores de Estados Unidos o Australia, como *www.stormfront.org*, contra la venta de libros cuya distribución y venta está prohibida en Europa como *Mein Kampf*, en librerías electrónicas como Amazon.com o contra la venta de recuerdos y parafernalia nazi en páginas de subasta como *ebay.com*.

Internet se ha convertido en un lugar perfecto para toda clase de grupos organizados que fomentan del odio racial. Estos grupos crean sitios Internet en nombres de dominio genéricos como .org, cuya política de registro de nombres de dominio de segundo nivel es muy permisiva, situadas en Estados Unidos y creando centenares de conexiones internacionales a otras fuentes de la información racista y xenófoba. En este tipo de páginas se utiliza todo tipo de estrategias para seducir a futuros miembros de estos grupos, tales como publicación de música con contenido racista, videojuegos de duro contenido antisemita y comercialización de libros, ropa, y parafernalia nazi. En páginas como *www.stromfront.org*, auténtico portal de entrada al mundo racista pueden encontrarse páginas dedicadas a niños, con peligrosos videojuegos y captación de datos personales de menores. La comunicación barata, instantánea y mundial sin exposición física que permite Internet contribuye al éxito de este tipo de páginas.

La proliferación de este tipo de contenido choca frontalmente con la regulación del racismo y la xenofobia en Europa. Países como Alemania, Francia, Austria, Italia o, desde 1995 España, entienden la lucha contra este material como una cuestión de supervivencia constitucional. Por ello puede apreciarse un endurecimiento de las disposiciones penales que persiguen la incitación al odio racial desde principios de los años 90, en respuesta a un aumento de las acciones racistas y xenófobas en esta década. El establecimiento del tipo penal de la «mentira de Auschwitz», de la difusión de pensamientos racistas o propagación de ideologías que propugnen la existencia de la superioridad de unas razas humanas frente a otras, la inducción a la discriminación o violencia xenófoba y el delito de injurias colectivas constituyen el punto más adelantado de la línea de defensa del Estado en el ámbito de la luchas contra el racismo y la xenofobia. En un segundo momento, el derecho penal interviene cuando las ideas de prejuicios raciales se ven materializadas en conductas concretas de discriminación. Las acciones del primer momento tienen en común que no requieren para su consumación que se consiga el propósito de la acción criminal, sino que se trata de delitos de peligro abstracto, cuyo objetivo es impedir que se cree el caldo de cultivo del cual puedan tomar forma perniciosas consecuencias para los grupos humanos objeto de protección penal (Borja Jiménez).

La determinación de los países europeos en la lucha contra el contenido racista y xenófobo está dando lugar a un creciente número de acciones judiciales en Europa contra proveedores de acceso o de contenido de Internet o creadores individuales de páginas situadas en Estados Unidos o Austrialia. El éxito de estas acciones judiciales es incierto, desde el momento en que la publicación de este contenido tiene protección constitucional en estos países. Tanto en Francia (caso Faurisson), como en Alemania (caso Somm) los tribunales han establecido su competencia sobre estos delitos cometidos en páginas de servidores situados en otros países, basándose en que las páginas pueden verse en su país. Sin embargo, las sentencias en este tipo de casos corren el peligro de convertirse en un alegato testimonial ya que los autores de estas páginas suelen hallarse en Estados Unidos o Australia, que han convertido en su centro de operaciones.

El siguiente paso es intentar la acción penal o civil contra el proveedor de acceso a Internet que alberga la página que contiene el contenido racista o xenófobo que, al ser grandes multinacionales, suelen tener filiales en Europa y, por tanto, bienes embargables y personas físicas perseguibles. De acuerdo con esta premisa, la Union des Etudiants Juifs de France (UEJF) abrió un procedimiento judicial en Nanterre contra Yahoo.com y Yahoo.fr por albergar y patrocinar en Estados Unidos una página de subastas, Ebai, que estaba vendiendo cientos de objetos nazis, neonazis y del Ku Klux Klan, y a la que podía accederse perfectamente desde Francia a través de un enlace en la página de Yahoo.fr. El Tribunal de Gran Instancia de París, en una sentencia confirmada en noviembre de 2000, ordenó a Yahoo! instalar un programa filtro que impidiese el acceso a este tipo de contenido a los usuarios franceses de Internet (caso Yahoo!). Frente a esta sentencia, Yahoo! optó por eliminar esos objetos de la subasta Ebai.

La proliferación de estas acciones judiciales hace aún más patente el problema que supone para los países europeos la incontrolada proliferación del contenido racista y xenófobo en Internet. Cada día, nuevas páginas racistas y de incitación al odio racial surgen, protegidas por el ordenamiento jurídico norteamericano, y poco cabe hacer contra ellas. En la mayor parte de los casos se trata de grupos con dominios propios en dominios de primer nivel como .org, cuya política de registro es muy permisiva. Enrocados en la protección que les da la libertad de expresión en Estados Unidos, los grupos de incitación al odio racial elaboran cómodamente sus páginas incendiarias, dirigidas a los usuarios europeos, fuera del alcance de la jurisdicción de nuestros tribunales (sobre estos temas, Fernández Esteban, 2001).

5. La protección de datos en Internet

Internet se está convirtiendo en un canal importantísimo para el suministro de bienes o servicios. Los datos ofrecidos por los interesados para obtener determinados servicios son tales, por cantidad y calidad, que permiten toda una serie de empleos secundarios, particularmente remunerativos, para los gestores de sistemas interactivos. Éstos pueden elaborar perfiles de consumo individual o familiar y análisis de preferencias, informaciones estadísticas a partir de las informaciones obtenidas gracias a la oferta de servicios (Rodotà, 1994, p. 47). La dependencia cada vez más estrecha entre la provisión de datos personales y el disfrute de servicios en Internet compromete la intimidad y secreto de los datos referentes a la vida privada. Además, el usuario se encuentra en una situación de evidente desigualdad de poder respecto al proveedor de servicios, por lo que no puede hablarse en rigor de un consentimiento libre para las transacciones que se refieren a sus datos personales. Algunos programas de Internet permiten la creación de «rastros de cliqueo» del usuario de Internet. Los «rastros de cliqueo» consisten en información sobre el comportamiento, la identidad, el recorrido efectuado o las elecciones expresadas por la persona al visitar el sitio *web* y contienen los vínculos por los que ha pasado un usuario y que están registrados en el servidor *web*. La riqueza, fiabilidad y tempestividad de los datos recogidos a través de Internet agravan este problema, que se centra en la creación de una nueva mercancía: perfiles individuales y colectivos de usuarios. Cuanto mayor extensión tiene la red de servicios, más crecen las posibilidades de interconexión entre ficheros o bancos de datos y la diseminación internacional de la información recogida. Dondequiera que se accede en Internet, se deja un rastro digital, de manera que, al ser cada vez mayor el número de actividades de nuestro quehacer cotidiano que se realizan en línea, irá aumentando la información que sobre nuestras ocupaciones, gustos y preferencias quede registrada.

La acumulación de datos personales en Internet y la elaboración de perfiles por las compañías de ciberpublicidad tienen un valor estratégico en el crecimiento de las empresas de comercio electrónico. Es preciso mencionar que la recogida de datos se produce sin coste para las empresas, ya que los usuarios suelen proveer estos datos ellos mismos al rellenar formularios para acceder a servicios. En este sentido, y dejando al margen el proceso invisible de datos que ha sido mencionado, es también observado con preocupación el empleo secundario que se está dando a los datos recabados con consentimiento del usuario o bien aportados por él mismo a través de formularios. Los nuevos mecanismos llamados de minería de datos *(datamining)* son capaces de extraer perfiles de comportamiento del usuario de Internet de una lista de páginas de Internet visitada por el usuario. La combinación del proceso invisible de datos y el uso secundario dado a los datos recogidos con el consentimiento del usuario dan como resultado perfiles de usuario sumamente detallados, que permiten el envío de mensajes de publicidad *(banners)* que son lo más cercanos posible a los intereses de los usuarios de Internet.

Los bancos de datos de clientes de estas compañías se han convertido también en una fuente de ingresos adicional cuando la compañía suspende pagos. Estos perfiles incluyen nombres, direcciones, información sobre facturas, perfiles de consumo y fechas de cumpleaños de parientes. Una compañía puede ahorrarse hasta 100 dólares por la captación de cada cliente, si utiliza los útiles servicios de las compañías de publicidad a través de Internet.

La Directiva 95/46/CE, de 24 de octubre, relativa a la protección de la personas físicas en lo que respecta al tratamiento de datos personales y a la libre circulación de esos datos armoniza las condiciones de protección del derecho a la intimidad en relación con la protección de datos personales, consagrado en las constituciones o sistemas jurídicos de los Estados miembros. Esta Directiva otorga contenido y amplía los principios incluidos en el Convenio Europeo para la Protección de los Derechos Humanos de 4 de noviembre de 1950 y en el Convenio 108 del Consejo de Europa, de 28 de enero de 1981 para la protección de las personas en relación con el tratamiento automático de datos personales. La Ley Orgánica 15/1999, de 13 de diciembre, de Protección de Datos de Carácter Personal realiza la incorporación a nuestro ordenamiento interno de la Directiva 95/46. Además, la Directiva 97/66/CE del Parlamento y del Consejo, de 15 de diciembre de 1997 relativa al tratamiento de los datos personales y a la protección de la intimidad en el sector de las telecomunicaciones adapta las disposiciones de la Directiva 95/46 al sector de telecomunicaciones. Ambas Directivas se aplican al tratamiento de los datos personales en Internet, incluidos los datos sobre tráfico relacionados con abonados y usuarios.

El tratamiento de los datos personales en Internet debe respetar los principios de protección de datos al igual que en el mundo no conectado o fuera de línea. Esto no constituye una limitación de la utilización de Internet, sino que, por el contrario, forma parte de los requisitos fundamentales destinados a garantizar la confianza de los usuarios en el funcionamiento de Internet y los servicios que se facilitan mediante esa red. La protección de datos en Internet es, por tanto, una condición indispensable para el desarrollo del comercio electrónico (Grupo de Trabajo sobre protección de las personas en lo que respecta al tratamiento de datos personales, 1999-1).

En el marco de la tendencia a la autorregulación que caracteriza a Internet, la Directiva 95/46 establece en su artículo 27 que los Estados miembros y la Comisión alentarán la elaboración de códigos de conducta destinados a contribuir, en función de las particularidades de cada sector, a la correcta aplicación de las disposiciones nacionales adoptadas. En nuestro país puede destacarse la iniciativa de la Asociación Española de Comercio Electrónico, para la creación del Código Ético de protección de datos personales en Internet (Asociación Española de Comercio Electrónico, 1998) que ha recibido el respaldo y la aprobación de la Agencia de Protección de Datos. Al Código pueden adherirse todas las empresas que lo deseen, que de este modo están vinculadas por él. Como contrapartida, las empresas pueden utilizar el sello de garantía de protección de datos. El Código establece la obligación de todas aquellas empresas que capten datos personales de informar sobre el uso que hacen de esos datos. Antes de cualquier transferencia de datos deberán advertir a los dueños de esos datos para darles la oportunidad de prohibir la cesión. Uno de los principios del Código ético es permitir las mayores facilidades para negarse a la recogida o cesión de datos. También se establecen medidas específicas para garantizar que la publicidad sólo se va a enviar a clientes que no hayan manifestado su oposición. Las ofertas en línea deben identificarse claramente como tales, revelando asimismo la identidad del anunciante. Donde sea posible, los consumidores deberán disponer de la opción a negarse a recibir ofertas y publicidad través del correo electrónico. El Código incluye también disposiciones sobre la captación de datos de menores. El control del cumplimiento de las normas del código ético se encomienda al comité de protección de datos de la AECE, creado por el propio Código.

5.1. La protección de datos por las empresas de la Red en los Estados Unidos y en la Unión Europea. El principio de «puerto seguro» y el acuerdo entre el gobierno norteamericano y la Comisión Europea

La Directiva 95/46 establece reglas para garantizar que los datos personales sólo van a ser transferidos a terceros países que garantizan una protección a los datos personales similar a la que se garantiza en la Unión Europea, salvo que la transferencia se recoja en una excepción del artículo 26. Si un país no garantiza un nivel adecuado de protección, los Estados miembros de la Unión Europea y la Comisión deben informarse recíprocamente. Cuando la Comisión compruebe que un tercer país no garantiza un nivel de protección adecuado los Estados miembros adoptarán las medidas necesarias para impedir cualquier transferencia de datos personales al tercer país de que se trate.

Debido a las enormes implicaciones que estas normas tienen para las empresas, el artículo 26 permite a las compañías establecer ellas mismas mecanismos que garanticen que el flujo de datos respeta los principios de la Directiva, para las que se puede autorizar la transmisión de datos fuera de la Unión Europea. Las soluciones técnicas, como los mecanismos que informan a los consumidores y obtienen su consentimiento para el procesamiento de datos, serán especialmente útiles para evitar la prohibición de exportación de datos (Comisión Europea, 1998-2). En Estados Unidos la protección de datos tiene lugar a través de normas de autorregulación del sector, y no a través de una norma del Estado. Ello llevó a la Comisión Europea a declarar que Estados Unidos no era una nación segura a efectos de la Directiva, con lo que se imposibilitaba la transmisión de datos personales desde Europa a Estados Unidos (Grupo de Trabajo sobre protección de las personas en lo que respecta al tratamiento de datos personales, 1999-2).

Tras más de dos años de negociaciones, la Comisión llegó a un acuerdo provisional con el gobierno de Estados Unidos el 14 de marzo de 2000 sobre el mecanismo de «puerto seguro» propuesto por Estados Unidos para garantizar la protección de datos de las empresas norteamericanas en Internet (Grupo de Trabajo sobre protección de las personas en lo que respecta al tratamiento de datos personales, 2000-1 y 2000-2). El acuerdo permite a las empresas norteamericanas continuar recibiendo datos personales desde Europa si respetan el principio de puerto seguro. El grupo de trabajo sobre protección de las personas en lo que respecta al tratamiento de datos personales ha dado su visto bueno a un Proyecto de Decisión de la Comisión, de 27 de marzo de 2001 sobre cláusulas contractuales estándar en Internet para la transferencia de datos personales a terceros países. Con esta futura decisión se pretenden aligerar los trámites necesarios para la transmisión de datos a terceros países acogidos a la doctrina del puerto seguro, diferenciando los datos más comprometedores de aquellos que representan un escaso riesgo para la intimidad de las personas, a través de cláusulas contractuales estándar que se detallan en el anexo a esta futura Decisión. De este modo, las compañías de comercio electrónico podrán transmitir los datos de sus clientes europeos a esos terceros países recabando su consentimiento a través de este tipo de cláusulas estándar.

5.2. La protección de datos en las comunicaciones electrónicas. La encriptación

La Directiva 97/66/CE del Parlamento y del Consejo de 15 de diciembre de 1997 relativa al tratamiento de los datos personales y a la protección de la intimidad en el sector de las telecomunicaciones constituye un primer paso armonizador frente a las necesidades específicas en materia de protección de datos personales e intimidad que generan los nuevos servicios interactivos que se prestan a través de la Red Digital de Servicios integrados y los teléfonos móviles. Como se ha dicho, los riesgos más importantes que presentan los servicios interactivos tienen que ver con el almacenamiento y el tratamiento informático de datos relativos a abonados y usuarios. La Directiva contiene disposiciones que conciernen a varios temas: seguridad de la información transmitida a través de las redes públicas de comunicación; confidencialidad de las comunicaciones; limitaciones a la capacidad de proceso de datos sobre el tráfico y los recibos por los proveedores de los servicios; opciones del usuario sobre la identificación de la línea llamante y la línea conectada; protección de los consumidores frente a llamadas automáticas o llamadas no solicitadas; y derecho de los abonados de no aparecer en listados públicos.

La Directiva establece que los proveedores de servicios deben tomar las medidas adecuadas para salvaguardar la seguridad de los servicios e informar a los abonados al servicio de todo riesgo concreto de violación de la seguridad de la red. En el caso concreto de violación de la seguridad de la red, el proveedor de un servicio de telecomunicaciones deberá informar a los abonados sobre ese riesgo (art. 4).

Por lo que se refiere a la confidencialidad de las comunicaciones, se establece que los Estados miembros destinatarios de la Directiva deberán garantizar la confidencialidad de las comunicaciones realizadas a través de las redes públicas de comunicación. En particular, deberán prohibir la escucha, la grabación, el almacenamiento u otros tipos de interceptación o vigilancia de las comunicaciones por personas distintas de los usuarios, salvo que estén autorizadas legalmente (artículo 5). Los datos de tráfico relacionados con los usuarios y abonados para establecer comunicaciones y almacenados por el proveedor de la red deberán destruirse o hacerse anónimos al acabar la comunicación. Además, el tratamiento de los datos de tráfico y facturación deberá limitarse a las personas que actúen bajo las órdenes del proveedor de la red, que se ocupe de la gestión de la facturación o tráfico, solicitudes de información de los clientes, detección de fraudes y promoción comercial de los propios servicios del proveedor (art. 6). Las garantías que establece la Directiva frente al proceso de los datos de tráfico pueden pronto verse afectas con el Proyecto de Tratado contra el Ciberdelito auspiciado por el Consejo de Europa, ya que, como se ha visto, el actual proyecto prevé que pueda imponerse a los proveedores de servicios de comunicaciones electrónicas el almacenamiento de los datos de tráfico hasta 60 días. En opinión del Grupo para la protección de datos personales, para reducir los ataques a la intimidad de las personas en las comunicaciones electrónicas los datos de tráfico no deberían ser almacenados por los operadores de telecomunicaciones y los proveedores de servicios de Internet para su supervisión por las fuerzas de seguridad y, tan sólo, deberían almacenarse para elaborar las facturas (Grupo de Trabajo sobre protección de las personas en lo que respecta al tratamiento de datos personales, 2000-3).

Esta Directiva ha sido incorporada a nuestro ordenamiento a través de la Ley 11/1998, de 24 de abril, General de Telecomunicaciones, en particular en el Título III, capítulo III «Secreto de las comunicaciones y protección de los datos personales y derechos y obligaciones de carácter público vinculados con las redes y servicios de telecomunicaciones». Actualmente existe una Propuesta de Directiva para la protección de la intimidad en las comunicaciones electrónicas, de 12 de julio de 2000, que debería modificar la Directiva 97/66 con el fin de considerar incluidos los prestadores de servicios en Internet. La propuesta ya no se refiere a los servicios de telecomunicaciones, sino a los servicios de comunicación electrónicos.

Una respuesta a la creciente demanda de seguridad en las comunicaciones es la encriptación. La encriptación es el arte de crear y usar métodos para disfrazar mensajes usando códigos, algoritmos y otros métodos de tal modo que sólo las personas que conocen esos códigos pueden acceder a la información.

Los principales aspectos que garantiza la encriptación son la confidencialidad, la integridad y la autenticidad de la información. El servicio que se asocia más frecuentemente con la encriptación es la transformación de la información de manera que resulta ininteligible para todo aquel que no sea el destinatario de la misma. La encriptación otorga una total seguridad a estas transacciones. No sólo evita que los mensajes, de cualquier tipo que sean, puedan ser conocidos por personas ajenas a la comunicación, sino que otorgan una fiabilidad absoluta sobre la veracidad de esos datos. Por lo que se refiere a la integridad de la información transmitida, se trata de un servicio garantizado por la encriptación, que permite al usuario detectar si la información ha sido alterada durante su transmisión o almacenaje. Relacionada íntimamente con la integridad, se halla la garantía de la autenticidad de la información. La autenticación permite identificar al emisor de la información. La autenticación pasa frecuentemente a través de la asociación de una clave de encriptación con un usuario, lo que a veces se conoce como firma digital. En el marco de e-Europa se ha adoptado un nuevo Reglamento comunitario que regula este tipo de productos. El Reglamento sobre productos de doble uso acaba con la mayor parte de los controles a la exportación intracomunitaria de este tipo de productos, al igual que establece un sistema general de licencias que permite la exportación fuera de la Unión Europea.

5.3. La recepción de correo no solicitado

Un estudio preparado por la Comisión asegura que la recepción de correo no solicitado o *spamming* cuesta a los usuarios de Internet del mundo 10 billones de euros al año (Gauthronet). La protección otorgada contra los mensajes no solicitados en la Unión Europea en las Directivas 95/46 y 97/66 dejó a la elección de los Estados miembros el sistema más adecuado para el proceso de datos que permiten el envío de este tipo de publicidad. La Directiva permite que los países establezcan un sistema de inscripción voluntaria, es decir, que exijan el consentimiento del usuario de Internet para recibir este tipo de publicidad (sistema *opt in*), o que opten por establecer un sistema de exclusión voluntaria, es decir, que se permita el envío de publicidad salvo que se exprese el deseo de no recibir esta publicidad (sistema *opt out*). La disposición de la Directiva ha provocado que sea aplicada de diferentes maneras en los distintos países comunitarios. Las diferencias existentes, debidas a la incorporación de las directivas, pueden convertirse en barreras a la libre circulación de datos en el Mercado único.

La rapidez con la que evoluciona la tecnología ha propiciado que la Comisión propusiera en julio de 2000 la revisión de la actual Directiva 97/66 de protección de datos y de la intimidad en el sector de las telecomunicaciones. La propuesta se inclina a favor de la primera opción, es decir, de un sistema de *opt-in* o de adscripción voluntaria. La nueva posición de la Comisión es reforzada por el estudio en el que se aprecia que, desde el punto de vista de la industria, el envío de correo basado en el consentimiento del usuario constituye un método más eficaz y viable de recolección de datos. Según el estudio, los sistemas de adscripción voluntaria u *opt-in* estimulan la confianza de los consumidores.

6. **Conclusiones**

El ejercicio, los límites y la tutela de los derechos fundamentales en Internet plantean nuevos retos que se resisten a la aplicación de las categorías jurídicas tradicionales.

Un aspecto esencial en la regulación de Internet es que cada vez es más indispensable solucionar los problemas jurídicos a escala mundial. La globalización que implica la sociedad de la información determina la necesidad de reforzar la coordinación internacional para hacer frente a los problemas jurídicos que plantea Internet. Ejemplo de esta imprescindible cooperación internacional son tanto el Proyecto de Tratado sobre cibercrimen del Consejo de Europa, como los esfuerzos realizados en el seno de la Unión Europea para acercar definiciones, penas mínimas y conseguir la cooperación entre las autoridades judiciales y policiales de los países miembros. El crecimiento de la incitación al odio racial, revisionismo y xenofobia en Internet pone en evidencia de manera cruda las implicaciones de una ausencia de acuerdo mundial en esta materia. Por otra parte, la cooperación internacional no está exenta de riesgos para los derechos fundamentales. La lucha contra el cibercrimen implica un reforzamiento de los medios de policía del Estado que pueden implicar un ataque a algunos derechos fundamentales. El distinto entendimiento del equilibrio entre tutela de los derechos y actuación policial entre los países miembros del Convenio de Roma y otros, como Estados Unidos, puede llevar a los primeros a incurrir en violaciones del convenio por su cooperación con esos terceros países. El proyecto sobre cibercrimen no está exento de críticas en este sentido, como se ha señalado en este trabajo.

Un segundo aspecto importante a la hora de hacer frente a los retos que presenta Internet es la creciente importancia de la autorregulación y la corregulación. Frente a la regulación, la autorregulación, esto es, la capacidad de los actores del mercado para organizarse y crear normas propias de adhesión voluntaria en un sector, presenta ciertas ventajas que la hacen especialmente apropiada para algunos de los aspectos jurídicos de Internet: es una alternativa flexible, eficaz y rentable a la regulación, ya que consigue los mismos efectos que la regulación sin la lentitud que conllevan los procesos regulatorios. Ejemplos del fomento a la autorregulación son el Plan de Acción para la lucha contra los contenidos ilícitos y nocivos en las redes mundiales, con el impulso a la autorregulación de los proveedores de acceso a Internet, o la Directiva de comercio electrónico. La autorregulación, sin embargo, no siempre es capaz de hacer frente a los problemas jurídicos planteados y conseguir una adecuada tutela de los derechos fundamentales implicados. Estados Unidos ha optado, hasta el momento, por la autorregulación en materia de protección de datos. Sin embargo, los continuos escándalos que provoca el proceso invisible de datos personales, la venta de bases de datos de empresas de comercio electrónico en crisis sin ninguna limitación o escrúpulo hacen cada vez más evidente la necesidad de completar la autorregulación con una norma de *ius cogens*, a fin de evitar que cunda la desconfianza entre los usuarios de Internet. Actualmente existen doce proposiciones de ley en materia de protección de datos en el Congreso de Estados Unidos, aunque existe una fuerte oposición de la industria a estas normas.

El uso responsable de Internet a través de una navegación responsable es la vía elegida en la Unión Europea frente al contenido nocivo en Internet. A través del filtrado y del etiquetado puede conseguirse un justo equilibrio entre el derecho fundamental a la libertad de expresión y la protección de los menores en la red. No obstante, los últimos estudios que han sido mencionados han puesto en evidencia que los actuales sistemas de etiquetado y filtrado no son una herramienta práctica para el mercado europeo. El establecimiento de sistemas viables depende de que se incremente la cantidad de material catalogado a través de un sistema basado en el autoetiquetado o en el etiquetado por terceros. Además, algunos grupos de defensa de los derechos civiles en Internet han subrayado que existe el peligro del uso de este tipo de sistemas para acometer una censura a gran escala por grupos de interés. En otras palabras, de una censura de Estado, pasaríamos a una situación de censura privada de aquellos que elaboran las listas para el filtrado, a través de la elaboración de las listas negras y de la exclusión de páginas a través de criterios poco claros. La clave para evitar la sustitución de la censura de Estado por la censura de las corporaciones que elaboran esos programas es que el consumidor tenga siempre en sus manos la posibilidad de modificar los criterios de filtrado, o bien pueda elegir entre distintos criterios a través de la posibilidad de que los navegadores puedan usar perfiles predefinidos para la navegación y terceros distintos de esas corporaciones elaboren las listas. Ésta no es la situación actual, por el momento, y este mercado es aún muy incipiente.

Finalmente es preciso tener en cuenta que uno de los objetivos principales en este momento es potenciar el crecimiento de la economía digital, para lo cual resulta imprescindible mantener una visión integral de la regulación que permita, al mismo tiempo, proteger intereses constitucionales prioritarios y derechos fundamentales, sin desdeñar el respeto a la libre competencia y sin dañar el crecimiento en los nuevos mercados. En este sentido, cualquier nueva regulación que se proponga debe ser estudiada con sumo cuidado para no impedir el crecimiento de las empresas de Internet al imponer cargas excesivamente gravosas. En este sentido es preciso tener en cuenta la convergencia que continuará produciéndose entre empresas de contenidos en Internet, la televisión por Internet, la radiodifusión interactiva o la descarga de videojuegos de Internet. Por otra parte, las empresas europeas deben competir en un mercado global, en el que no existen fronteras. Sin embargo, las empresas europeas deben cumplir la legislación de los países en los que operan. Si la legislación europea es demasiado exigente, esto puede provocar que las empresas europeas se vean en desventaja frente a sus competidoras de otras partes del mundo. Así, el proceso de datos que ha sido descrito con fines de publicidad personalizada se permite con libertad en Estados Unidos, mientras que en Europa está sometido a fuertes restricciones. Esto generará sin duda un impacto en la capacidad de crecimiento de las empresas europeas, que no pueden utilizar este tipo de mecanismos para su publicidad. Se echan en falta estudios jurídicos que afronten el impacto de la legislación y de la fuerte protección de algunos derechos fundamentales en Europa en el crecimiento de las empresas en Internet.

APÉNDICE NORMATIVO

— Asociación Española de Comercio Electrónico, Código Ético de Protección de Datos Personales en Internet, *http://www.aece.org/docs/codigoetico.doc*
— Borja Jiménez, E. *Violencia y criminalidad racista en Europa occidental: la respuesta del Derecho Penal* (Biblioteca Comares de Ciencia Jurídica, 1999).

Comisión Europea:
1996
— Libro verde sobre la protección de los menores y de la dignidad humana en los nuevos servicios audiovisuales y de información. COM (96) 483, *http://www2.echo.lu/legal/en/internet/content/gpen-toc.html*

1997
— Comunicación de la Comisión sobre el Comercio Electrónico, COM(97) 157 final, *http://www.ispo.cec.be/ecommerce/legal/documents/com97-157/ecomcome.pdf*

1998
— Comunicación «La mundialización y la sociedad de la información: necesidad de reforzar la coordinación internacional donde se analiza la creciente necesidad de cooperación internacional» COM (98) 50 final, *http://www.ispo.cec.be/eif/policy/com9850en.html*

— Documento informativo *Data Protection: Background Information*, *http://europa.eu.int/comm/internal_market/enmedia/dataprot/backinfo/info.htm*

1999

— Comunicación e-Europa - Una Sociedad de la Información para todos, 8 de diciembre de 1999, *http://europa.eu.int/comm/information_society/eeurope/index_en.htm*

— Comunicación «La convergencia de los sectores de telecomunicaciones, medios de comunicación y tecnologías de la información y sus consecuencias para la reglamentación» de 10 marzo de 1999, COM(1999) 108 final, *http://europa.eu.int/ISPO/convergencegp/com%2899%29108/com%2899%29108esfinal.html*

2000

— Proyecto de Plan de Acción e-Europa 2002, 24 de mayo de 2000, *http://europa.eu.int/comm/information_society/eeurope/pdf/actionplan_en.pdf*

— Comunicación sobre el acceso desglosado al bucle local: prestación competitiva de una amplia gama de servicios de comunicación electrónica, incluidos los multimedios de banda ancha y la Internet de alta velocidad COM 2000 (237), *http://europa.eu.int//eur-lex/es/com/cnc/2000/com2000_0237es01.pdf*

— Documento de trabajo de la Comisión «La Creación del Dominio de Nivel Superior de Internet .eu» de 26 de enero de 2000. *http://www.ispo.cec.be/eif/InternetPoliciesSite/DotEU/dotEU/dotEVU*-es.pdf

— Propuesta de Plan de Acción e-Content, de 24 de mayo de 2000, COM (2000) 323, *http://europa.eu.int/comm/information_society/econtent/pt00_224_en.pdf*

— Comunicación «e-Learning - Concebir la educación del futuro» COM (2000) 318 final, *http://europa.eu.int/eur-lex/es/com/cnc/22000/com2000_0318es01.pdf*

— e-Europa, tercer objetivo: «Accelerating e-commerce» *http://europa.eu.int/comm/information_society/eeurope/actionplan/actline3a_en.htm*
— Foro Econfianza, *http://dsa-isis.jrc.it/ADR/*
— Comunicación de la Comisión al Consejo y al Parlamento Europeo. Puesta al día sobre e-Europe 2002. Preparada por la Comisión Europea para el Consejo Europeo de Niza, 7 y 8 de diciembre de 2000 *http://europa.eu.int/comm/information_society/eeurope/documentation/update/index_es.htm*

2001
— Comunicación de la Comisión de 13 de marzo de 2001, Impacto y prioridades de Europa 2002, COM(2001) 140 final. Comunicación para el Consejo Europeo de primavera de Estocolmo de 23 y 24 de marzo de 2001. *http://europa.eu.int/eur-lex/es/com/cnc/2001/com-2001_0140es01.pdf*
— Comunicación de la Comisión. Creación de una sociedad de la información más segura mediante la mejora de la seguridad de las infraestructuras de información y la lucha contra los delitos informáticos. *http://europa.eu.int/ISPO/ecommerce/legal/documents/crimecom/CrimeComES.pdf*
— Comisión Europea, Informe de la evaluación de la Comisión al Consejo y al Parlamento europeo sobre la aplicación de la recomendación del Consejo de 24 de septiembre de 1998 sobre la protección de los menores y la dignidad humana 27.02.2001,COM(2001) 106 final *http://europa.eu.int/eur-lex/es/com/cnc/2001-/com2001_0160es01.pdf*

Consejo Europeo:
2000
— Conclusiones de la Presidencia del Consejo Europeo de Lisboa, de 23 y 24 de marzo de 2000, *http://ue.eu.int/Newsroom/related.cfm?NOREFRESH=1&-MAX=1&BID=76&GRP=2379&LANG=1*
— Conclusiones de la Presidencia del Consejo Europeo de Santa María da Feira de 19 y 20 de junio de 2000.

Consejo de la unión:
2000
— Plan de Acción, Una sociedad de la información para todos. Preparado por el Consejo y la Comisión Europea para el Consejo Europeo de Feira 19-20 de junio de 2000, de 14 de junio de 2000.
http://europa.eu.int/eur-lex/es/com/cnc/2000/com2000_0330es01.pdf
— Decisión del Consejo 2000/375/JAI, de 29 de mayo de 2000, relativa a la lucha contra la pornografía infantil en Internet DOCE L 138/1 de 9.6.2000.
http://europa.eu.int/ISPO/docs/policy/docs/42000X0375/es.pdf

Fernández Esteban, M. L:
1998
— «Limitaciones constitucionales e inconstitucionales a la libertad de expresión en Internet», *Revista Española de Derecho Constitucional*, núm. 53, 1998, p. 283.
— *Nuevas tecnologías, internet y derechos fundamentales* (Mc Graw Hill, 1998).

2000
— «Incidencia de Internet en los derechos fundamentales», *Derecho sobre Internet* (BSCH,2000)
http://derechossobreinternet.com/textos/capitulo1.html

2001
— «The Internet, a new horizon for race hatred?», *Collected Courses of the Academy of European Law 2000* (Oxford University Press, en prensa).
— Gauthronet S. y otros «Comunicaciones comerciales no solicitadas y protección de datos», enero de 2001.
http://europa.eu.int/comm/internal_market/en/media/dataprot/studies/spamsumes.pdf

Grupo de trabajo sobre protección de las personas en lo que respecta al tratamiento de datos personales:
1999
— «Documento de trabajo: Tratamiento de datos personales en Internet», de 23 de febrero de 1999,

http://europa.eu.int/comm/internal_market/en/media/dataprot/wpdocs/wp27es.pdf

— Dictamen 7/99, de 3 de diciembre de 1999, relativo al nivel de protección de datos previsto por los principios de «puerto seguro» hechos públicos, junto con las preguntas más frecuentes y otros documentos relacionados, el 15 y 16 de noviembre de 1999 por el Departamento de Comercio de los EE.UU.
http://europa.eu.int/comm/dg15/en/media/dataprot/wpdocs/wp27es.pdf

2000

— «Documento de trabajo: Tratamiento de datos personales en Internet» de 23 de febrero de 1999,
http://europa.eu.int/comm/internal_market/en/media/dataprot/wpdocs/wp27es.pdf

2000

— Dictamen 4/2000, de 16 de mayo, sobre el nivel de protección que proporcionan los «principios de puerto seguro»,
http://europa.eu.int/comm/internal_market/en/media/dataprot/wpdocs/wp32es.pdf

— Dictamen 3/2000, de 16 de mayo, sobre las negociaciones entre la Unión Europea y Estados Unidos sobre los principios de «puerto seguro»,
http://europa.eu.int/comm/internal_market/en/media/dataprot/wpdocs/wp31es.pdf

— Documento de trabajo: «Intimidad en internet - Una visión integrada de la protección de datos en línea», de 21 de noviembre de 2000.
http://europa.eu.int/comm/internal_market/en/media/dataprot/wpdocs/wp37es.pdf

2001

— Dictamen 4/2001, de 22 de marzo, sobre el proyecto de Tratado del Consejo de Europa sobre Cibercrimen
http://europa.eu.int/comm/internal_market/en/media/dataprot/wpdocs/wp41es.htm

— Kerr, D. «INCORE, Final Report», abril 2000, *http://incore.org/full.pdf*
— Liikanen, E. «Is there a third way for the Internet in Europe?» Global Internet Summit, Barcelona, 22 de mayo de 2000, *http://europa.eu.int/rapid/start/cgi/guesten.ksh?p_action.-gettxt=gt&doc=SPEECH/00/1890RAPID&LG=EN>EU*
— Mathonet, Ph. y otros «Review of European third-party filtering and rating software & services» (1999), *www.idate.org, http://europa.eu.int/ISPO/iap/index.html*
— Rodotà, S.: *Tecnologia e Diritti,* Ed. Il Mulino, 1994,
— Volokh, E.: «Freedom of Speech, Shielding Children, and Transcending Balancing» *Supreme Court Review,* 1997, *http://www.law.ucla.edu/faculty/volokh/shield.htm*

DISPOSICIONES NORMATIVAS

TEXTOS EN FASE DE APROBACIÓN

— Propuesta de Directiva sobre la comercialización a distancia de servicios financieros destinados a los consumidores, COM (1998) 468 final, *http://europa.eu.int/scadplus/leg/es/lvb/132035.htm*
— Propuesta de Directiva, de 21 de mayo de 1999, relativa a la armonización de determinados aspectos de los derechos de autor y derechos afines en la sociedad de la información, COM 99 250 final, *http://www.ispo.cec.be/ecommerce/legal/documents/A4-0026-99/A4-0026-99_es.pdf*
— Proyecto de Convenio sobre delincuencia en el ciberespacio, PC-CY (2000) proyecto n.° 19, *http://conventions.coe.int/treaty/en/projects/cybercrime.htm*
— Propuesta de una decisión marco del Consejo para combatir el tráfico de seres humanos. Comunicación de la Comisión de 21 de diciembre de 2000, COM(2000) 854 final. Combatir el tráfico de seres humanos y combatir la explotación sexual de los niños y la pornografía infantil. *http://europa.eu.int/comm/internal_market/en/media/dataprot/wpdocs/wp27es.pdf*

http://europa.eu.int/eur-lex/es/com/pdf/2000/com-2000_0854es01.pdf

— Propuesta de Reglamento del Parlamento Europeo y del Consejo relativo a la implantación del dominio de nivel superior de Internet «EU» de 12.12.2000, COM (2000) 827 final
http://europa.eu.int/eur-lex/es/com/pdf/2000/es_500-PC0827.pdf

— Propuesta de Directiva relativa al servicio universal y los derechos de los usuarios en relación con las redes y los servicios de comunicaciones electrónicas, COM(2000) 392, 12 de julio de 2000.
http://europa.eu.int/eur-lex/es/com/dat/2000/es_500-PC0392.html

— Propuesta de Directiva relativa al tratamiento de los datos personales y a la protección de la intimidad en el sector de las comunicaciones electrónicas, COM(2000) 385, 12 de julio de 2000.
http://europa.eu.int/eur-lex/es/com/dat/2000/es_500-PC0385.html

— Proyecto de Decisión de la Comisión, de 27 de marzo, sobre cláusulas contractuales estándar en Internet para la transferencia de datos personales a terceros países,
http://europa.eu.int/comm/internal_market/en/media/dataprot/news/clausesdecision.htm

NORMAS COMUNITARIAS

— Directiva 91/250/CEE, de 14 de mayo de 1991, sobre la protección jurídica de programas de ordenador, DOCE L 122 de 17 de mayo de 1991,
http:/www.ispo.cec.be/ecommerce/legal/documents-/391L0250/391L0250_ES.doc

— Directiva 95/46/CE, de 24 de octubre, relativa a la protección de la personas físicas en lo que respecta al tratamiento de datos personales y a la libre circulación de esos datos, DOCE n.° L 281 de 23 de noviembre de 1995,
http://europa.eu.int/eur-lex/es/lif/dat/1995/es_395L0046.html

— Directiva 96/9/CE de 11 de marzo de 1996, sobre la pro-

tección jurídica de las bases de datos, DOCE L 077 del 27 de marzo de 1996,
http://www.ispo.cec.be/ecommerce/legal/documents-/396L0009/396L0009_ES.doc

— Directiva 97/7/CE de 20 de mayo, relativa a la protección de los consumidores en materia de contratos a distancia. DOCE L 144 de 4 de junio de 1997,
http://europa.eu.int/eur-lex/es/lif/dat/1997/es_397L0007.html

— Directiva 97/66/CE del Parlamento y del Consejo, de 15 de diciembre de 1997 relativa al tratamiento de los datos personales y a la protección de la intimidad en el sector de las telecomunicaciones, DOCE n.º L 024 de 30 de enero de 1998,
http://europa.eu.int/eur-lex/es/lif/dat/1997/es_397L0066.html

— Recomendación 98/560/CE del Consejo de 24 de septiembre de 1998 relativa al desarrollo de la competitividad de la industria europea de servicios audiovisuales y de información mediante la promoción de marcos nacionales destinados a lograr un nivel de protección comparable y efectivo de los menores y de la dignidad humana.
http://europa.eu.int/eur-lex/es/lif/dat/1998/es_398-X0560.html

— Plan plurianual de Acción para propiciar una mayor seguridad en la utilización de Internet mediante la lucha contra los contenidos ilícitos y nocivos en las redes mundiales. Decisión 276/1999/EC del Consejo y del Parlamento Europeo, DOCE L 33 de 6 de febrero de 1999,
ftp://ftp.echo.lu/pub/iap/decision/no276es.pdf

— Directiva 2000/31/CE del Parlamento y del Consejo de 8 de junio de 2000, relativa a determinados aspectos jurídicos de los servicios de la Sociedad de la Información, en particular el comercio electrónico, en el Mercado Interior (Directiva sobre el comercio electrónico), DOCE L 178 de 17 de julio de 2000
http://europa.eu.int/comm/internal_market/en/media/ele-comm/com31es.pdf

— Directiva 2000/46/CE del Parlamento Europeo y del Consejo, de 18 de septiembre de 2000, sobre el acceso a la actividad de las entidades de dinero electrónico y su ejercicio así como la supervisión cautelar de dichas entidades, *http://europa.eu.int/eur-lex/es/lif/dat/2000/es_300L0046.html*

— Reglamento (CE) n.º 1334/2000 del Consejo, de 22 de junio de 2000, por el que se establece un régimen comunitario de control de las exportaciones de productos y tecnología de doble uso, *http://europa.eu.int/eur-lex/es/lif/dat/2000/es_300-R1334.html*

NORMAS DE DERECHO ESPAÑOL

— Ley 11/1998, de 24 de abril, General de Telecomunicaciones. *BOE* n.º de 25 de abril de 1998. *http://constitucion.rediris.es/codigo/derechos/comunicacion/teleco/111-1998.html*

— Ley Orgánica 15/1999, de 13 de diciembre, de Protección de Datos de Carácter Personal, *BOE* n.º 298, de 14 de diciembre de 1999. *http://constitucion.rediris.es/codigo/derechos/datos/lo15-1999.html*

OTRAS NORMAS

— Convenio Europeo para la Protección de los Derechos Humanos de 4 de noviembre de 1950, *http://constitucion.rediris.es/codigo/derechos/convenios/europeos/r5-4-1999.html*

— United States Congress Communications Decency Act, *http://www.gseis.ucla.edu/iclp/cda.dispute.html*

— United States CongressSafe Schools Internet Act, *http://www.techlawjournal.com/congress/blocking/s1619.htm*

— United States CongressChild Online Protection Act *http://www.techlawjournal.com/congress/s1482coats-/s1482.htm*

— United States Children's Internet Protection Act (CIPA). *http://www.techlawjournal.com/cong106/filter/hr4600ih.htm*

NOTA DE JURISPRUDENCIA

TRIBUNALES NORTEAMERICANOS

— Caso CDA, Tribunal Supremo de Estados Unidos, caso n.º 96-511. *Janet reno v. ACLU*, de 27 de junio de 1997 *http://www.ciec.org/SC_appeal/opinion.shtml*
— Caso CDA II-1 Tribunal de Distrito Este de Pensilvania, caso n.º 98-5591 *ACLU v. Reno II*, prohibición de aplicación de la ley (*Temporary restrain order*), de 19 de octubre de 1998 *http://www.techlawjournal.com/courts/copa/19981119.htm*
— Caso CDA II-2 Tribunal del Distrito Este de Virginia, caso n.º 98-5591. *ACLU v. Reno II*, decisión de 1 de febrero de 1999.
http://www.aclu.org/court/acluvrenoII_pi_order.html
— Caso Mainstream, Tribunal del Distrito Este de Virginia, caso n.º 97-2049-A. *Mainstream Loudoun v. Board Of Trustees Of Loudoun County Library*, de 23 de noviembre de 1998,
http://www.techlawjournal.com/courts/loudon/81123op.htm

TRIBUNALES EUROPEOS

Francia
— Caso Faurisson, Tribunal de Grande Instance de París, noviembre de 1998,
http://www.legalis.net/cgiiddn/certificat.cgi?IDDN.FR.010.00-58310.000.R.A.1999.027.41100
— Caso Yahoo!, Tribunal de Grande Instance de París, de 22 de mayo de 2000, *UEJF et al. v. Yahoo! Inc. et Yahoo! France*, *http://www.juriscom.net/jurisfr/yahoo.htm#texte*

Alemania
— Caso Somm *Amtsgericht München v. F. Somm*, 28 de mayo de 1998, Case number 8340 Ds 465 Js 173158/95,
http://www.jura.uni-wuerzburg.de/sieber/somm/somm-urteil.pdf

CAPÍTULO 6

LA REGULACIÓN DE INTERNET: PODERES PÚBLICOS Y EMPRESAS

PABLO MAYOR MENÉNDEZ
y PABLO DÍAZ DE RABAGO MAZÓN

1. **Introducción**

Una afirmación generalmente admitida en relación con el espectacular desarrollo en las últimas dos décadas de la denominada revolución tecnológica, y, en particular, con el desarrollo de las telecomunicaciones y de la sociedad de la información y de Internet, es el de que la aparición de la red de redes ha modificado, está modificando y modificará en profundidad todos los aspectos de nuestra sociedad: la economía, la política, las relaciones sociales, la educación, las relaciones laborales, el propio ocio, vida privada e intimidad de las personas, todo ello en un grado que sólo alcanzamos a vislumbrar en el momento presente. Esta afirmación se apoyaba en una serie de datos, sin duda relevantes y, particularmente, en las proyecciones para años venideros, que introducían un inequívoco vértigo en el análisis de los distintos aspectos a considerar antes mencionados, tales como el número de usuarios de la red, el volumen de tran comercio electrónico, la aparición de nuevas formas de relación laboral y social en magnitudes insospechadas, etc. Todo ello, junto con la aparentemente imparable e invencible globalización y desarrollo de los instrumentos del mercado en todas las áreas del mundo, o al menos de las que se consideraban relevantes, con trágica exclusión y marginación de las que quedaban excluidas de esta nueva realidad, ha determinado hechos tales como que en el mundo desarrollado y en particular en Estados Unidos, se produjera la paradoja de que las empresas de Internet tuvieran en un momento dado mayor valor que su industria del automóvil, o de la aviación, o de que todas las demás del sector de las telecomunicaciones. La sociedad de la información, el mundo virtual, la era digital son conceptos más o menos difusos pero que pretendian expresar que comenzaba a producirse una dualidad de mundos, el real y el virtual, cada uno con sus propias reglas, con una dinámica distinta, apareciendo el primero como la encarnación de los antiguos valores, de la antigua economía, y el segundo, también denominado ciberespacio, como encarnación del futuro hecho ya presente, donde todo es posible y conquistable.

2. ¿Internet sin ley?

No era sin embargo la anterior la única burbuja que se produjo con ocasión del nacimiento e inicial desarrollo de Internet. En el ámbito que aquí nos interesa, el de la regulación o gobierno de Internet, el de la relación entre lo público y lo privado en la red, la arquitectura y desarrollo inicial de la misma dieron lugar también a espectaculares afirmaciones de un nuevo mundo, un mundo sin fronteras, con el consiguiente fin de la soberanía y de los poderes nacionales, un mundo con sus propias reglas o incluso sin reglas, que quedaría fuera del ámbito del Derecho tal como ha sido hasta el momento conocido, de los poderes públicos, del Estado. Una nueva realidad donde todo sería posible, regida por una total y absoluta libertad. Desde este ciertamente ilusorio punto de partida, todas las posiciones eran plausibles, todas las barreras, todos los poderes eliminables, toda autoridad o todo impuesto suprimible. Ello se basaba en la consideración de Internet como una especie de universo paralelo donde todo tipo de datos, informaciones, imágenes se superponían y transmitían sin ningún tipo de limitación, un nuevo espacio sin policías ni (sueño universal para muchos) abogados. En este contexto se explican ciertas posiciones, tales como la conocida declaración de independencia del ciberespacio, formulada por un internauta militante y convencido, John Perry Barlow en Davos el 8 de febrero de 1996. El planteamiento de esta declaración, sólo explicable desde un nuevo mundo sin límites y con una confusión también sin límites, en la más pura concreción del anarco-capitalismo, partía de afirmar con orgullo la inexistencia de un gobierno elegido, que no hacía falta elegir, la creación de un nuevo contrato social en el ciberespacio en el que un indefinido grupo de creadores del mismo proclamaban la regla de que cualquier persona en cualquier lugar podía expresar en él sus creencias sin ningún tipo de miedo o coacción, así como la inaplicación de los conceptos legales de propiedad, expresión, identidad, movimiento o frontera. En definitiva, un nuevo paraíso digital, inmaterial, donde no puede existir coerción física, el ciberespacio, más justo y humano que el creado por cualquier gobierno anterior, en el que todos sus integrantes virtuales serían inmunes a los conceptos de jerarquía, soberanía o frontera.

Todas estas concepciones no eran, no son, más que una pura, simple y sin duda peligrosa ilusión, apoyadas finalmente en la idea de que no sólo no debe introducirse ninguna coacción, ninguna ley, en el nuevo mundo creado, sino que además en realidad es imposible hacerlo. Tales afirmaciones simplemente son insostenibles, tanto desde un punto de vista material, como desde un punto de vista conceptual, trasladando en definitiva la idea de que el papel de los gobiernos debe cada vez más difuminarse, dejando de ser precisamente eso, gobiernos, con lo que también se difuminarían en nuestra sociedad occidental las ideas fundamentales de representación, soberanía popular, libertad y seguridad. El no Estado, el no Derecho, conducen inequívocamente a una particular ley de la selva, donde el más fuerte, o el más criminal, establece finalmente sus propias reglas, sin consentimiento y sin control.

Las posturas anteriormente indicadas obedecen por lo demás a un primer momento de desarrollo, sin duda relevante pero todavía muy incipiente, de la red de redes. Es evidente que Internet tiene una arquitectura muy particular, absolutamente descentralizada, basada en la simple conexión de múltiples redes que hablan en un mismo idioma de conexión y de transmisión de todo tipo de información. Ésta es su esencia, también su mayor grandeza y también su mayor capacidad de transformación. Muchas son las barreras que podrán caer con Internet, mucho lo que puede ofrecer al mundo en una basta y extensa posibilidad de desarrollo económico, educacional, cultural y social. Pero el papel de Internet como lo que se ha llamado tecnología de la libertad, está ligado a una inequívoca realidad, a que sólo hay un mundo, el real, que Internet, como instrumento poderoso, está modificando, y modificará en el futuro en mucha mayor magnitud, pero que finalmente debe atender a unas reglas, a unos principios, a unos controles, que además no son o no deberían ser únicos, sino plurales, respondiendo también a la realidad de un mundo integrado por múltiples culturas, realidades y también sueños.

Resulta indudable que la institución de poder fundamental de la Historia moderna, el Estado nacional, está experimentando en la llamada sociedad de la información un proceso de transformación sin precedentes. Los conceptos esenciales sobre los que se asienta su autoridad, la soberanía, el control sobre una porción determinada de territorio y sobre un conjunto determinado de población, a través de unas instituciones que ejercen los mecanismos fundamentales del poder, son puestos en cuestión por la propia realidad, poderosa, de la globalización, la libre circulación de mercancías, capitales y en particular de información, a través de los nuevos instrumentos desarrollados en el ámbito de las telecomunicaciones, de los medios audiovisuales, de Internet. Paralelamente, se han reforzado mecanismos de poder, fundamentalmente económicos, en particular las multinacionales que operan en todos los continentes y ha aparecido el concepto del mercado como fuerza teóricamente capaz de estructurar y regir no sólo la vida económica sino también las relaciones políticas o sociales, posibilidad esta última contestada cada vez más por la propia sociedad civil, que considera que el siglo XXI es probablemente la última oportunidad para construir realmente una sociedad más rica, pero también más justa y más equilibrada.

En este nuevo ámbito, como señala Manuel Castells,[1] el Estado no desaparece, sino como en otros momentos significativos desde su aparición en los últimos siglos, también de profundo cambio y aceleración, se modifica, se transforma, se adapta a una nueva situación. En particular, en el ámbito jurídico asistimos a una transformación y adaptación muy especial, pues en las sociedades del primer mundo el Estado cada vez más ha dejado de ser un Es-

1. «Materials for an exploratory theory of the network society», *British Journal of Sociology*. Vol. n.° 51 Issue n.° 1 (January / March 2000), p. 14.

tado productor o gestor para pasar a ser un Estado fundamentalmente regulador. Un ejemplo característico se produce precisamente en el ámbito de las telecomunicaciones, considerado durante mucho tiempo un ejemplo clásico de monopolio natural, donde el Estado, en toda la Europa continental, asumía el papel de gestor y explotador de la red, de prestador de los servicios, en un escenario donde, a través de instrumentos u organizaciones diversas en función de cada país, controlaba la explotación y gestión del servicio, no estableciendo el Estado regulación alguna, puesto que ya regulaba y controlaba todo a través del propio organismo que establecía la red y prestaba los servicios.

La liberalización de este sector, con la aparición de distintas empresas que, en competencia, establecen y explotan redes de telecomunicaciones y prestan a través de las mismas distintos servicios y la privatización de los grandes operadores nacionales en cada uno de tales países (procesos de privatización diversos también en su extensión y realidad según los distintos países, en un proceso no exento de contradicciones), determinan un profundo cambio en el papel del Estado, que al no ser ya prestador en monopolio de tales servicios, ha de mantener títulos de intervención en la gestión de los mismos, dado su carácter fundamental y estratégico para el desarrollo económico y social de cada una de las respectivas sociedades. Ello se traduce en la necesidad de aparición de autoridades reguladoras independientes, de nuevas normas, de nuevos instrumentos de control que garanticen que los servicios esenciales pueden ser recibidos por todos los ciudadanos, en cualquier lugar de un país, con independencia de su situación económica o geográfica, a unos precios asequibles y que se haga realidad la extensión de los nuevos mecanismos de transmisión de información, y en particular de Internet, a todos los ámbitos de la sociedad.

Junto a este papel de regulación, los Estados asumen también un papel cada vez más relevante de negociación, en distintos ámbitos. En primer lugar, en el propio ámbito nacional, con las diversas instituciones de carácter regional y local existentes, en unas relaciones de poder cada vez más descentralizadas y próximas a los ciudadanos (España, en el ámbito de la Unión Europea, es un ejemplo particularmente significativo de esta circunstancia), como también con organizaciones no gubernamentales o administrativas, tanto en sector económico (organizaciones empresariales, multinacionales) como en el social y laboral. En segundo lugar, y con igual importancia, en el ámbito internacional, pues el establecimiento de mecanismos de regulación multisectoriales y multilaterales constituye una necesidad absolutamente imprescindible en numerosas materias. Tendremos así un Estado sin duda diferente, donde el concepto nacional estará mucho más difuminado y su vertiente plural, reguladora e integradora adquirirá una importancia cada vez mayor.

Todo lo anteriormente señalado no quiere en ningún caso decir que vayamos a asistir a una regulación uniforme, global o nacional, de Internet. Las propias características de la red de redes, su complejidad, sus enormes posibilidades, el hecho indudable de que actúa en muchos países con distintas legislaciones, culturas, necesidades, dará lugar a una regulación también plural, compleja y en permanente desarrollo, que sugestivamente compara Santiago Muñoz Machado[2] como una estructura de malla, con la misma «imagen física de la gran telaraña que trata de ordenarse». En esta malla regulatoria son muy diversas las entidades que tendrán un destacado papel. El Estado, ya lo hemos visto, tendrá un papel sin duda fundamental y particularmente difícil, en la búsqueda de un equilibrio entre regulación necesaria y justa en cada momento y el exceso sobrerregulatorio. Las organizaciones multinacionales, tales como Naciones Unidas, la Unión Europea, la Organización Mundial del Comercio, etc., tendrán también un relevante papel, en aquellas cuestiones en las que para el desarrollo de la nueva sociedad de la información sea imprescindible un acuerdo global que contemple todas las situaciones, todas las sensibilidades, todas las en fin realidades del mundo sobre el que se asienta. Finalmente, las organizaciones no gubernamentales tendrán también un gran peso y, en particular, la sociedad civil, las asociaciones de consumidores y usuarios, los ciudadanos, que habrán de hacer oír su palabra, su voz, abriéndose con ello camino a instrumentos de autorregulación de las empresas y de controles y de exigencia por parte de los consumidores finales, de los usuarios, de los ciudadanos en cada país, en cada realidad económica, política y social.

2. *La regulación de la red. Poder y Derecho en Internet,* Editorial Taurus, 2000, p. 41.

3. Criterios para una regulación de Internet

Sin ningún ánimo exhaustivo, enumeramos a continuación algunos aspectos que inequívocamente conforman la necesaria regulación de Internet, en los que se entremezclan todos los elementos anteriormente indicados.

1. Las conclusiones del Consejo Europeo de la Unión celebrado en Lisboa el 23 y 24 de marzo de 2000 establecían, como requisitos necesarios para la preparación del paso a una economía competitiva, dinámica y basada en el conocimiento, el que las empresas y los ciudadanos tuvieran acceso a una infraestructura de comunicaciones mundial, barata y con ello a un amplio abanico de servicios. Igualmente se ponía de manifiesto que todo ciudadano debería poseer los conocimientos necesarios para vivir y trabajar en la nueva sociedad de la información, evitando toda exclusión y reforzándose la lucha contra el analfabetismo y prestando atención especial a las personas discapacitadas. Se señalaba finalmente que las tecnologías de la información habrían de utilizarse para renovar el desarrollo urbano y regional y fomentar tecnologías seguras para el medio ambiente, siendo esencial para cumplir tales objetivos la creación de condiciones para que prosperasen adecuadamente el comercio electrónico e Internet, exigiendo todo ello planteamientos normativos nuevos y más flexibles en el futuro.

Para la consecución de tales objetivos resulta necesario tener en cuenta en primer término la denominada convergencia de los distintos servicios e infraestructuras de telecomunicaciones y medios audiovisuales, en cuanto en particular las posibilidades de interactividad que ofrece Internet están determinando un interés creciente de las empresas audiovisuales para su utilización conjunta con los medios de comunicación como la televisión. La posible combinación de televisión e Internet está llevando a los distintos operadores a ofrecer servicios de televisión interactiva y de valor añadido con la información que hay en Internet, siendo previsible en un futuro próximo la convergencia entre los PC informáticos y la televisión, que hará de los televisores dispositivos de acceso y proceso de información y a los ordenadores personales instrumentos capaces de integrar todo tipo de información y también de contenidos de televisión.

Además junto a esta convergencia, debe tenerse presente la compleja pluralidad de relaciones jurídicas que se producen en el ámbito de Internet, derivada de la existencia de númerosos actores que actúan en el mismo. Operadores que establecen y explotan redes de telecomunicaciones, proveedores de acceso a Internet, creadores de portales, creadores y gestores de contenidos, operadores de datos que alquilan líneas de conexión internacional a Internet, proveedores de servicios, buscadores, fabricantes de *software* de navegación por Internet, proveedores de servicios de certificación, de comercio electrónico, usuarios, son todos ellos figuras relevantes en este campo que ofrecen una idea de la enorme complejidad de relaciones e intereses que ofrece la red de redes.

De todo ello resulta que el acceso y la prestación de lo que en el Derecho español se denominan servicios interactivos determina un primer ámbito de necesaria e intensa regulación, que en muchos aspectos es además fundamentalmente una regulación nacional, sin perjuicio de la creación de los necesarios instrumentos de coordinación y reciprocidad con otros países, en nuestro caso en particular en el ámbito de la Unión Europea. Internet suele ser considerada como un ejemplo de servicios en los que la competencia se desarrolla en plenitud, sin apenas barreras de entrada y salida. No obstante, tal afirmación se ve también difuminada dada la variedad de agentes intervinientes antes citada, como son operadores globales de telecomunicaciones, operadores de datos, proveedores de acceso a Internet y explotadores de portales. La regulación de todas las cuestiones relacionadas con el acceso a Internet y la prestación de servicios en Internet constituye por tanto un inequívoco supuesto de amplia y extensa intervención normativa. Valga como ejemplo que en los últimos meses en nuestro país la regulación de cuestiones tales como la tarifa plana de acceso a Internet o la regulación de las condiciones de la oferta mayorista y minorista del operador dominante en los servicios ADSL han sido de los supuestos más complejos y más polémicos del panorama regulatorio español. La transmisión de datos, la regulación del acceso a Internet o la provisión y acondicionamiento de contenidos a través de los distintos portales son otras cuestiones que ocupan, diariamente, la atención de reguladores y operadores en el mercado.

Además, existen también otras numerosas cuestiones que han merecido y merecen la atención del regulador en relación con Internet, como por ejemplo su consideración o no dentro del concepto de servicio universal de telecomunicaciones, como conjunto definido de servicios de telecomunicaciones con una calidad determinada, accesibles a todos los usuarios con independencia de su localización geográfica y a un precio asequible, lo que plantea entre otras cosas la necesidad de incrementar la accesibilidad de los ciudadanos a Internet, pues debe tenerse presente en este sentido que sólo el 30 % de la población española dispone de ordenador y no todos ellos con módem para conexión con la red telefónica pública, o la necesaria mejor calidad del servicio (configuración de ordenadores, error del sistema operativo, paradas en la comunicación, conexiones fallidas, etc.) o de un precio asequible para todos los ciudadanos, o la existencia real de distintos operadores que puedan proveer de acceso a Internet, etc. Junto a ello, y sólo por enumerar algunas cuestiones significativas, y sin ánimo exhaustivo, ocupan también a los reguladores cuestiones tales como los mecanismos de seguridad que deben establecerse para la realización de transacciones y operaciones comerciales a través de Internet (normativa española y comunitaria sobre firma electrónica, sobre comercio electrónico), el establecimiento de marcos estables para el funcionamiento en el ámbito nacional de los registros de nombres de dominio bajo la denominación .es, el establecimiento de mecanismos de control sobre los contenidos audiovisuales o de datos realizados a través de la red, etc.

2. Es un hecho evidente que el establecimiento de la norma jurídica aplicable a una relación jurídica, a una situación jurídica, a un hecho o acto con relevancia jurídica, parte de determinar una serie de elementos de conexión, tanto en el ámbito del Derecho interno como en el del Derecho internacional privado. Entre tales elementos ocupan un lugar primordial conceptos como el de nacionalidad, territorio, domicilio o jurisdicción. Es cierto que muchos de estos conceptos se difuminan o son difíciles de determinar en el ámbito de las relaciones jurídicas realizadas a través de la red, donde incluso la propia identidad de los intervinientes necesita de mecanismos de determinación y garantía especialmente complejos. Ahora bien, esta dificultad no significa que tales relaciones jurídicas no estén sujetas a regulación alguna. Lo único a quc da lugar es a una especial com-

plejidad y dificultad en la determinación de cuáles son las reglas o normas a aplicar, que siempre podrán concertarse, a falta de regulación específica, por referencia a los principios generales que constituyen la esencia de todo ordenamiento jurídico, el oxígeno que respiran las normas jurídicas. Así, a falta de una regulación específica sobre el comercio electrónico, sobre las transacciones de todo tipo realizadas a través de la red, pueden aplicarse y de hecho se han aplicado, normas pensadas inequívocamente para supuestos distintos, como la contratación entre ausentes o la contratación por correspondencia, junto a principios generales relativos a toda transacción o basados en la normativa sobre la protección de consumidores y usuarios. Lo mismo sucede en el ámbito de las normas de propiedad intelectual o industrial, de las relaciones de la administración pública con sus ciudadanos, de la determinación de la jurisdicción aplicable, o del tribunal que puede intervenir, de la determinación de elementos de prueba (el valor que puede darse a una firma o a la prestación de un consentimiento en la red y no de manera material), de la dación de fe pública, de la aplicación de los impuestos que gravan la respectiva transacción, de los mecanismos de protección penal ante una estafa, un engaño o apropiación indebida, o de la protección a la juventud y la infancia.

Quiere esto decir que ante la falta de una regulación específica, siempre las normas existentes tanto en los ordenamientos jurídicos nacionales como en el ámbito internacional podrán ser interpretadas, moduladas, repensadas en su aplicación en Internet por quienes tienen los elementos de jurisdicción convenientes al efecto en cada uno de los países. No es pensable que se renuncie a ejercer tales facultades, no es pensable ni aceptable que pueda pensarse que es sencillo escapar a tales realidades. Junto a ello, es también indispensable tener en cuenta que es necesario que en muchos ámbitos se fomente y se proteja la utilización de la nueva tecnología que supone Internet, a través de regulaciones específicas, incentivos, exenciones, bonificaciones. En algunos casos, ya lo estamos viendo en la realidad diaria, tales mecanismos podrán venir determinados por regulaciones o acuerdos de carácter fundamentalmente privado, a través de mecanismos de autorregulación directa o indirectamente sancionados por los poderes públicos. Así sucede por ejemplo con el ámbito de la asignación de los nombres de dominio, controlada a través de organizaciones privadas, pero con intervención y reconocimiento también público en diversos países, y también con mecanismos muy diversos de gestión en cada uno de ellos. Igualmente, el establecimiento de mecanismos que garanticen la seguridad en la red, a través de entidades que certifiquen la prestación de la identidad de las personas intervinientes, completándose luego en cada sistema jurídico con sus normas específicas sobre dación de fe o determinación del contenido de la realidad contractual, así como el establecimiento igualmente de ciertos mecanismos de control sobre derechos de propiedad intelectual, o propiedad industrial, que pueden ser igualmente gestionados por entidades representativas del sector de base privada.

Asimismo, existirán ámbitos de inequívoca regulación pública, en los que sin ánimo exhaustivo podemos incluir: la regulación de los tributos aplicables, las relaciones entre administraciones públicas y ciudadanos, la vigilancia de los principios de una libre y leal competencia en el mercado, la regulación de los contenidos (sin perjuicio de la colaboración de las distintas instituciones y organizaciones privadas respecto a la aplicación de los mismos), la intervención de profesionales y entidades de ámbito diverso en las complejas relaciones que se producen en Internet, el acceso a la red y a la prestación de los servicios, la tipificación de los distintos supuestos que constituyen conductas prohibidas, establecidos en función de la propia cultura y características de cada uno de los países, la jurisdicción aplicable, los tribunales y autoridades administrativas con facultades de intervención y control, etc. En muchas de estas cuestiones existirá primero una regulación de ámbito estatal, que con el paso del tiempo irá armonizándose y completándose en el marco de instituciones multilaterales más amplias, como la Unión Europea, otras organizaciones gubernamentales interregionales, la Organización Mundial del Comercio y, de modo particularmente muy positivo, en Naciones Unidas. En este ámbito sería también deseable que el papel de los Estados Unidos, como primera potencia en el ámbito económico y político mundial, fuera especialmente responsable, y especialmente comprensiva con la realidad de este mundo plural, ofreciendo nunca la imposición sino el consenso, nunca la uniformidad sino la pluralidad. Esta regulación plural, este en realidad entramado o malla de regulaciones, de carácter multilateral, estatal, regional o local, no sólo perjudica el desarrollo de Internet sino que resulta en realidad consustancial a su propia esencia, que es global pero también particular, local e incluso individual.

También finalmente habrá de tenerse en cuenta en esta regulación plural el establecimiento de criterios por los órganos que en los distintos ordenamientos jurídicos aplican e interpretan las normas, e integran también las lagunas que puede ofrecer el ordenamiento a través de la aplicación de los distintos principios generales que inspiran cada uno de ellos. Como ejemplos característicos de ello podemos señalar por ejemplo la sentencia del Tribunal Supremo Norteamericano de 26 de junio de 1997, que declaró inconstitucional la Congress Decency Act por atentar contra la Primera Enmienda de la constitución norteamericana o el Informe del Consejo de Estado francés de 1998 sobre el desarrollo de la sociedad de la información, concluyendo ambos en el sentido de que la transmisión de la información a través de Internet, aun incluyendo un componente de comunicación al público, no ha de recibir el mismo trato que la radio o la televisión, sino asemejarse más bien al de otros medios de transmisión de información, como la prensa escrita.

3. Como señalaba sugestivamente *The Economist*, en su edición de 11-17 de agosto de 2001, el concepto de distancia puede haber muerto, pero en cambio el de geografía está todavía vivo y coleando. Y ello es cierto desde distintos puntos de vista, como señalaba el propio diario, ya que la idea de que Internet libera de la geografía no es más que un mito, y si bien en muchas ocasiones se ha puesto el ejemplo de que Internet es como una nube que está en todas partes y en ningún lugar en concreto, lo cierto es que el factor local tiene cada vez más importancia en la propia prestación de los servicios, puesto que la proximidad al demandante de servicios o de contenidos pueden tener importancia en la prestación de los mismos, como también respecto a su contenido, pues igual que sucede en el ámbito de los medios de comunicación, el interés por los servicios o la información de carácter inmediatamente cercana, y en el idioma propio, constituyen también elementos a tener muy en cuenta.

En el mismo sentido, hemos asistido en los últimos tiempos a una clara reacción por parte de distintos Estados al flujo de información y de relaciones comerciales accesibles a través de Internet. Ejemplo de ello es el establecimiento de filtros o controles respecto al acceso a determinados contenidos a la red, que aunque no totalmente eficientes sí lo son en un porcentaje significativo y en cualquier caso claramente efectivos sobre buena parte de los usuarios normales de Internet, así como el desarrollo de nuevas técnicas para la localización geográfica de los intervinientes en una transmisión de información o la adopción de medidas concretas por las autoridades políticas o judiciales respecto a supuestos concretos, como el caso, que luego comentaremos, de la decisión de un juez francés respecto a la venta a través de Internet por Yahoo! de ciertos productos o símbolos nazis.

Es y será en definitiva esencial que los distintos consumidores y usuarios sepan que están protegidos por determinadas regulaciones, tanto nacionales como multinacionales, y que las compañías sepan también en todo el mundo a qué atenerse respecto a los principios o reglas cuya aplicación les va a ser exigida. Ello no supondrá para las compañías multinacionales que operan en ámbitos distintos ninguna novedad, pues ya están habituadas a actuar en distintos países con culturas y regulaciones diferentes y les permitirá finalmente actuar con mayor seguridad jurídica.

La malla regulatoria que finalmente existe en Internet no debe ser en ningún caso una malla asfixiante u obstaculizadora sino antes al contrario, beneficiosa para el desarrollo de Internet, y por tanto, también, para el desarrollo de todas las sociedades, sin exclusiones, cada una con sus propias particularidades, exigencias y oportunidades.

4. **Regulación y autorregulación de Internet**

Pero no podemos ignorar que en Internet existen multitud de regulaciones que provienen de entes distintos a los poderes públicos, como son las empresas, los consumidores y la sociedad civil. En este sentido, consideramos regulación cualquier tipo de reglas que son establecidas y afectan las actuaciones en la red; así, consideramos regulación a efectos de este análisis las normas sobre acceso a determinados contenidos, o las que imponen restricciones de comportamiento o de publicación de información, o el establecimiento de reglas para la realización de transacciones electrónicas o los códigos de prácticas establecidos por empresas, consumidores o ambos.

Cualquier negocio o sitio en la red puede ser analizado en términos de regulación; una empresa gestiona una serie de bienes y servicios que son ofrecidos en determinadas condiciones a potenciales clientes. Cuando se produce una interacción, ésta se encuentra perfectamente estructurada y reglada. Si accedemos a un sitio de compras, o a un portal de información, las primeras veces tendremos dificultad en entender cómo «funciona» o dónde se encuentra tal o tal cosa. Una vez conocemos el portal o las reglas de funcionamiento de la tienda, con un par de clicks llegamos a donde queremos.

Si pretendemos conocer cuál es el fin de la regulación establecida por la empresa, no tenemos más que remontarnos a las leyes de la economía. La actividad de las empresas persigue la maximización de los beneficios o de la utilidad a sus titulares. Será con este objetivo con el que midan las propias empresas sus reglas en el momento de establecer su presencia en Internet. También debemos considerar que lejos de criticar este fin, debemos ser conscientes de la enorme importancia que en términos económicos y sociales tienen las empresas en la realidad actual.

Sin duda, no podemos pedir a las empresas que sustituyan a otros poderes en su actuación en Internet, pero tampoco podemos adoptar una actitud simplista de considerar que las empresas únicamente tienen un objetivo económico de maximización de beneficios. Los economistas hablan de que el origen de las empresas responde a la satisfacción de necesidades de los consumidores, y que su forma de organización y gestión ha sustituido con innegables ventajas a la actuación del Estado gestionando dicha satisfacción de necesidades.

Conviene aquí diferenciar las empresas por su diversa forma de plantear sus negocios en la red. En efecto, el distinto carácter de los sitios en Internet determina una aproximación distinta a las reglas que los gobiernan. En primer lugar, pueden distinguirse dos clases de sitios: los que ofrecen transacciones económicas y los que se financian a través de la publicidad. Aunque el motor de ambos sea el mismo —maximizar el beneficio— la filosofía es distinta, en la medida en que parece que en el primer caso, los «clientes» buscan realizar una transacción que implique una prestación de un servicio o entrega de un producto concreto, mientras que en el segundo el objeto es la propia información que aparece en dicho sitio, haya sido creada por el propio sitio o por terceros. Esto es, lo que ha llevado a considerar a las empresas que se mueven por las «audiencias» similares a los medios de comunicación, tal y como indicábamos antes, mientras que las iniciativas de Internet enmarcadas en el primer caso son más parecidas a las empresas tradicionales.

En relación con las empresas abiertas, la primera dificultad en su análisis surge desde el momento en que el modelo de distribución es totalmente nuevo y los sitios son accesibles desde cualquier parte del mundo. Aquí se introducen los elementos novedosos de la red; Internet es un medio que permite la accesibilidad, comunicación y transacción de una cantidad ilimitada de información, en prácticamente tiempo real y de forma multidireccional. De todos son conocidas las comparaciones de tiempo y coste para transportar información de un lado a otro del océano Atlántico, por lo que basta señalar que además de la cantidad de información, debemos resaltar la importancia de la forma de comunicación, es decir, la facilidad de Internet para transportar textos, documentos, imágenes, voz, y permitir la presencia simultánea o sucesiva de múltiples comunicantes en entornos virtuales. Además, Internet ha pulverizado las barreras de la información y de la comunicación con la profundidad hasta ahora permitida, tanto en su dimensión espacial —desde cualquier lugar del mundo conectados a Internet podemos acceder a la librería del Congreso de los Estados Unidos de América sin coste —como temporal— el acceso se produce en tiempo real. Dentro de esta dimensión es particularmente oportuno destacar la dimensión internacional del fenómeno. Ya no sólo estamos hablando de actividad comercial dentro de una jurisdicción, sino que hablamos de «algo» (un sitio) ubicuo. Es el caso de Yahoo!, antes citado, en el que hemos podido comprobar como dos autoridades judiciales nacionales distintas, la francesa y la norteamericana, han llegado a conclusiones totalmente diferentes sobre el poder de una autoridad estatal para impedir que ciertos productos (objetos y símbolos nazis) puedan ser comercializados a través de la Red en el ámbito territorial respectivo, afirmándolo la primera y negándolo la segunda, si bien teniendo una y otra decision efecto únicamente, y esto es significativo, en la correspondiente jurisdicción.

También existe otro prisma a través del cual observar el fenómeno de la regulación de Internet, y es el de la nueva frontera entre lo público y lo privado. Esta dimensión, no tan presente en los estudios europeos sobre el fenómeno Internet, es fundamental pieza de análisis en los Estados Unidos de América. Antes de la aparición de Internet, lo público y lo privado estaba claramente separado por barreras físicas y económicas. Los medios de comunicación eran claramente públicos y estaban por tanto sujetos a las normas sobre información pública. Hoy, Internet está en la frontera entre lo público y lo privado, y existen numerosos estudios en el ámbito anglosajón sobre las comunidades e Internet.

En los sitios que tienen como motor la publicidad, y por tanto se financian atrayendo visitantes, entramos en el terreno de la regulación de la información, y otra vez en su faceta internacional, dado que, por la propia naturaleza de Internet, la información está disponible a cualquier navegante. Para este tipo de empresas, su objetivo es maximizar la audiencia, y por tanto los poderes públicos tendrán que estar al tanto de cómo se consigue esa maximización, y aplicar a Internet las mismas reglas sobre la información pública, *mutatis mutandis*. También deberemos tener en cuenta la dimensión internacional antes reseñada. Probablemente, para este tipo de empresas, se va a producir un desarrollo de códigos deontológicos a escala internacional que busquen establecer reglas de juego comunes sobre los límites de la información pública en Internet.

5. **Reglas y tendencias del comercio electrónico**

Finalmente, resulta también relevante analizar la actividad de las empresas dedicadas al comercio electrónico. Estas empresas han ido estableciendo normas aplicables a sus clientes en Internet. Así, fijan cuáles son las condiciones de compra de los artículos, la forma de perfeccionar las transacciones, las garantías, los términos de las prestaciones, la forma de entrega, y en general, todas las condiciones comerciales aplicables.

En el desarrollo de estas reglas, las empresas persiguen el objetivo de crear confianza en el comercio por Internet, como condición necesaria para su existencia. La relativa indefensión que supone que la transacción no se produzca físicamente en la «tienda» del comerciante —que dio lugar a normativa específica ya antes de Internet, como son las leyes que en el mundo tratan sobre el comercio desarrollado fuera de los establecimientos comerciales— se contrapone al interés de la empresa por romper si cabe una barrera más, que es precisamente la de esa falta de confianza. Si observamos los sitios que concentran el tráfico o las transacciones de Internet, podremos comprobar que muestran un exquisito cuidado por el consumidor. En España tenemos el precedente de los códigos éticos establecidos por ejemplo por la Asociación Española de Comercio Electrónico (AECE).

Pero además existe un desarrollo muy interesante de una particular rama del comercio electrónico en el ciberespacio, que es el llamado comercio de empresa a empresa. Podemos observar un paralelismo entre la génesis de los términos internacionales de comercio (llamados INCOTERMS) y la autorregulación de las condiciones del comercio *Business to Business*, y esto no únicamente debido a la interesante dimensión internacional de este tipo de comercio, sino por la necesidad de una base común de contratación para el desarrollo de este nuevo comercio internacional.

En el otro extremo de la relación electrónica aparece el público y/o los consumidores. En la situación típica de Internet, nos encontramos con un sitio público, ya sea de información o de comercio, que es accesible a una gran pluralidad de demandantes, normalmente sin un poder organizado en el mercado (aunque es este poder el que se explota en algunos sitios en los que se busca agregar demanda para tener poder negociador frente a la oferta). En estos casos se dice que el cliente regula «con los pies» o con el ratón, es decir, accediendo al sitio y obteniendo información o realizando transacciones si lo que observa o se le ofrece es de su agrado, o no accediendo ni transaccionando en el caso contrario. Pero en otros casos, los clientes resultan ser grandes compañías que se unen para crear mercados virtuales, como es por ejemplo el sistema de compra de las grandes empresas fabricantes de automóviles en los Estados Unidos. Quizá en estos casos nos encontremos con grandes poderes de compra, enfrentados a una miríada de oferentes que se ven abocados a mercados muy transparentes e inmediatos en la oferta.

Por otro lado aparecen grupos de consumidores o consumidores y empresas, o empresas, que se unen para establecer principios de autorregulación, tal y como propone la Directiva sobre Comercio Electrónico (así en España, la Asociación Española de Comercio Electrónico; o en los Estados Unidos las uniones de usuarios que otorgan *ratings* a los sitios de Internet o establecen barreras para el acceso de menores). Estos grupos obedecen a intereses claros que no parecen estar contemplados por otros jugadores en el ciberespacio, y realizan tareas que interesan a los reguladores.

En el análisis de a dónde lleva esta tensión consumidor-empresa, existe una teoría en economía que intenta ver a quién beneficia dicha tensión. Se ha venido denominando la «carrera ascendente» o «carrera descendente», según beneficie a unos o a otros. En el análisis de la situación en Internet, no se puede generalizar, y además debemos considerar una perspectiva temporal, es decir, considerar en qué momento nos encontramos en el desarrollo de la red.

Pues bien, tal análisis puede subdividirse en tres tipos de negocios, i) los que ya existen y en los que Internet es un «canal» más, y donde el efecto económico de Internet es fundamentalmente el de un abaratamiento de los costes de transición; ii) los nuevos productos y servicios que se ofrecen por Internet; y por último iii) la creación de nuevos mercados (los llamados *marketplace*) donde precisamente por las características de Internet que señalábamos al principio —fundamentalmente la de reducir los costes de transacción y suponer un potente medio de comunicación sin barreras territoriales— surgen nuevos modelos de negocio. Cada uno de estos modelos implica un cambio, mayor o menor, en la forma de funcionamiento de la economía de mercado, y todos ellos suponen la potenciación de la dimensión económica e internacional de aquél.

La visión ha de ser específica para cada sector de las dos aproximaciones en el momento en el que estamos en Internet. Como en el análisis de la competencia, debemos en primer lugar ver cuál es el mercado relevante para cada producto para posteriormente analizar cuál es su momento de desarrollo y cuál es la posición en la oferta y la demanda.

Precisamente estas nuevas formas de relación y transacción, así como esta faceta internacional del fenómeno Internet que se regula por la fuerza de los agentes que intervienen son el reto de los reguladores actuales, que deberán considerar si es necesario regular y, en su caso, cuáles son las mejores formas de regulación.

CAPÍTULO 7

LAS ADMINISTRACIONES PÚBLICAS Y LA RED: ¿UNA REVOLUCIÓN POSIBLE?

MARIE-JOSÉ GAROT

1. Introducción

Como es bien sabido desde hace varios siglos, la democracia depende fundamentalmente de la capacidad de los ciudadanos de tomar parte en el debate político. Lo que supone naturalmente poder expresarse en este debate político (tener espacios de debate público) y poder debatir, es decir tener informaciones sobre los asuntos públicos en un sentido amplio e (idealmente) tener un intercambio de opiniones con los poderes públicos.

En este sentido, el derecho de acceso a la información pública aparece sin lugar a dudas como un derecho constitutivo de la ciudadanía moderna, tal como se proclama desde 1789 en la Declaración Francesa de los Derechos del Hombre y del Ciudadano.[1] Este derecho ha evolucionado y aparece hoy en día bajo la forma de un derecho general de acceso a los documentos administrativos en sentido amplio, reconocido tanto a nivel nacional[2] como internacional.[3] Además, los ciudadanos tienen la obligación de co-

1. Según el artículo 15, «la sociedad tiene derecho a pedir cuentas a cualquier agente público de su administración».

2. Véase la Constitución española de 1978, artículo 105.b. En Francia, la Constitución no proclama tal derecho pero las leyes lo ponen en práctica (ley de 1978, 1979 y 2000).

3. Véase el Tratado de Amsterdam de 1997, artículo 255 TCE: «Todo ciudadano de la Unión, así como toda persona física o jurídica que resida o tenga su domicilio social en un Estado miembro tendrá derecho a acceder a los documentos del Parlamento Europeo, del Consejo y de la Comisión, con arreglo a los principios y las condiciones que se establecerán de conformidad con los apartados 2 y 3».

nocer la ley, obligación expresada por el adagio francés según el cual *nul n'est censé ignorer la loi*. Esta obligación impone a los poderes públicos otra obligación, la de publicar las leyes, es decir, hacerlas accesibles a todos. La publicación de estos textos los vuelve oponibles a terceros. Indudablemente, el desarrollo de Internet, definido como un nuevo medio *sui generis* de comunicación, sirve este objetivo, propio de las sociedades democráticas, y obliga a repensar las relaciones entre la administración y sus ciudadanos. Ya son numerosos los Estados occidentales que se han dado cuenta de la oportunidad —tanto para la mejora de sus relaciones con sus administrados, como para sus finanzas— que representa Internet y han puesto sus administraciones *on line*, contribuyendo así a acercar de manera general la administración a sus ciudadanos. Facilita en efecto la información sobre la actividad administrativa y contribuye así a una mayor transparencia de la acción administrativa. Todo ello contribuye sin lugar a dudas al reforzamiento del carácter democrático de esos Estados. Gracias a Internet «es toda la actividad del Estado que está llamada a transformarse para responder a las exigencias democráticas: administración transparente y más asequible, difusión más amplía de datos jurídicos, modernización del servicio público y reforma de la organización y del funcionamiento mismo del Estado».[4]

Casi como siempre, Estados Unidos fue precursor: además de los gobiernos locales (a cualquier nivel que sea: municipio, condado, gobierno del estado federado...), el gobierno de los Estados Unidos puso recientemente a disposición del público americano nuevos medios de navegación en el seno del laberinto burocrático gracias a «FirstGov».[5] Este sitio, inaugurado el 20 de septiembre de 2000, permite a los americanos tener acceso a informaciones y servicios oficiales de forma permanente. Este portal ofrece el acceso a 27 millones de páginas de información en los 20.000 sitios del gobierno federal americano. En la Unión Europea, la Comisión fomentó la creación de una iniciativa e-Europa, cuya finalidad es promover una mayor utilización de las tecnologías numéricas en toda Europa y dar a todos los Europeos los conocimientos necesarios para utilizarlas. Uno de los objetivos de esta inicia-

4. Jean-Yves Capul, Société de l'Information et diffusion des données publiques, Les Cahiers Français, n.º 295, abril-mayo 2000, p. 99.
5. *http://firstgov.gov/*

tiva es contribuir a poner en línea las administraciones de la Unión misma y de los Estados miembros, a fin de hacer las informaciones públicas más asequibles, extendiendo y simplificando el acceso a Internet. Los Estados miembros no esperaron a esta iniciativa para poner sus propias administraciones en línea. Todos tienen sitios en la red relativos a su actividad administrativa.

Sin embargo, Internet no se limita a facilitar el acceso a los documentos administrativos. Según varios políticos (como el ex-vicepresidente de Estados Unidos Al Gore) y algunos autores, Internet contribuye a crear un nuevo lugar de debate entre los gobernantes y los gobernados y en última instancia una nueva esfera pública. Gracias a su carácter «interactivo», Internet permitiría un verdadero debate público.

La apertura de las administraciones, gracias a Internet, plantea una serie de cuestiones. En efecto, conviene identificar y definir primero cuáles son las administraciones que ofrecen información pública en la red, qué tipo de información se propone, según qué método y quién tiene acceso a esta información. La apertura de las administraciones a la red tiene ya una historia, que se puede analizar a través de varias etapas y de varios objetivos (información, comunicación y transacción). Esta primera parte dedicada en gran medida a definir los diferentes conceptos en presencia parece necesaria para demostrar los desafíos que plantea Internet a los Estados y a la democracia en general. Hay que comprobar además si la puesta en línea de las administraciones contribuye a reforzar la democracia en los países en cuestión y si se puede hablar, de qué manera y hasta qué punto, de una nueva forma de democracia.

2. Los nuevos retos de las administraciones del siglo XXI

François Xavier Chevallerau define el e-gobierno como «la utilización de las tecnologías de la información y de la comunicación para asistir y optimizar la gestión de los asuntos públicos, en sentido amplio»—.[6] El análisis de sus elementos permite demostrar la relevancia y la pertinencia de un estudio de las relaciones entre las

6. François-Xavier Chevallerau, «E-gouvernement et logique de marché.» en *Le Monde*, 29 de mayo de 2001.

administraciones y los ciudadanos. Se trata de mostrar en efecto que Internet puede influir sobre la organización de todos los poderes del Estado (ejecutivo, legislativo y judicial), a cualquier nivel que estén (local, regional, nacional) y afectar así las relaciones entre la administración del Estado *lato sensu* y los ciudadanos.

2.1. «Administración» en sentido amplio

Sin pretender realizar un estudio exhaustivo de los derechos públicos vigentes en los países occidentales,[7] se pueden destacar varios criterios de definición del término «administración» o «sector público»: un enfoque funcional, según el cual el sector público está definido por el derecho administrativo como los organismos a los cuales el derecho confiere explícitamente la autoridad del Estado o la ejecución de las tareas de servicio público; un enfoque institucional, que enumera explícitamente los organismos incluidos en el campo de aplicación de una ley específica (ministerios, entidades locales, tribunales, órganos legislativos) y un enfoque financiero, según el cual el sector público incluye todos los organismos esencialmente financiados por fondos públicos (es decir, que no funcionan según las reglas del mercado). Para nuestro estudio, vamos a retener la definición institucional que aparece como la que agrupa el número mayor de Estados.

Como en Estados Unidos, donde el sector público se ha abierto rápidamente a la red electrónica, la mayor parte de los Estados miembros de la Unión Europea no se ha quedado con los brazos cruzados. A nivel nacional, los gobiernos tomaron varias iniciativas reglamentarias a fin de introducir Internet en las administraciones centrales. En España, por ejemplo, en el marco del programa PISTA,[8] se ideó «el concepto de "ventanilla

7. Nos referimos a estos Estados simplemente porque es allí donde los cambios implicados por Internet, calificados algunas veces de revolucionarios, son más visibles.

8. El objeto del programa PISTA es promover e incentivar el uso de las telecomunicaciones a través de las autopistas de la información mediante la implantación de pilotos operativos de telecomunicaciones avanzadas en diferentes ámbitos, uno de los cuales es la administración. Véase también el Real Decreto 263/1996 del 16 de febrero por el que se regula la utilización de técnicas electrónicas, informáticas y telemáticas por la Administración General del Estado, BOE n.º 52, 29/02/96.

Única" que interrelaciona a través de redes digitales a las administraciones generales del Estado, autonómica y local para prestar un servicio más cómodo y más rápido a los ciudadanos en relación con la administración».[9] En 1999, se creó la Comisión Interministerial de la Sociedad de la Información y de las Nuevas Tecnologías cuyos objetivos son la promoción, el estímulo, el impulso y el fomento de las tecnologías de la Sociedad de la Información y su uso generalizado por la administración pública en beneficio de ciudadanos y empresas, creando el marco normativo apropiado y asegurando la mayor atención de la administración a las necesidades de la sociedad.[10]

Otro ejemplo: en Francia, el gobierno ha lanzado un programa de acción gubernamental para la sociedad de la información (PAGSI) en enero de 1998. Entre los objetivos de este programa, se encuentra el de modernizar los servicios públicos: recurso sistemático a los estándares de Internet, formación de los agentes, desarrollo de los procedimientos electrónicos. En el marco de este programa, el primer ministro francés ha fomentado ampliamente la apertura de las administraciones centrales y locales a Internet.[11] Asimismo, fue creado por el secretario general del Gobierno un sitio Internet, Legifrance, que tiene como vocación publicar gratuitamente los datos jurídicos públicos (esencialmente el Diario Oficial de la República Francesa). El sitio Admifrance publica gratuitamente los informes oficiales encargados por el primer ministro o sus ministros a un parlamentario en misión, al Consejo de Estado o a cualquier organismo público.

En el ámbito local, se puede destacar la iniciativa de la Generalitat Valenciana, Infoville[12] cuyo principal objetivo es acercar los ciudadanos a la Sociedad de la Información dentro de ciertos mu-

9. Véase H. Casado López, «Las administraciones públicas frente a los retos del siglo XXI», *Actualidad Informática Aranzadi*, enero 2001, n.° 38, p 13.

10. H. Casado López, p. 14.

11. Circular del 17 de diciembre de 1998 relativa a la difusión de los datos jurídicos en los sitios Internet de las administraciones, circular del 31 de diciembre de 1999 relativa a la ayuda a los procedimientos administrativos en Internet, reglamento del 16 de junio del 2000 relativo a la habilitación de los sitios Internet de los servicios del Estado a difusar formularios administrativos, decreto n.° 2000-1167 del 1 de diciembre del 2000 relativo a la creación de una misión interministerial sobre el acceso público a la micro-informática, a Internet y a los multimedia.

12. *http://www.gva.es/valencia/index.html*

nicipios de la Comunidad. Infoville no es sólo un sitio *web* del gobierno de la ciudad, sino también un portal que ofrece un amplio abanico de informaciones y servicios tanto del sector público como del sector privado. Desde 1996, 10 municipios se han beneficiado de Infoville. Más en general, un estudio realizado por *El País*[13] muestra las diferencias que pueden existir de una *web* municipal a otra en España y ofrece también datos comparativos con otros países europeos y Estados Unidos. Barcelona es de lejos la ciudad que ofrece más posibilidades de trámites administrativos en línea, con 52 servicios. Luego vienen Madrid (21), Logroño (10), Santander (10), Valencia (9). Por otro lado, Alicante es la ciudad que proporciona el número más alto de impresos vía Internet. Barcelona, en cambio, no permite descarga de impresos en la red. En el mismo orden de ideas, en plena *douce France*, el sitio *web* de Parthenay ofrece también este tipo de información y servicio[14] y ha sido objeto de numerosos estudios.[15]

Sin embargo, la apertura de las instituciones públicas a Internet no se refiere sólo al poder ejecutivo sino también a los dos otros poderes, legislativo y judicial. A este respecto, un estudio muy interesante llevado a cabo en 178 países en todo el planeta[16] y analizado, entre otros, por Pippa Norris de la John F. Kennedy School of Government de la Universidad de Harvard, muestra que más de la mitad de estos Estados (55 %) tienen un parlamento con un sitio *web*. Por supuesto, Escandinava, América

13. Cyberpaís, 5 de julio del 2001.

14. *http://www.district-parthenay.fr*

15. Véase por ejemplo Denis Labayle *La France de l'Audace*, Éditions Seuil, 1999; o una obra colectiva, *Cyberplanète, notre vie en temps vrtuel*, Ed. Autrement, 1998, Alain Lefebvre y Gaëtan Tremblay *Autoroutes de l'Information et dynamiques territoriales* Éditions Presses de l'Université du Québec et Presses Universitaires du Mirail, 1998.

16. Análisis realizado a partir de los estudios del Goverment on line, G-8 project april 1999, *www.open.gov.uk/govonline/isu2.doc,* del US office of intergovermental solutions, *http://policyworks.gov/org/main/mg/intergov/home.htm* y de la OCDE, Public Management Service (PUMA), 1999: *Impact of the Emerging Information Society on the Policy Developpement Process and Democratic Quality*, París, *www.oedc.org/puma*. Para un análisis a partir de estos estudios, ver Pippa Norris, *Democratic Divide?, The Impact of the Internet on Parliaments Worlwide*, *www.pippanorris.com* (presentado por primera vez en 2000) (este artículo será publicado en 2001 Pippa Norris, *Digital Divide? Civic Engagement, Information Poverty and the Internet Worlwide,* Cambridge University Press).

del Norte y Europa occidental son las regiones con el mayor número de sitios parlamentarios; África subsahariana y América del Sur son las regiones con el menor número de sitios *web*. Ni que decir tiene que el contenido de la información ofrecida en estos sitios *web* cambia de un sitio a otro, fundamentalmente según el régimen político del Estado en cuestión.

El poder judicial no se quedó al margen de esta revolución. En el plano europeo, por ejemplo, el Tribunal de Justicia de las Comunidades Europeas ofrece unas páginas *web* muy completas con una presentación de la Institución (publicaciones, estadísticas judiciales), una rúbrica dedicada a la prensa y de información, otra rúbrica de jurisprudencia reciente, otra sobre la biblioteca, otra titulada «Investigación y Documentación». En esta rúbrica, se pueden encontrar enlaces con los sitios de carácter institucional o jurídico de los Estados miembros de la UE.[17] En España, se pueden consultar los sitios de diversas instituciones como el Consejo de Estado o el Tribunal Constitucional; en Francia, el Conseil Constitutionnel, el Conseil d'Etat o la Cour de Cassation. Generalmente, son los órganos más altos en la pirámide judicial los que tienen sitios *web*. Sin embargo, no todos los sitios ofrecen el mismo tipo de prestaciones, que varían de una simple presentación a una verdadera fuente de investigación (jurisprudencia, textos legales, publicaciones, etc.).

2.2. ¿Qué tipo de información?

La información, administrativa o no, ofrecida por el sector público en la red responde a diversos fines: información, comunicación y transacción. El Libro Verde de la Comisión Europea de 1998 muestra los servicios posibles ofrecidos en la red y su sector de aplicación. La Comisión distingue tres campos en los cuales la información, la comunicación y la transacción son posibles, y son fomentados gracias a Internet: vida cotidiana, teleadministración y participación política. En la vida cotidiana, los servicios de información pueden ser sobre el trabajo, el alojamiento, la educación, la salud, la cultura, los transportes, el medio ambiente; los servicios de comunicación pueden fomentar

17. *http://curia.eu.int/common/recdoc/liens/etat-ue*

los foros de discusión sobre los temas precedentes (educación, cultura, salud...) y los servicios de transacción permiten por ejemplo reservar billetes, entradas, inscribirse a clases, etc. En el campo de la tele-administración, los servicios de información pueden ofrecer un elenco de los servicios públicos, una guía de los procedimientos administrativos, o registros y bancos de datos públicos.[18] Siempre en este campo, los servicios de comunicación permiten contactar por correo electrónico con los funcionarios y los servicios de transacción por el envío electrónico de formularios. Por último, en el ámbito amplio de la participación política, los servicios de información pueden ofrecen un acceso a las leyes, a los documentos parlamentarios, a programas políticos, a documentos de consulta... Los servicios de comunicación pueden a la vez fomentar los foros de debate sobre cuestiones políticas y el contacto con los responsables políticos. Los servicios de transacción permiten participar en refrendos, elecciones y sondeos de opinión.

Sin embargo, el tipo de información ofrecido por las administraciones públicas en la red no se define de modo uniforme.[19] Frente al riesgo de perderse estudiando los diversos casos en los países occidentales, el Libro Verde de la Comisión Europea sobre la Información del Sector Público en la Sociedad de la Información de 1998[20] ayuda a encontrar una definición de la «información pública» en la Unión Europea, haciendo comparaciones con la reglamentación americana. Ahora bien, es conveniente recordar que la información está sometida a limitaciones cuando su contenido requiere que la información no sea publicada esencialmente por razones de seguridad pública o cuando se trata de una información nominativa.

18. Véase, a este respecto, las cada vez más numerosas experiencias fomentadas por los gobiernos locales.

19. Por ejemplo, el primer ministro francés definió en 1994 los datos públicos como «los datos recogidos o producidos en el marco de su misión por un servicio público con fondos públicos». Este nuevo concepto se refiere a la emergencia de un mercado de la información que se convierte en un recurso estratégico de cara a las empresas y al mismo tiempo una materia prima que puede dar luz a una nueva actividad económica.

20. La Información del sector público: un recurso clave para Europa. Libro Verde sobre la Información del Sector Público en la Sociedad de la Información. COM (1998), 585.

A su vez, la Comisión Europea distingue entre información administrativa e información no administrativa. La información administrativa se refiere a la función misma del gobierno y de la administración mientras que la otra categoría reagrupa la información sobre el mundo exterior que se encuentra en la ejecución de las tareas públicas (información geográfica, información de tráfico, información sobre las empresas, la investigación...). Dentro de la información administrativa, hay que distinguir a su vez entre la información fundamental para el funcionamiento de la democracia (leyes, resoluciones de los tribunales, información parlamentaria) y la información que no tiene tal carácter.

En principio, la difusión de la información esencial es de la única competencia del sector público. La Unión Europea y especialmente la Comisión se preocupó desde 1998, en su Libro Verde, de la difusión de los datos públicos por parte del sector privado. Argumenta que la puesta a disposición de la información pública es una condición previa a la competitividad de la industria europea, y un derecho a la transparencia de los ciudadanos. La Unión Europea se muestra, pues, bastante favorable a la difusión de estos datos por parte del sector privado, aunque todavía no existe una legislación europea a este respecto. Cada Estado miembro actúa como prefiere. Por eso, existen diferencias entre los Estados miembros, básicamente entre los que distinguen entre el acceso (abierto) y la difusión (por parte del sector público exclusivamente, o por el sector privado también) y los demás, que no operan esta distinción. Pero no existe en Europa casi ninguna regla relativa a las condiciones de explotación de la información del sector público por parte del sector privado. En 1989, la Comisión editó unas líneas directrices para la sinergia entre los sectores públicos y privados sobre el mercado de la información. El Ministerio del Comercio y de la Industria del Reino Unido produjo unas líneas directrices parecidas en 1985. Después en 1994, el primer ministro francés publicó una circular[21] y en 1997, el gobierno holandés un

21. Circular del 14 de febrero de 1994 relativa a la difusión de los datos públicos («circular Balladur»). Según ésta, la comercialización de los datos públicos no se inscribe en la vocación primera de una colectividad pública, la detención de informaciones por parte de una administración no le da derecho a explotar directamente de forma comercial. Esta administración debe, incluso, confiar la difusión de estos datos o bien a operadores privados, o bien a organismos públicos que tienen una misión de información. Sin embargo, ninguna regla jurídica, ni ningún principio general del derecho prohíben tal difusión.

memorando. La problemática es la siguiente: teniendo en cuenta la diversidad de los datos y de las informaciones públicas (normas jurídicas y técnicas, información sobre el tiempo, el tráfico, datos económicos y estadísticas, información administrativa, informaciones que facilitan la vida cotidiana), ¿cuál es la obligación de las administraciones públicas? ¿Existe una obligación de facilitar el acceso a esta información tanto como de difundir esta información? ¿Dónde empieza la competencia desleal con las iniciativas del sector privado? Respecto a estas cuestiones, dos enfoques se oponen: el uno privilegia el interés general y las misiones de servicio público, y el otro la afirmación del respeto al derecho de competencia y de la libertad de empresa.

Según el primer enfoque, las administraciones cumplen su misión de servicio público cuando difunden los datos que recogen o producen. La difusión representa en algunos casos una obligación legal, como la publicidad de una norma condiciona la creación de derechos o de obligaciones para los terceros. Siempre según este enfoque, el acceso a la norma jurídica constituye un servicio público esencial, lo que hace de la difusión de ésta una actividad que entra en el ámbito legítimo de las entidades públicas.

El enfoque opuesto pone de manifiesto el derecho a la competencia y la libertad de empresa para exigir el libre acceso a los datos públicos por parte del sector privado a quien debe corresponder su explotación comercial. Los actores privados han denunciado la tentativa de la administración de pasar del monopolio de la recogida de la información al monopolio de su difusión, aprovechándose de las finanzas para subvencionar una actividad comercial y falsear así la competencia. En esta óptica, la administración tendría sólo que publicar «fuentes primarias», «datos brutos» y dejar al sector privado las actividades de enriquecimiento intelectual o documental (interpretación, comentarios, puesta en forma, edición). Esta óptica liberal encuentra su fuente en la práctica americana de puesta de disposición de los datos públicos al beneficio del sector privado. En este caso, se trata más de una cultura política que de una ideología económica. La concepción americana se basa sobre la idea de que no corresponde a la administración la elección entre lo que hay que difundir y lo que no merece ser difundido. En efecto, por sus elecciones y sus interpretaciones, la administración podría orientar, e incluso pervertir el debate democrático. Esta práctica se funda en la primera enmienda, que quiere asegurar un verdadero derecho a la información, condición de la libertad de expresión.

2.3. Una oferta de información desarrollada en varias etapas

Los tres tipos de servicios (información, comunicación y transacción) que se encuentran en los tres campos de aplicación (vida cotidiana, tele-administración y participación política) se han desarrollado en los países en cuestión, y lo siguen haciendo, en diversas etapas. Un estudio de *The Economist*[22] muestra los diversos momentos clave de puesta en línea de las administraciones. La primera etapa se refiere esencialmente a los servicios de comunicación ofrecidos por los ministerios y las agencias. Se trata de un tipo de comunicación en sentido único. La segunda etapa se refiere a la apertura de estos servicios que se convierten en servicios de transacción (posibilidad de realizar operaciones con la administración sin desplazarse, telefonear, escribir). Pero, a pesar de que la comunicación durante esta etapa se convierta en comunicación en doble sentido, la transacción se limita a cosas muy concretas (por ejemplo, comunicar un cambio de dirección). La tercera etapa, comenta *The Economist*, empieza a ser más interesante, porque los servicios de transacción se extienden. Los sitios *web* permiten un intercambio formal, cuantificable de valores. Es ahora posible renovar un permiso de conducir, pagar un tributo o inscribirse a clase. Estos sitios se encuentran más a nivel local que nacional. Lo interesante de estos sitios es que empiezan a poner en cuestión las prácticas y los procedimientos tradicionales de trabajo en las administraciones públicas. Los funcionarios tienen, en efecto, que adaptarse a estas nuevas tecnologías, que por otra parte cambian sus relaciones con los ciudadanos. La última etapa sigue en esta dirección y parece «acabar esta revolución». No sólo existen sitios *web* que ofrecen servicios de información, comunicación y transacción, sino que se crean ahora portales que integran el conjunto de los

22. *The Economist*, 24 de junio de 2000, «Survey Government and the Internet», p. 10.

servicios administrativos y ofrecen un paso hacia ellos según las necesidades y las funciones, ya no más según el ministerio o el tipo de servicio público en cuestión. Lo que facilita indudablemente el acceso a la información y a la comunicación con las administraciones públicas. Los pioneros en este tipo de sitios fueron Australia y Singapur. Ahora, numerosos países han tomado la iniciativa en este sentido, como Estados Unidos con el portal FirstGov,[23] presentado como una herramienta indispensable para poder navegar en el laberinto burocrático. En la Unión Europea,[24] salvo Alemania e Italia, casi todos los Estados tienen un portal que da acceso a buena parte de las administraciones públicas. Naturalmente, tanto el número de enlaces y el volumen como el tipo de información varían de un Estado a otro. Por ejemplo, el portal del gobierno británico[25] da acceso a todos los sitios relacionados con diversos aspectos de la vida pública en el Reino Unido, desde los servicios de la administración central hasta las entidades locales y las ONG.

2.4. ¿Quién se beneficia de la apertura de las administraciones?

Después de haber definido el tipo de administración al cual se refiere la puesta en línea y el tipo de información ofrecido, es interesante estudiar a quién se dirige esta apertura. Se podrá hablar de «revolución» sólo si concierne a una gran parte de la población. Las cifras hablan por sí mismas. En la Comunicación de la Comisión al Consejo y al Parlamento, en vista del Consejo Europeo de Estocolmo, en el marco de la iniciativa e-Europa 2002,[26] se observa que más de un tercio de los hogares en la Unión Europea están conectados a Internet. La tasa de penetración de Internet en los hogares creció del 18 al 28 % entre marzo y octubre de 2000.[27] A pesar de las diferencias entre Estados

23. *http://firstgov.gov*

24. Ver *http://www.europa.eu.int/abc/gouvernements*
Esta dirección ofrece enlaces con las administraciones de los Estados miembros.

25. *http://www.open.gov.uk*

26. COM (2001) 140 final del 13 de marzo de 2001: Comunicación en vista del Consejo Europeo de Estocolmo del 23 y 24 de marzo del 2001. e-Europe 2002, Impacto y prioridades.

27. Eurobarómetro, octubre del 2000.

miembros, los Estados en los cuales la tasa de penetración era más baja registraron un crecimiento más rápido.[28] Sin embargo, la tasa de acceso de los ciudadanos europeos a Internet es superior a este 28 % porque mucha gente tiene acceso fuera de su casa (en el trabajo, en el colegio, etc...). En definitiva, el total general de usuarios[29] de Internet en la Unión Europea representa más del 40 % de la población total. El coste de acceso a Internet puede explicar en parte el nivel de usuarios. En efecto, entre marzo y septiembre del 2000, el coste de acceso ha bajado de un 8,6 % para el uso doméstico y de un 23 % para las empresas.[30] La tendencia es sin lugar a dudas a ampliar cada vez más el acceso a Internet y, por consiguiente, la onda expansiva de la revolución tecnológica en las administraciones y en el sector público.

Sin embargo, comenta Julián Valero Torrijos, «una de las principales limitaciones jurídicas con que se encuentra la utilización de tales técnicas por la administración pública consiste en la prohibición de que su implantación conlleve "restricciones o discriminaciones de cualquier naturaleza en el acceso de los ciudadanos a la prestación de servicios públicos o a cualquier actuación o procedimiento administrativo", exigencia que si bien está prevista únicamente para la administración general del Estado, debe entenderse aplicable en cualquier otro ámbito sin necesidad de que esté expresamente consagrada en norma positiva alguna pues, en el caso de las restricciones, hay que considerar que su prohibición constituye una garantía ínsita en el ejercicio de cualquier derecho y sólo puede ser condicionada por la concurrencia de un bien jurídico superior cuya protección justifique la limitación, mientras que la interdicción de la discriminación se encuentra garantizada directamente por la Constitución».[31]

28. Los Estados más conectados son: Dinamarca, Países Bajos y Suecia (más del 50 %), los menos conectados son: Grecia (un poco más del 10 %), España (alrededor del 15 %), Francia y Portugal (casi el 20 %).

29. Un usuario regular es una persona que utiliza Internet al menos una vez a la semana.

30. OCDE, *Communications Outlook*, 2001.

31. Julián Valero Torrijos, «España: las relaciones con la administración pública mediante sistemas electrónicos, informáticos y telemáticos», en *Revista Electrónica de Derecho Informativo*, n.º 24, julio 2000.
http//: publicaciones.derecho.org/redi/

En efecto, el cada vez mayor acceso a Internet, y por consiguiente a las administraciones *on line*, no debe hacer olvidar el resto de la población que no está conectado y que merece un trato similar en sus relaciones con las administraciones. Las nuevas tecnologías no deben generar nuevas discriminaciones, sobre todo en el ámbito de las relaciones de los ciudadanos con sus administraciones que representa sin lugar a dudas un elemento fundamental y constitutivo de nuestras democracias. Los excluidos de las nuevas tecnologías no deben ser también los excluidos de la democracia.

Al estudiar los diferentes conceptos en juego en el marco de la apertura de las administraciones a Internet, se da cuenta de los desafíos que representa la llamada «revolución tecnológica» en el sector público y sobre todo su amplitud.

3. ¿De la revolución hacia una nueva era: la ciberdemocracia?

La apertura de las administraciones a Internet lleva ampliar el debate, es decir, a interrogarse sobre sus finalidades y, por consiguiente, sobre el advenimiento de un nuevo tipo de democracia, o por lo menos de una nueva esfera pública. Como dice el optimista Pierre Lévy, «Internet abre un nuevo espacio de comunicación, inclusivo, trasparente y universal, que está llamado a renovar profundamente las condiciones de la vida pública en el sentido de una libertad y de una responsabilidad mayores de los ciudadanos».[32]

La trasparencia participa fundamentalmente de la democracia. Lo demuestra lo contrario: una sociedad cerrada no puede ser democrática. La participación de los ciudadanos en el porvenir de su comunidad política (en principio, se trata de un Estado) depende, en gran medida, no sólo de los medios puestos a disposición para su participación (elecciones, referéndum, sistema político con finalidades democráticas), sino también de la información de que disponen sobre las diversas actividades del Estado.

32. Pierre Lévy, *Etude sur la gouvernance européenne et la démocratie*, 30 de enero de 2001, Estudio que se puede encontrar en *www.europa.eu.-int/comm/governance/areas/group1/index_fr.htm*

En el caso de Internet, se habla cada vez más de una «ciberdemocracia»: si no de un aparentemente nuevo tipo de democracia, por lo menos de una nueva herramienta al servicio de la democracia. Internet permitiría «revitalizar» los procesos democráticos, considerados en crisis en este principio de siglo. Antes de caer en un optimismo ingenuo, conviene no sólo estudiar si existen efectivamente criterios para medir la influencia de Internet sobre los procesos democráticos y sus resultados (los objetivos de la apertura), sino también las reglas utilizadas a este fin. Parece evidente, según los análisis de J. Habermas, que la democracia consiste básicamente en establecer reglas que permitan la participación del mayor número de ciudadanos en la definición del futuro de su comunidad (vista desde una perspectiva muy general). Habrá que comprobar si Internet contribuye a crear una nueva esfera pública, un nuevo foro de diálogo, instrumento esencial a toda sociedad democrática.

3.1. Información y democracia

Internet aparece indudablemente como un nuevo medio al servicio de una extendida difusión de información, de cualquier tipo que sea. Los poderes públicos lo han entendido más o menos rápidamente. Y así Internet se presenta como un nuevo instrumento al servicio de la democracia. En efecto, la democracia no puede vivir sin una información amplia relativa a las actividades administrativas, legislativas y judiciales de los poderes públicos. Ya lo decía Thomas Jefferson, padre de la democracia americana, en 1787: «El pueblo es el único censor de los gobernantes, e incluso sus errores les mantendrían en los verdaderos principios de sus instituciones. Castigar sus errores de modo demasiado severo suprimiría los únicos salvaguardias de la libertad pública. El modo de impedir esas interposiciones irregulares del pueblo es darle plena información de los asuntos públicos a través del canal de los papeles públicos y de asegurarse de que estos papeles alcanzarán al conjunto del pueblo» (Thomas Jefferson a Edward Carrington, 1787). La información de los ciudadanos favorece indudablemente la posibilidad de control sobre la actuación de los poderes públicos, y de forma más amplia su participación en la vida política. Sin información, crítica o neutra, sobre las actividades públicas, es evidente que los ciudadanos no pueden interesarse en la vida política de su comunidad. En el siglo XVIII, Jefferson atribuía a la prensa este trabajo de información, y por eso militaba a favor de la libertad de prensa. Le parecía un instrumento básico y fundamental de toda sociedad que se reclame democrática.

En esta lógica, Internet parece favorecer la información de los ciudadanos, fomentando su difusión y su acceso. Se puede decir que todos los autores que se interesan en el fenómeno de Internet están de acuerdo sobre este aspecto, tal como resume Roger Hurwitz del MIT Artificial Intelligence Laboratory: «Internet ha sido especialmente fuerte para facilitar un acceso más rápido y más completo que los medios convencionales a la información política y del gobierno a nivel local, nacional e internacional. Hay una gran democracia en lo que es disponible: si los documentos (textos, clips vídeo y audio) son legibles por máquina, y si los gobiernos o los grupos políticos tienen un servidor y la voluntad de publicarlos, entonces las barreras son pocas para ponerlos en línea».[33]

3.2. Más allá de la simple información: ¿una nueva esfera pública?

Pero, Internet no se limita únicamente a ampliar la información de los ciudadanos. En este caso podría aparecer como un simple nuevo medio de comunicación como puede ser la prensa, la radio o la televisión. En efecto, no hay que olvidar una segunda característica de Internet: es «interactivo», y gracias a eso, puede constituir un lugar de debate, un foro, una nueva ágora gracias a los *chats* o a los «grupos de correo». «Usenet»[34] es uno de los más conocidos foros de discusión. Según el sociólogo francés Olivier Blondeau, «Usenet ha sido pensado como un espacio de libertad de expresión y de democracia

33. Roger Hurwitz, *Who needs politics? Who needs people? The ironies of Democracy in Cyberspace*, Contemporary sociology, noviembre de 1999, vol. 28, n.º 6, p. 657.

34. Usenet se define como un conjunto de personas que intercambian artículos marcados por una o más «etiquetas» universalmente conocidas, los *news groups*.

total en el cual cada uno sería a la vez personal y colectivamente responsable de sus actos y de sus palabras».[35]

Sin embargo, es difícil definir estos foros, como analiza María Luisa Fernández Esteban: «La comunicación de un usuario a un grupo de usuarios a través de los boletines se asemeja más bien a los medios de comunicación tradicionales, como los periódicos, la televisión o la radio. La comunicación entre un usuario y otro, o uno a varios o muchos, como los foros de discusión, es difícil de describir. Quizá el símil más parecido sea la discusión en la plaza pública o una suerte de Hyde Park al fin del milenio... La convergencia entre medios de comunicación interpersonales y medios de comunicación de masas que supone Internet presenta un aspecto de sumo interés: el intercambio de papeles entre los productores y los receptores de contenido. Uno de los aspectos más interesantes de Internet es que un usuario puede convertirse en un productor, en un emisor de información».[36] La emisión de información por parte del usuario «individual» se puede realizar a través de los debates, cuya iniciativa puede tener cualquier origen: de las instituciones mismas,[37] de los ciudadanos (individualmente o reunidos en asociaciones o en ONG por ejemplo). Así, como comenta Thierry Vedel: «Internet tiene la ventaja de ser un foro abierto a las corrientes de opinión mal o nada representadas en el espacio público tradicional, que pueden así inscribir en la agenda pública las cuestiones dejadas por los partidos políticos o por los medios de comunicación.»[38]

35. Olivier Blandeau, «Usenet, l'utopie du réseau», *Le Monde Interactif*, 14 de marzo de 2001, p. VII.

36. María Luisa Fernández Esteban, *Nuevas tecnologías, Internet y derechos fundamentales*, Mc Graw Hill, 1998, p. 26 (179 pp.). Para una tipología de las comunicaciones a través de Internet, véase Tito Ballarino, *Internet nel mondo della legge*, CEDAM, Padova, 1998, p. 23 y siguientes (343 pp.): reseña cinco categorías básicas de comunicación a través de Internet: 1) mensajes *one-to-one* (correo electrónico), 2) mensajes *one to many* (como el servicio listserv), 3) distribución de mensajes sobre base de datos (como los grupos de información USENET), 4) comunicación en tiempo real (como la Internet Relay Chat), 5) repertorio de informaciones (como *ftp, gopher* y el *world wide web.*

37. Véase el debate sobre el futuro de Europa que lanza la Comisión europea en el sitio *web* de la Unión Europea *(europa.eu.int).*

38. Thierry Vedel, «Une nouvelle société de l'information. Internet de la démocratie, in L'Internet», *Cahiers français*, n.º 295, p. 25

Internet favorece, gracias a los *chats* y a los foros, la emergencia de nuevas comunidades, regidas por sus propias reglas, entre las cuales destacan las de una democracia absoluta. Andrew Shapiro demuestra que, paradójicamente, las comunidades que fomenta Internet se crean a nivel local y no internacional como podía hacer pensar la característica «sin fronteras» de Internet y como podrían esperan los ciberrománticos. Así, comenta Shapiro, «tenemos que reconocer, por razones personales y sociales, la importancia de concentrarse en lo local. Para la mayoría de nosotros, es donde encontramos un verdadero sentido de pertenencia; las experiencias compartidas, aunque si no son ideales, crean un sentido de compromiso. Para todos, es donde la democracia y la justicia deben primero ser alcanzadas; tener nuestro propio hogar en orden es siempre la primera prioridad. Tenemos entonces que utilizar Internet como un vehículo no sólo para unas escapadas ocasionales, pero para reforzar nuestro compromiso local *on line* y *off line*».[39] Los ejemplos que confirman esta afirmación no faltan, tanto en el continente americano como en Europa. Lo que demuestran, siempre según el sociólogo Blondeau, es que «esta utopía total que atraviesa hoy las redes telemáticas, lejos de constituir un modelo deseable de gobierno, es un poderoso revelador alrededor del cual se cristalizan nuevas representaciones, nuevos valores y nuevas prácticas políticas».[40]

Internet constituye, pues, una oportunidad fantástica de volver a pensar las reglas del juego político, principalmente a nivel local. «En este espacio de comunicación electrónica, cada individuo puede apropiarse un campo de discusión o de saber controlado durante mucho tiempo por las grandes instituciones que son los gobiernos, las empresas y los medias. En particular, este fenómeno pone en cuestión el papel de los intermediarios o de los portavoces tradicionales de la sociedad: los periodistas para acceder a la información, los distribuidores para llegar al consumidor final o el alcalde para animar el

39. Andrew Shapiro, *The Control Revolution: how the Internet is putting individuals in charge and changing the world we know*, 1999, 288 pp. Véase, capítulo 20, «Surf Globally, network locally», p. 209.

40. Olivier Blondeau, Usenet, l'utopie du réseau, *Le Monde Interactif*, 14 de marzo de 2001, p. VII

debate democrático local.»[41] El papel del ejecutivo local es determinante en el fomento de estos cambios. La mejora de la democracia local vía Internet no se puede producir sin una voluntad política determinada. Se trata de proceder a la descentralización de las decisiones municipales otorgando un sitio amplio a los debates de ideas entre los habitantes, las asociaciones, y las empresas locales. En consecuencia, para el alcalde, no se trata de afirmar los derechos y los deberes de la democracia, sino de favorecer la acción ciudadana, dando a los habitantes los medios de expresar concretamente sus reivindicaciones. «En estas condiciones, el funcionamiento en red puede modificar el proceso tradicional de tipo autoritario (de arriba hacia abajo) o de tipo consultivo (de arriba hacia abajo y luego hacia arriba) hacia un sistema colegial».[42]

Otro modo de acercar los ciudadanos a los que les gobiernan es el correo electrónico. Son cada vez más numerosos los actores políticos que utilizan el correo electrónico para comunicarse con los ciudadanos, sus futuros electores. La campaña electoral de marzo 2001 para las elecciones municipales en Francia lo demuestra. Se crearon para esta ocasión unos 340 sitios *web* de campaña. Sin embargo, el politólogo Thierry Vedel comenta: «la utilización de Internet por los candidatos en las elecciones municipales es modesta y prudente. Modesta, porque sólo algunos cientos de listas han abierto un sitio *web* y porque las funcionalidades de Internet son infra-utilizadas. A pesar de las capacidades de almacenamiento casi sin límites, los sitios de los candidatos no son muy ricos en informaciones, la interactividad es poco practicada y los *courriels* enviados quedan a menudo sin respuesta. La utilización electoral de la *web* es prudente por las incertidumbres de la ley, que necesitarán de una limpieza del código electoral. En el fondo, los candidatos en las municipales actúan racionalmente: sometidos a un control máximo de sus gastos, invierten poco en una herramienta que permite alcanzar una pequeña parte de la población, que se vuelve costosa cada vez que se quiere utilizar de modo óptimo y que, además, puede de-

41. Christophe Assens y Dominique Phanuel, *La gestion municipale sur Internet: démocratie réelle ou virtuelle?*, en 4.º rencontres Ville-Management, 16, 17 de noviembre de 2000, «Démocratie et management local», p. 2.

42. Ídem.

cepcionar los internautas más experimentados».[43] Habría que seguir quizás el ejemplo americano y ver cómo los candidatos en las elecciones presidenciales utilizaron la *web* para alcanzar sus fines. 120 personas trabajaban en el sitio del candidato Al Gore durante las últimas elecciones presidenciales.

Otra posibilidad ofrecida por Internet para mejorar el juego político, y en definitiva la democracia, es el voto electrónico. Es una práctica poco utilizada hasta el momento, a pesar de que pueda quitar una excusa a los que no pueden o no quieren votar y participar en la vida democrática de su comunidad. Las experiencias más conocidas han tenido lugar en Estados Unidos: en 1999, en Iowa se ha utilizado de forma simulada en elecciones locales. Pero sólo en el año 2000 se ha recurrido al voto electrónico de forma real con ocasión de las primarias del Partido Demócrata para designar el candidato en las elecciones presidenciales. La participación en estas primarias se ha multiplicado por 7 en relación con las últimas primarias (hay que decir, sin embargo, en honor a la verdad, que en estas primarias había sólo un candidato: Bill Clinton). Técnicamente, no se advirtieron problemas mayores. En Alemania, se ha recurrido también al voto electrónico en las elecciones de los representantes de los estudiantes en el Consejo de la Universidad de Osnabrück los días 2 y 3 febrero de 2000.

En Europa, diez colectividades se han asociado en un proyecto VOTE *(Voting Online Throughout Europe)*: Colonia y Osnabrück (Alemania), Terrasa (España), Nea Erithrea y Ática Occidental (Grecia), Ancona y Turín (Italia), La Haya y Enschede (Países Bajos), Pelkosenniemen Kunta (Finlandia). Se trata de introducir el voto electrónico y de resolver varias cuestiones relativas a la firma electrónica, a la identificación de los votantes, a la realización de un marco jurídico adaptado al voto por Internet, o al desarrollo de la información y de los debates políticos *on line*... Este proyecto está motivado por varias razones, relacionadas con las ventajas del voto por Internet: es evidente que son menos costosas que las elecciones «presenciales», son más seguras (los fraudes son más difíciles) y puede fomentar la participación, al eliminar dificultades materiales. Sin embargo, familiarizar los electores con este nuevo instrumento no es una tarea

43. Thierry Vedel, *Le Monde Interactif*, 7 de marzo de 2001, p. III.

fácil. Cambiar las costumbres es siempre difícil. Además, como subraya Elisabeth Lulin, «la disponibilidad de la herramienta tecnológica no es una causa desencadenante de la renovación política, sino sólo un factor permisivo. No porque se puede votar por Internet se hará. Es porque con Internet la información política será más abundante, más precisa y más asequible, pues el debate político es más rico; es porque así los electores encontrarán una motivación mayor para expresar su opinión; es porque los elegidos, sabiendo que sus mandantes siguen ahora más atentamente su acción y pueden más fácilmente acogerse a su derecho de expresión, tendrán interés en adoptar la iniciativa».[44]

Internet ofrece, entonces, varios modos de fomentar no sólo la información de los ciudadanos, sino también el debate político y finalmente la democracia. Es así como se ha hablado, incluso venerado, de Internet como una herramienta fundamental de la democracia. Internet permitiría abrir nuevos horizontes a nuestras democracias de fin de siglo, cansadas y muy a menudo criticadas por su poca adaptabilidad a las realidades del nuevo milenio. Internet parece como la nueva clave de las democracias del siglo XXI. Este panorama optimista parece olvidar otra realidad: la de los que no tienen acceso a Internet, o bien porque no tienen medios económicos para acceder o bien porque el acceso a esta formidable herramienta al servicio de la democracia le es denegado por razones más políticas que económicas.

No hay que olvidar, en efecto, que el acceso a Internet está limitado a una parte minoritaria de la población caracterizada por unos niveles de ingresos y de formación elevados. Se puede esperar que las políticas de los gobiernos (planes de equipamientos de escuelas, apertura de lugares públicos para acceder a Internet, acciones de sensibilización y de formación) o de la Unión Europea (e-Europa 2000), conjugadas con los esfuerzos de los proveedores de acceso y de los fabricantes de ordenadores, aumentarán rápidamente la penetración de Internet. Sin embargo, estas acciones se refieren principalmente a los países desarrollados y dejan de lado a numerosos países mucho más pobres, que tienen poca posibilidad de generalizar el acceso a Internet de sus ciudadanos. Además, según Thierry Vedel, «el problema no es solamente material y fi-

44. Elisabeth Lulin, «Voter par Internet, un futur proche», en *Commentaire,* Automne, 2000, n.º 91, p. 530.

nanciero: es dudoso que Internet pueda ser una herramienta verdadera para la democracia cuando una parte de la población domina mal la lectura o la escritura. Además, no es tanto la detención de informaciones lo que da poder, como la capacidad de utilizarlas gracias a una buena inserción en redes sociales o económicas. En suma, se puede temer que Internet sirva sobre todo para confortar las posiciones políticas de los individuos mejor informados y los más implicados en la vida social y aumente la exclusión de los que se llaman a veces los infra-pobres».[45] En efecto, uno de los riesgos de Internet no sólo es dejar apartados a los más pobres (no sólo los países más pobres, sino también dentro de los países desarrollados a los más pobres, los que no pueden tener acceso a Internet por falta de medios económicos), sino también ampliar el hueco entre los más ricos, siempre más informados y con más posibilidades de participar en la vida política de su comunidad, y los más pobres, siempre más apartados. Además, un uso exclusivo o casi exclusivo de Internet como fomento de democracia puede ser contraproducente. Los marginados quedan siempre más excluidos del juego político y democrático. Por eso conviene, antes de venerar Internet como una nueva herramienta al servicio de la democracia, fomentar su acceso a un número mayor de personas y ayudar a los países no desarrollados para que no se queden fuera de esta democracia global.

3.3. Una ciberdemocracia a imagen de lo que queremos

En definitiva, como concluye Benjamin Barber, «si durante el milenio que viene —un milenio en el cual la tecnología dominará probablemente nuestras vidas como nunca antes— queremos que la democracia sea servida, entonces los frutos agridulces de la Ciencia deben ser subordinados a nuestros fines democráticos, facilitar y no corromper nuestra preciosa democracia. Y que eso ocurra, dependerá no de la cualidad y del carácter de nuestra tecnología sino de la cualidad de nuestras instituciones políticas y del carácter de nuestros ciudadanos».[46]

45. Thierry Vedel, «L'Internet et la Démocratie», en *Les Cahiers français,* n.º 295, p. 29.
46. Benjamin Barber, «The new telecommunications technology: endless frontier or the end of democracy?», en *Constellations,* vol. 4, n.º 2, 1997, p. 225.

En efecto, explica antes, sin ser demasiado optimista sobre Internet y la democracia, Internet y las nuevas tecnologías son el reflejo de nuestras sociedades. Podrán servir la democracia si así lo decidimos: «La tecnología es a menudo menos un determinante que el espejo de una sociedad más amplia. Quién la posea, cómo es utilizada, por quién y con qué fines: ésas son unas preguntas críticas cuyas respuestas construirán el papel de la tecnología en el próximo siglo».[47] Lo dicen de otra manera Cary J. Nederman, Bradforf S. Jones y Lisa Fitzgerald. «Una sociedad tiene la tecnología que se merece, o dicho de otra manera, toda nueva tecnología es introducida con un conjunto de prescripciones sociales.»[48] A este respeto, la investigación de Bruce Bimber[49] es muy interesante. Parte de la hipótesis de que Internet no va a revolucionar la comunicación de los ciudadanos con los gobiernos. Demuestra, gracias a varios parámetros (el nivel de educación, la edad, el sexo, el interés por la vida política, la proximidad de las instituciones) que Internet no cambia radicalmente la forma de comunicación entre los ciudadanos y los gobernantes. Concluye, entonces, que las tecnologías de la comunicación no afectan a la estructura de la comunicación, ni siquiera si la conexión es más incremental que revolucionaria.

Hay que saber, además, que según Hubertus Buchstein, «hablando generalmente, Internet es más útil para la formación de opinión que para la toma de decisiones [...] Internet es menos aplicable para la creación de nuevas formas de esferas públicas democráticas que para soportar las que existen ya. En particular, la red permite un acceso más fácil a los documentos y a otras formas de información factual. Así, no puede ser un sustituto satisfactorio a la presencia personal, y es por consiguiente inapropridado para ocuparse de cuestiones sustanciales. Es más útil para dar acceso a datos técnicos. Al contrario, otras cuestiones de la agenda del político, como las cuestiones de ética, la interpretación de las necesidades, o cuestiones de

47. Benjamin Barber, «The new telecommuncations technology: endless frontier or the end of democracy?», en *Constellations,* vol. 4, n.° 2, 1997, p. 210.

48. Cary J. Nederman, Bradforf S. Jones and Lisa Fitzgerald, «Lost in cyberspace: democratic propsects of computer-mediated communication», en *Contemporary Politics*, vol. 4, n.° 1, 1998, p. 11.

49. Bruce Bimber, «The Internet and Citizen Communication with Government: does the medium matter?», en *Political Communication*, 16, 1999, p. 409.

política social dependen en un cierto grado de la dimensión de la confrontación directa, de la experiencia personal y visibilidad».[50] La revolución del ciberespacio parece entonces más una quimera que una realidad presente.

Así, como señalan todos los autores que se interesan por el tema de Internet y la democracia, Internet servirá a la democracia cuando lo tomemos en cuenta en nuestras costumbres políticas. Para que el juego político cambie, antes que nada, tienen que cambiar los actores, gobernantes y gobernados. Todos los comentarios se reencuentran: para que Internet sea utilizado como una nueva herramienta para la democracia, lo deben utilizar más los ciudadanos (acudiendo a los sitios de sus comunidades —ciudad y entidades locales principalmente— para obtener más y mejor información a fin de poder participar en los foros, las discusiones y los encuentros con sus elegidos) y los gobernantes (facilitando el acceso a Internet y a la información publicada, base según Jefferson de toda democracia).

Sin embargo, esta conclusión relativamente pesimista sobre el papel de Internet en nuestras democracias puede ser matizada por la introducción de reglas que facilitan y fomentan la incorporación progresiva de Internet en el juego político y hacen de él un elemento imprescindible. A este respecto, Pierre Lévy[51] da algunas pistas (a petición de la Unión Europea reflexionando sobre el gobierno europeo —*la gouvernance européenne*—). Según él, para que el Estado (y en especial la Unión Europea) sea «ciberdemocrático», hay que reunir varias condiciones:

— El Estado debe apoyarse sobre un espacio público formado de innumerables automedias, con una libertad de expresión y de navegación sin restricciones.
— La deliberación política, alimentada por la riqueza del espacio público, debe desarrollarse principalmente en las ágoras virtuales.
— Las elecciones y los referendos deben realizarse por votos electrónicos deterritorializados.

50. Hubertus Buchstein, «Bytes that Bite: The Internet and Deliberative Democracy», en *Constellations*, vol. 4, n.° 2, 1997.

51. Pierre Lévy, *Etude sur la gouvernance européenne et la cyberdémocratie*, 30 de enero del 2001. Este artículo se encuentra en la dirección: *http://www.w.europa.eu.int/comm/governance/areas/group1/index_fr.htm*

— Las asambleas legislativas deben ser estructuradas en redes de parlamentos virtuales visitables por el público y deben compartir sus recursos intelectuales y de información.
— La administración debe ofrecer en línea la totalidad de sus servicios a los ciudadanos y comportarse como una comunidad virtual abierta y comunicativa.

A pesar de la difícil realización de algunas de estas condiciones, es evidente que no carecen de interés y pueden servir de punto de referencia para una mejora de nuestros sistemas políticos democráticos. El porvenir dirá si hemos seguido estas propuestas...

4. **Conclusión**

Con muy pocos años de vida, Internet ha demostrado ya sus infinitas posibilidades y parece favorecer, si no la emergencia de una esfera pública, al menos nuevas oportunidades para nuestras democracias. Internet aparece entonces como un medio inédito de revitalización del sistema político. Sin embargo, los estudios demuestran que queda mucho por hacer y la educación es, sin lugar a dudas, uno de los instrumentos imprescindibles para la introducción de Internet en la vida política y democrática. La apertura de las administraciones públicas a Internet va en esta dirección, aunque quedan por resolver numerosos problemas jurídicos y políticos.

Tercera parte

ECONOMÍA Y SOCIEDAD

CAPÍTULO 8

LA NUEVA ECONOMÍA DE INTERNET

GUSTAVO MATÍAS CLAVERO

1. El éxito de Internet

Pese a la abrupta caída de expectativas en el año 2000 al *boom* de Internet registrado en los cuatro años anteriores, la economía de la nueva red global ha crecido en un lustro tan rápidamente como nadie pudo prever hace cinco años. Así sucederá previsiblemente también tras los ataques terroristas del 11 de septiembre del 2001 contra los EE.UU., que ponen sobre el tapete un problema de seguridad que en Internet está menos resuelto que en otros aspectos revelados por esa guerra. Casi un año después de iniciarse la caída de las bolsas, centrada en los valores relacionados con Internet, algunos de los cuales perdieron en pocos meses un 90 % después de haber multiplicado su valor por cinco desde 1996, los autores del informe semestral de la Universidad de Texas titulado *The Internet Economy* atribuían tal crecimiento a que Internet ha generado nuevas perspectivas de comunicación, colaboración y coordinación entre consumidores, empresas y socios comerciales. Ese panorama optimista tras la crisis era compartido por otros informes de reconocida solvencia publicados a mediados del 2001, cuando se preveía que las ventas de ordenadores redujeran ese año su aumento al 5 % por la crisis financiera de Internet y no recuperaran hasta el 2002 las tasas del 20 % propias de años anteriores.

«Lo que empezó siendo un canal alternativo de marketing», decía el estudio de la Universidad de Texas y Cisco en abril del 2001, «se ha convertido inmediatamente en todo un sistema económico. Ese núcleo de nueva economía incluye una ubicuidad con bajos costes de comunicación, aplicaciones y capital humano que permiten a los negocios ser llevados sobre dicha infraestructura de redes, mercados electrónicos interconectados que operan sobre la red y su infraestructura de aplicaciones, productores e intermediarios que ofrecen gran variedad de productos y servicios digitales para facilitar eficiencia y liquidez, y emergentes políticas y marcos legales que tratan de centrar los negocios en Internet».

Incluso entre octubre del 2000 y febrero del 2001, cuando se acentuó la crisis financiera de las *dotcom*, Internet aceleró su crecimiento, al añadir sólo en los EE.UU. cinco millones de nuevos dominios y 17 millones de *hosts*. Pero aún mayor fue el incremento del ancho de banda doméstica (150 % durante el 2000), que se preve siga creciendo rápidamente hasta poder emitir por Internet la televisión digital, que durante la presente década puede pasar de una mínima cuota de mercado a más del 80 % en los países más desarrollados, según *The Economist*.

Al mediar la presente década, el uso mundial de Internet va camino de triplicar lo conseguido hasta mediados del 2001, para superar los 1.500 millones de personas,[1] cifra que todavía puede crecer a mayor ritmo en los años siguientes conforme la telefonía móvil y la televisión digital se integren más plenamente en la red de redes.

Toda economía, como toda política o cualquier otra disciplina social, se asienta sobre la relación social, que es lo que ahora cambia, al ampliarse las formas existentes y aprecer nuevos tipos. El nuevo modelo de relación se hace más complejo: de la relación de uno con muchos o de muchos con uno, Internet nos lleva a la de muchos con muchos o, potencialmente, de todos con todos, generando múltiples submodelos de relación. La matriz de las relaciones sociales, antes limitada a las empresas y los consumidores, se amplía para que participen nuevos agentes. Éstos se disponen así a poblar también el *e-comercio*: junto al B2B y B2C aparecen, por ejemplo, las subastas del C2C. Pero no tardarán en extenderse modalidades como el G2B, el B2E o el T2T, avanzadillas de esa relación de todos con todos.[2]

1. *http://www.neweconomyindex.org/metro/index.html*
2. Terceiro, José B., y Matías, Gustavo, 2001, *Digitalismo*, Taurus, p. 44.

1.1. Datos y expectativas recientes

Las enormes posibilidades de control y coordinación derivadas de Internet no permiten, sin embargo, ofrecer estimaciones de consenso sobre el número de usuarios, los negocios ya centrados en la misma, ni mucho menos sobre las perspectivas de evolución de todo ello. Incluso se estima que sólo una cuarta o quinta parte de los varios miles de millones de páginas que podría tener el WWW en el 2001 son visibles para los buscadores y para los estudios al uso. De ahí que toda una pléyade de consultoras y organismos surgidos o especializados al calor de la red de redes lancen con regularidad cifras discrepantes en rangos del 50 % al 100 %.

Una de esas entidades, el Observatorio Europeo de las Tecnologías de la Información (EITO), señala en su informe del 2001 que este año los usuarios de Internet alcanzarán los 496 millones, para superar los 738 millones en el 2003, año en que el continente europeo rebasará los 234,245 millones (31,7 % de la población conectada a nivel mundial), y superará por primera vez a los 183,985 millones que tendrá EE.UU. Estimaciones que contrastan con los 23,5 a 26,4 millones de usuarios dados apenas en 1996 por Kantor y Neubart.[3]

Mientras que las redes e infraestructuras por excelencia del siglo XIX fueron las de transporte de personas y mercancías, las redes e infraestructuras por excelencia del siglo XX han sido las de información (menos visibles que las anteriores, como por ejemplo las redes financieras), gracias a las cuales se ha acentuado la concentración de la población en grandes urbes. Tal es así que, al terminar el siglo XX, la población rural representa en algunos países avanzados menos del 10 % (y la agrícola entre el 1 % y el 5 %). En ocasiones, esas redes de información han complementado las de transporte (caso especialmente claro en el transporte aéreo, aunque cada vez más en los restantes) y otras han empezado a sustituirlas (como testimonia la emergencia del teletrabajo), contribuyendo en cualquier caso a incrementar la demanda de movilidad social, ya que el siglo XX se ha caracterizado por el rápido movimiento de las ideas y la información, de-

3. Kantor, A. y Neubarth, M., 1996, «Off the charts. How big is the Internet?», *Internet World*, vol. 7, n.º 12, pp. 44-51.

bido a la extensión del teléfono, el fax, el ordenador, la radio y la televisión que, al final, se integran gracias a Internet.

Este fenómeno de convergencia de los medios de información que nos introduce en el tercer milenio y que tiene como máximo exponente a Internet, de la relación de uno con uno o de uno con varios o muchos —sea en el antiguo sentido de arriba hacia abajo o de abajo hacia arriba, cambio de dirección experimentado con la emergencia de los mercados en economía y con la democracia en política— nos lleva a un tipo de relación de muchos con muchos. Incluso, este nuevo tipo de relación podría ser potencialmente de todos con todos desde el punto de vista tecnológico, aunque materialmente apenas se alcanzan los 850 millones de líneas telefónicas en el mundo, siendo más reducida la cifra de conexión con ordenadores.

La emergencia de Internet, que comunicaba al terminar el 2001 todavía a menos del 10 % de los 6.000 millones de habitantes del planeta, es un buen exponente y un mejor anuncio de profundas transformaciones estructurales, pues hace menos de una década que empezó a difundirse y va camino de comunicar a 1.000 millones de personas en el mismo 2002 o 2003. El Foro del UMTS, tecnología móvil de tercera generación, espera que al terminar la presente década haya 1.600 millones de personas conectadas entre dispositivos móviles y fijos. Sólo en Europa, el mercado de comunicaciones sin hilos se multiplicará por 13 entre el año 2000 y el 2008, según un estudio difundido por E-marketer[4] a mediados de junio del 2001, cuando todavía se mantenía el pesimismo sobre el destino de los más de 20 billones de pesetas que han empleado las operadoras en subastas y concursos de licencias para la telefonía UMTS o de tercera generación.

De todo ese conglomerado mediático, el mundo de Internet es el de mayor crecimiento, pues se alimenta tanto de los crecimientos de la telefonía móvil y de la fija como del parque de televisores, desde los que también se puede acceder a la red. Así, en 1995 apenas había unas 27.000 direcciones de empresas en la red mundial y en 1997 ya superaban las 764.000, según un informe elaborado por el Departamento de Comercio de los EE.UU.[5] Tal es

4. *http://www.emarketer.com/estatnews/estats/wireless/20010620_strat_wire.html?ref=wn*

5. Departamento de Comercio de los EE.UU., 1998, «La Economía Digital Emergente», citado por Sachs, Jeffrey, en «Negocios», *El País*, 7-6-98, p. 15.

su capacidad de absorción y sus tendencias que las inversiones en tecnologías de la información (ordenadores, software y equipos de comunicaciones) representaron el 45 % de todas las inversiones de Estados Unidos en 1997.

Tan importante como la economía de Internet está siendo la propia economía de las Intranet, situadas dentro de cada empresa y donde los incrementos de aumentar la productividad o de elevar los retornos de la inversión están siendo mucho mayores, como veremos en la aproximación microeconómica al teletrabajo.

1.2. Nueva realidad reticular

En consecuencia, esa nueva realidad reticular es capaz de redefinir tanto el espacio como el tiempo, al igual que puede interconectar a personas entre sí y potenciar estas relaciones gracias a la previa o posterior conexión de personas con cosas y de cosas con cosas. Y de hacerlo, además, a la mayor velocidad que se conoce: la velocidad de la luz, capaz, por tanto, de dar muchas vueltas a la Tierra en un solo segundo.

Así, al pasar de las relaciones personales e incluso personas-cosas de carácter lineal a otras de carácter reticular, el cambio que expresan esos modelos simplificados de relación social no es sólo cuantitativo, sino cualitativo. Ello es debido a que, como señaló uno de los grandes biólogos del siglo XIX, cada herramienta (y las redes informativas hoy son la herramienta por excelencia de la nueva sociedad) es una extensión de la personalidad humana, al permitir elaborar nuevas cosas que no podíamos hacer antes, por lo que toda herramienta implica que su usuario sea diferente. Y mucho más lo será cuanto que esta herramienta ha surgido precisamente para afectar a algo tan fundamental en la persona como la información y el conocimiento. Tal es así que las redes alteran no sólo los productos y procesos, sino la racionalidad de los individuos que se relacionan a través de ellas.

Los ya incontables *chips* no sólo se interconectarán entre sí. También se relacionarán con las máquinas operadas por los humanos (cuyo número es estimado en 500 millones por el autor de *What Will Be*) y con los humanos mismos. Lo que todas esas máquinas y sus usuarios harán al relacionarse se puede resumir en tres cosas: comprar, vender e intercambiar información.

Todo lo anterior está transformando las relaciones personales de carácter lineal en relaciones a través de redes informativas. De la linealidad hemos pasado a la reticularidad por efecto de la cantidad, cambio cualitativo en el tipo de relación social y de personas-cosas o cosas-cosas al servicio de las personas que, lógicamente, no sólo afectará a la economía, sino a otros muchos campos de la actividad y de la ciencia que hoy se resisten a ello o que todavía nos parece inconcebible que vayan a cambiar. Entre otras razones, porque muchos de nosotros hemos conformado nuestra mente con relaciones simbólicas basadas en percepciones que en poco o nada se diferencian de las existentes al empezar el neolítico.

El año 1999 fue el de la explosión de la economía digital. Los contenidos de la *web* se duplicaban en número de páginas antes de un año, de forma que en el 2000 superaron al número de habitantes de la tierra, como había hecho varios años el número de *chips* en que se basa tanto la informática como los medios informativos y las actuales telecomunicaciones, cuya acelerada convergencia causó el *boom* transitoriamente detenido por los financieros tras pincharse la burbuja bursátil cuatro años después de las famosas declaraciones de Greenspan sobre la exuberancia irracional de los mercados, tras las cuales el Nasdaq multiplicó su valor por cinco hasta la primavera del 2000. Pero más importante que la *web* visible (apenas un 16 % es la descubierta por los buscadores) es la invisible, la integrada por las bases de datos en las que se acumula y moviliza el conocimiento, según describen Gary Price y Chris Sherman en *The Invisible Web: Uncovering Information Sources Search Engines Can't See.*

Sin embargo, la expansión de Internet en Europa es considerablemente menor que en los Estados Unidos, aunque puede tener un crecimiento más rápido y diverso.[6] Hoy por hoy, el dominio del inglés esta asociado al papel clave que tiene en el desarrollo de Internet EE.UU., así como a los lugares avanzados de países como Gran Bretaña, Canadá y Australia. Pero se ha estimado que el crecimiento de los otros lenguajes está siendo tan rápido como para que el año 2003 más de la mitad de los contenidos informativos se expresen en lenguas distintas al inglés, que ahora apenas representan un 20 %.

6. Marius Meland, 1999, «Europe: The Next Frontier,» Forbes, March 29 (*http://www.forbes.com*).

En consecuencia con todo lo dicho, ningún sector importante de la economía crece tanto desde los últimos años como el de las TIC, ni previsiblemente surgirá otro de mayor expansión en el inmediato futuro, al margen de las actividades relacionadas al mismo. Muchas previsiones han quedado desbordadas, aunque otras han pecado de optimistas, como la lanzada hace tres años por IBM en el sentido de que el crecimiento del número de usuarios de Internet alcanzaría los 1.000 millones en el año 2000. Pero lo importante es que no sólo cambian los números, sino los modos y maneras del comportamiento de los sectores afectados.

1.3. Más potencia que acto

Sin embargo, más impresionante aún que el citado crecimiento exponencial de Internet resulta el pensar que este fenómeno es todavía más potencia que acto. En todo el globo terrestre, al filo del comienzo del tercer milenio de la era cristiana, todavía hay más televisores que ordenadores, superando los 1.500 millones, aunque apenas 200 están conectados al cable y 100 abonados a una oferta digital, los dos tipos de tecnologías más aptas para comunicar sus pantallas con Internet. Pero gracias a los efectos reales y potenciales de la convergencia entre las diversas tecnologías citadas se estima que en diez años el número de líneas telefónicas duplicará con creces la extensión alcanzada durante más de un siglo por el teléfono.

Lo relevante es la emergencia de una nueva red que por primera vez posibilita que las relaciones adquieran carácter global en el espacio y en el tiempo. La consiguiente aparición de un espacio-tiempo, el digital, tiene el potencial de generar nuevas formas de relación social (potencialmente, la de todos con todos), que se caracterizan ya no en la aplicación de la energía sico-física para interactuar con un entorno caracterizado por la transformación de materia y energía, sino principalmente —y cada vez en mayor medida— por la transformación de información. Nuevas formas de comunicación que no sólo alumbrarán nuevas formas de trabajo y organización social cimentadas en una reordenación del tiempo y del espacio, sino nuevas racionalidades. Por ahora lo que cambian son los medios, aunque quizá no tarden en transformarse los fines.

Por ello, Internet, que une al ordenador las características de las telecomunicaciones y de los *media*, se había convertido ya a los cinco años de privatizarse en el mayor espacio[7] o conjunto de «espacios»[8] para la comunicación social. Se trata de «lugares» especializados y por primera vez no topológicos, pero tampoco estrictamente virtuales, pues la comunicación que registran es al menos tan real como la vida. Así como las redes de comunicación siempre han existido como factores físicos (caminos, calzadas y carreteras o vías férreas o aéreas que comunicaban plazas o foros) ahora cada vez importa menos su aspecto físico (todavía las forman máquinas conectadas por cables o repetidores de señales) y cada vez más su personalización. Tienden a convertirse como al principio de la historia en personas (o su agregado organizativo) conectadas por un conjunto de relaciones sociales (amistad, trabajo, simple intercambio de información),[9] si bien ese conjunto en vez de ser casi estático crece exponencialmente.

Estas y otras peculiaridades se reflejan en las infraestructuras de Internet, servicios, aplicaciones, perfil de usuarios, tendencias y procesos de estandarización, como ha estudiado el GRETEL. No obstante, está por aclarar la definición de usuario (tiempo y frecuencia de conexión requerida, si se cuenta la familia como uno o varios, etc.), si bien hasta ahora el crecimiento típico ha superado el 30 % anual, por lo que los usuarios se duplican cada 32-36 meses. Menor tiempo ha requerido duplicar (23-24 meses) el tiempo de conexión, según *Ascend* de 17 minutos en 1997 y de 35 en 1999, es decir ha crecido a un ritmo de un 45 % por año, aunque todavía oscila mucho por países. Para Pri-

7. December, J., 1995, «Transitions in Studying Computer-Mediated Communication», *Computer-Mediated Communication Magazine*, vol. 2, n.° 1, Documento electrónico: <URL:*http://sunsite.unc.edu/cmc/mag/1995/jan/december.html*>. December, J., 1996, «Units of Analysis for Internet Communication», *Journal of Communication*, vol. 46, n.° 1, Versión electrónica: <URL:*http://usc.edu/dept/mag/annenberg/vol1/issue4/december.html*>. December, J., 1997, *Unleashed*: Sams Publishing: Indianapolis, IN.

8. Harasim, L., Hiltz, R., y Turoff, M., 1995, «Learning Networks: A Field Guide to Teaching and Learning Online», The MIT Press, Londres, Inglaterra.

9. Garton, L., Haythornthwaite, C. y Wellman, B., 1997, «Studying Online Social Networks», *Journal of Computer-Mediated Communication*, vol. 3 n.° 1, Documento electrónico: URL:*http://207.201.161.120/jcmc/vol3/issue1/garton.html*>.

ce Waterhouse Coopers (*Consumer Technology* 10/99), en el Reino Unido, Francia y Alemania el tiempo medio es de 2,4 horas a la semana, mientras que alcanza las 5,3 horas en EE.UU., aunque las nuevas tecnologías (xDSL, cable, inalámbrico de banda ancha...) permitirán estar permanentemente conectados y primarán la relevancia estadística de la capacidad (ancho de banda) demandada por el usuario. La duplicación de ésta, según Northeast Consulting Resources, se daría cada 24-72 meses, aunque con tarifa plana podría quedar para el GRETEN entre 4 y 10 meses (valor medio 7 meses).

Mayores crecimientos muestran los usos de las aplicaciones correo electrónico, navegación por páginas *web* y comercio electrónico. El primero, según Price Waterhouse Coopers (*Consumer Technology* 10/99), es el motivo de usar la red en los EE.UU. para el 48 % de los internautas, frente a un 28 % para navegación y búsqueda de información *web*, aunque el año anterior era al contrario y primaba la búsqueda de la información, al igual que en los países europeos donde estaba menos arraigada la red. En cuanto al tamaño medio de un sitio, es de 129 páginas, los 25.000 primeros sitios contienen el 50 % de las páginas visibles. Entre junio de 1997 y junio de 1999 se triplicó el número de sitios públicos. Todo ello ha repercutido en el avance y en las predicciones para el comercio electrónico, recortadas tras la crisis bursátil aunque entre 1998 y 1999 creció en Norteamérica un 145 % en ingresos, el 200 % en número de pedidos en línea y el 300 % en «ciberconsumidores». Otras aplicaciones muestran incluso mayores expectativas de expansión, caso del banco en casa, utilizado en EE.UU. el año 1998 por 7 millones de hogares y que puede alcanzar a 24 millones el año 2002 (*Cyber Dialogue* 3/99) o el año 2004 (Dataquest 8/99).

Por último, la batalla por lograr la estandarización entre las empresas para evitar ser expulsadas del mercado o expulsar a otras ha alcanzado con Internet tasas inusitadas en la historia para los sectores sometidos a competencia. En los sistemas operativos, Microsoft, apenas afectada por la presencia de Macintosh y WebTV, ya dominaba a finales de 1999 cerca del 94 % con Windows 98 (50,1 %), Windows 95 (37 %) y Windows NT (6,5 %), pese a lo cual en el 2000 lanzó otro y en octubre del 2001 el XP. De ahí que se permitiera y tuviera que comparecer ante la justicia antimonopolio por la gratuidad de su navegador y luego por asociarlo a su propio sistema operativo, estrategias que antes de terminar 1999 ya le daban más del 70 % de cuota de mercado frente Netscape (22 %) y WebTV (1,4 %). Esta guerra por el estándard se extiende a otras tecnologías clave para el futuro de Internet, como las de canal, difusión de audio y vídeo, acceso a bases de datos (donde los competidores del SQL Server son Oracle, Informix, Sybase e IBM), seguridad, interactividad, e integración y trabajo colaborativo. Como es notorio en muchas de ellas participan algunos de los agentes mencionados en los párrafos anteriores.

Por todo ello, los EE.UU. no sólo han aportado desde el principio también la mayor cuota de oferta de las tecnologías de la información (gracias a Internet producen más del 50 % mundial), sino de uso inicial del Web, por consiguiente dominio del inglés y de los contenidos informativos y de comercio electrónico, dado el retraso europeo en la incorporación de las últimas tecnologías de difusión y servicios. El acceso a Internet no es igualitario por países ni con respecto a las mujeres, la edad, los ingresos y la formación no universitaria. Mayor aún es la brecha digital en algunos casos. La OCDE y las Naciones Unidas han denunciado la apertura de un auténtico abismo. A finales de 2000 sólo en Estados Unidos el número de internautas habituales fue 540 veces superior a los del continente africano. Además, el 95 % de los servidores de Internet, el 97 % de los nodos *web* y el 95,6 % de los internautas asiduos son de la veintena de países más desarrollados, según estimaciones de la propia OCDE.

2. Causas y efectos de la revolución digital

Las causas de esa nueva economía acelerada por Internet se derivan de la necesidad de comunicación humana y de las ventajas que conlleva el desplazamiento hacia las relaciones económicas basadas en la información y el conocimiento, ventajas explicadas por las Leyes de la Nueva Economía. Pero tales cambios no habrían sido tan notorios de no haber sido favorecidos por la aparición de nuevas tecnologías y de sus convergencias, así como por las tendencias a la competencia y globalización y la aceptación inicial de los mercados financieros, cortada en seco desde la primavera del 2000 hasta enero del 2001 por los temores de la política monetaria. No obstante, esa nueva economía ya había demostrado para entonces sus potencialidades económicas (sobre todo la de conducir los mercados hacia su perfección) y su efecto holístico en la cultura, la política y otras manifestaciones de lo social, aunque se refuerza porque Internet da a todos más libertad de localización.[10]

Las tecnologías de la información que operan esas nuevas redes y que acortan distancias y aceleran los cambios temporales encuentran su mayor oportunidad a partir de los años ochenta en la creciente importancia alcanzada durante el siglo XX por la información y el conocimiento, que en las últimas décadas pasan a ser factores de producción cuanto menos tan importantes como el trabajo y el capital

Conectarse a Internet ofrece múltiples ventajas: conectividad onmipresente y a precio reducido, protocolos estandarizados y eficientes, gran cantidad de aplicaciones gratuitas o muy baratas, enormes cantidades de información gratuita o barata para el ocio, el negocio y el aprendizaje, posibilidades de comunicación con millones de personas de todo el mundo y de participar en comunidades virtuales (Rheingold, 1993),[11] y, un entorno real, diverso, multicultural y conflictivo.

La mayor reducción de precios registrada en el transporte de información gracias al cambio tecnológico tiene un incentivo sustitutivo y de búsqueda de la productividad por la reducción de costes y la ampliación de mercados, lo que frena la inflación y otros desequilibrios macroeconómicos, potenciando la nueva economía de la información desde el punto macroeconómico, que se alimenta del virtuosismo microeconómico de la Nueva Economía.

Gracias al carácter a la vez complementario y sustitutivo de las tecnologías de la información ante la creciente intensidad informativa explicada por las leyes de la Nueva Economía y acrecentada por las demandas de movilidad social, el hipersector tiende a ganar en el futuro tanta o más participación en el PIB como ha ganado en la última década, mientras que los

10. *http://www.neweconomyindex.org/metro/index.html*

11. Rheingold, H, 1993, *The Virtual Community: Homesteading on the Electronic Frontier*, Harper-Collins, New York. Hay una versión electrónica en <URL:*http://www.well.com/users/hlr/vcbook/index.html*>.

transportes convencionales tienden a decrecer. Los primeros enfoques indican que las actividades económicas intensivas en información tienden a representar el 50 % del empleo y una cuota creciente en la generación de valor de los países más desarrollados, lo que se explica por el virtuosismo de la Nueva Economía (ciencia).

2.1. Leyes de la Nueva Economía

La nueva economía del digitalismo es también, por todo ello, economía de la información y del conocimiento, cuyos contenidos se caracterizan por poder ser digitalizados, a diferencia de la economía agraria, industrial y de servicios basadas en la materia movida por la energía. Frente a los límites que caracterizan a la economía anterior, en la nueva economía se imponen poco a poco los a-límites (la ausencia de límites) y la expansión de lo inmaterial. Efectivamente, la información y el conocimiento constituyen un factor capaz de conformar las expectativas humanas (fines), de ampliar la percepción centrada en los recursos escasos (medios) y de alterar incluso la relación entre ellos (racionalidad).

Expectativas, recursos y racionalidad se impondrán como coordenadas básicas de un mundo económico en expansión, ante las limitadas coordenadas anteriores, gracias a las nuevas normas de la información y el conocimiento. De ahí las menores tasas de inflación, paro, déficit público o exterior, e incluso los tipos de interés, que han expresado en las primeras manifestaciones macroeconómicas de esa nueva economía, caracterizadas por el mayor ajuste en los precios, en el mercado de trabajo y en los balances fiscal y comercial. Manifestaciones tan incomprendidas que fueron combatidas por la política monetaria por temor a las perturbaciones de la burbuja financiera, pero que han dejado una secuela de nuevas normas en observación. Éstas son las que siguen:

— La población tiende a crecer aritméticamente y sus recursos informativos de manera geométrica o exponencial. Así se sustituye la ya desfasada ley de Malthus, que atribuyó crecimiento geométrico a la población y aritmético a los recursos económicos. Se trata de una regularidad ya evidente, aunque podrá constatarse conforme mejoren las estadísticas de microprocesadores y de otras nuevas infraestructuras comunicativas, así como de contenidos informativos susceptibles de circular por ellas.

— La principal explicación de lo anterior está en la segunda regla: la capacidad que tienen la información y sus tecnologías de generar rendimientos crecientes. Esto es gracias tanto a las llamadas externalidades positivas de redes que se generan desde la demanda como a los costes de producción de su oferta. Tales cualidades diferencian, más que ninguna otra, información y conocimiento del resto de las mercancías. Estos bienes informativos, por lo general considerados como experimentales *(experience goods)* a la hora de recibir su valoración económica, tienden a tener poderosas externalidades de redes en la demanda, así como fuertes economías de escala en la oferta. Cuantas más unidades se vendan, más se extiende el conocimiento sobre ese bien y más probable es que el usuario medio encuentre algo que le ayude o anime a utilizarlo, sea infraestructura, máquina, programa o contenido, por lo que de esa forma aumentará la valoración de su utilidad. Así las empresas lo encuentran más fácil y los usuarios más valioso. No sólo se generan altos volúmenes de producción que permiten a las empresas reducir los costes unitarios, sino que los compradores pueden experimentar la sensación de valorar mejor lo adquirido. De ahí todo un cruce de causas por las que crecer se convierte para esta nueva economía en un imperativo estratégico. Sólo los largos volúmenes que imponen estándares o se aproximan a ellos hacen el producto más valioso para el consumidor.

— La regla precedente se debe precisamente a una tercera regularidad de lo informativo: que sus costes de producción son tan altos como su afán de romper nuevas barreras espaciales y temporales, pero apenas tiene costes de reproducción. Estos costes marginales de reproducción incluso tienden a reducirse a cero al aumentar en número los microprocesadores y otros *inputs*, bajar en precio y elevar su potencia, mientras que los costes fijos de producción tienden a elevarse y a centrarse en el I+D. Por un motivo, se introducen estímulos económicos a la imitación; por otro, a la innovación. Ambas son características propias de la nueva economía de los intangibles. Pero el origen de ambas (la mayor productividad de lo informativo, que se acrecienta conforme crece la reproducción y convierte sus rendimientos en crecientes) provoca la irrupción en toda la economía de una nueva relación o ley cuadrática ya observada por Voge en 1983: la productividad del sector informativo crece a una tasa media anual que eleva al cuadrado el crecimiento de la producción por trabajador en toda la economía.

— La cuarta regla observa una característica cuantitativa que influye en la oferta de información: la potencia de procesamiento es duplicada cada dieciocho meses, según la famosa ley de Moore. El número de transistores almacenados en un *chip* o, lo que es lo mismo, el que cada año y medio se duplique la capacidad de estos procesadores, da mayor potencia a los ordenadores, al tiempo que abarata sus precios. El usuario pasa así en poco tiempo de contar la memoria en megas o en gigas a contarla en terabytes. La observación del crecimiento de esa potencia llevó también a Natan Myrvald, de Microsoft, a vaticinar que en veinte años un PC realizará en treinta segundos las tareas para las que antes necesitaba doce meses. Vértigo exponencial por el que, dentro de cuarenta años, el mismo PC llevaría a cabo en treinta segundos aquello para lo que hoy necesitaría un millón de años.

— Es la anterior una ley que retroalimenta y multiplica a su vez el efecto de una quinta regla, ya descrita por R. Metcalfe a finales de los años setenta y que también trata de cuantificar las ya indicadas externalidades de la demanda: el valor o utilidad de una red crecen al cuadrado del número de usuarios. Un ejemplo de esta ley de Bob Metcalfe (creador de Ethernet) sería que un solo teléfono es inútil: ¿a quién llamar? Obviamente, dos teléfonos valen más que uno, cuatro más que dos... y así sucesivamente. Una ley similar fue descrita por Mead (investigador de Caltech, en Pasadena), al señalar que si uno coloca transistores en una plancha de silicio obtendrá un rendimiento y valor equivalentes a *n* al cuadrado. Gracias a todo ello, 1.000 dólares compraban hace cincuenta años diez cálculos por segundo, mientras que hoy compran diez cálculos elevados a la octava potencia. Eso hace que los usuarios, a su vez, crezcan a gran velocidad, debido a que la disminución de precios de los procesadores y demás componentes de un ordenador lo sitúa cada vez más al alcance de personas con menores ingresos. Ese descenso de los precios, combinado con la miniaturización de *chips* de gran potencia, abre paso a la informatización o digitalización de cualquier utensilio. Tal miniaturización permitirá incluso introducir *chips* en las telas como un hilo más, por lo que podemos convenir que ha llegado la era de la inteligencia incorporada a todas las cosas. Claro que otros han propuesto lo que Alfons Cornellá llama la «ley inversa de Metcalfe»: «La privacidad y seguridad en una Red es inversamente proporcional a *n* al cuadrado, siendo *n* el número de nodos de la Red». En otras palabras, cuanta más gente hay en la red, más problemas pueden aparecer: al crecer la Red, aumentan los posibles beneficios, pero también conlleva nuevos problemas.

— Por los estímulos económicos que genera todo ello, en la creación del nuevo espacio y el nuevo tiempo económico digital, la economía cumple a su vez una sexta regla: se hace más intensiva en información y menos en materia y en energía. La renta, la riqueza, al igual que la distribución del poder no económico, ya no tienen tanto que ver en esta nueva economía con la energía, sino con la información.

— También, por todo ello, se aceleran la innovación y la imitación, así como los mecanismos para mejorar una y defenderse de la otra, sea mediante fusiones o alianzas, cuya meta es imponer nuevos estándares que exploten mejor las externalidades positivas de las redes. Eso ocurre porque la mayor cuota de mercado genera más probabilidades de expansión, de retroalimentación positiva, como demostró el matemático George Polya al observar que la probabilidad de añadir una unidad de cierto factor depende de su actual parte en el sistema.

— La octava regla señala que esas mismas leyes y estímulos económicos a la innovación operan tanto sobre la informática como sobre las telecomunicaciones y otros sectores en convergencia por el fenómeno informativo, lo que ha dado lugar a una serie de observaciones de nuevas tendencias, vaticinios o regularidades, como la llamada ley de Gilder. Enunciada por George Gilder, visionario de las tecnologías de la información, esta regularidad trata de extrapolar a las telecomunicaciones las observaciones de Moore sobre la informática, al vaticinar que el ancho de banda o velocidad de transmisión de las redes de comunicaciones se triplicaría en los próximos veinte años (a partir de 1997). Las predicciones de Gilder han sido rápidamente confirmadas y sobrepasadas por diferentes desarrollos tecnológicos. Así, en la fibra óptica, técnicas de WDM *(Wavelenth Division Multiplexing)* han elevado de 2,4 Gbps hasta 400 Gbps la capacidad de una sola fibra. También es ya una realidad la oferta de servicios inalámbricos de banda ancha en diversas bandas. Igualmente, los cables telefónicos utilizando diversos *modems* de tipo ADSL saltarán de los 56 Kbps a 8 Mbps, caso de los ADSL ya comercializados en España desde el año 2000. Nuevas generaciones de satélites pondrán la banda ancha al alcance de cualquier lugar del mundo. Aumentos de la oferta de ancho de banda en las redes que equivaldrán a mayores velocidades de transmisión de información, por lo que se traducirán también en menores precios de los diferentes servicios para los usuarios, siempre y cuando la competencia opere libremente. Equipos telemáticos más potentes y económicos, mayor cantidad de personas conectadas a todas las redes, así como mayores anchos de banda transformarán drásticamente la economía, la educación, el trabajo y las más diversas actividades humanas productivas y de ocio.

— En consecuencia con esas tendencias, cabe añadir otras dos reglas operativas sobre la nueva economía. Una, la novena de este decálogo, sería que la abundancia de información otorga un valor mayor a su inteligencia. En la actualidad la información es muy abundante, rápida, ubicua y barata. Pero todavía se anuncian superordenadores capaces de ganar el tiempo perdido para cumplir la ley de Moore. A la vez, la utilidad y el valor de la red de redes crece al cuadrado del número de sus usuarios, según la ley de Mefcalfe, y aún quedan por incorporarse a ella más de 5.000 millones de personas. Para muchos, el problema ya no es de acceso, sino de sobrecarga. Las lindes entre riqueza y pobreza tampoco se sitúan ya entre quienes tienen y no tienen información (contra la idea de Albert Gore), sino entre quienes saben y no saben extraerle utilidad. Por eso, los valores emergentes no radican en acceder al producto informativo, sino en su localización, filtro y selección de lo útil. De este modo proliferan y suben como la espuma los servicios capaces de observar el comportamiento de millones de usuarios y de producir al instante contenidos a su medida.

— Por último, cuanto más crezca la información, más se reducirá la atención, por lo que también ésta pasará a convertirse en un recurso escaso y alcanzará una mayor valoración. De ahí que la nueva economía será, por encima de todo, economía de la atención y de la emoción. Ello porque la escasez (medida por la oferta) y la utilidad (medible por la demanda) son, como ya hemos dicho, los dos pilares de la teoría económica. En la economía de la información, la oferta de este recurso crece tan exponencialmente que su trayectoria topa con la limitación de los recursos humanos, definida todavía por el espacio y, sobre todo, por el tiempo (es previsible que los días sigan teniendo veinticuatro horas en el siglo XXI, con Internet y sin ella). Y los ya descritos crecimientos exponenciales nos dan también idea de cómo disminuirá la atención de cada persona ante cada unidad informativa. Su escasez será norma si la nueva economía de la atención se confirma como un juego de suma cero, como apuntó M. Goldhaber, de Berkeley. Mucho antes, el Nobel de Economía, Herbert Simon, observó que la riqueza de información crea pobreza de atención. Es lo que está sucediendo. Por eso se cotizan al alza las innovaciones capaces de atar a los usuarios con mejores anzuelos de atención, creadores de más valor por su utilidad. Por este motivo, la publicidad (medio por el que se vende la atención de los lectores, oyentes o espectadores) crece también exponencialmente. Por eso la valoración de las empresas de Internet ya no responde a los cánones tradicionales. Cotizan en primer lugar las expectativas de atención y las organizaciones capaces de canalizar esa atención con mejores contenidos.

Este decálogo, fácilmente constatable en la actualidad, es la fuerza que mueve la economía de nuestros días y que obligará a revisar la Economía, tanto la teórico-normativa como la descriptiva. Ante sus leyes, unos hablan de *New Rules for the new economy* (caso del libro de Kevin Kelly, editor de la revista *Wired*) y otros, más conservadores y refugiados en la academia, prefieren decir que son nuevas demostraciones del poder de las viejas leyes, limitándose a hablar de *information rules* (caso de los profesores Carl Shapiro y Hal R. Varian). Pero no hay que engañarse: son dos meras formas de ver la misma realidad, pues las leyes de la información se convertirán en leyes de la economía conforme aumente su ya mayoritaria intensidad informativa. Su conocimiento, comprensión y alcance serán, por tanto, extremadamente útiles para formarse una visión acerca de las tendencias del desarrollo tecnológico, económico y social, aunque también político, cultural, científico, etc.

2.2. Convergencias globalizadoras de la nueva economía

Esa presencia sempiterna pero apenas reconocida de la información y el conocimiento en la economía, ahora reclamada irreversiblemente por las nuevas tecnologías, no es sólo la causa más importante de la renovación de la economía y la Economía, sino también de la actual globalización. Lo expliqué también con el profesor José B. Terceiro en el libro *Digitalismo*,[12] donde expusimos una decena de convergencias, entre ellas las que siguen:

— *Tecnológico-digital.* Antes, la voz, la imagen, los textos y los datos tenían un código distinto entre ellos, que ha pasado a ser en todos los casos digital (secuencias de ceros y unos), lo que permite aumentar exponencialmente las posibilidades de transmitir, almacenar y procesar información. Esta convergencia de los códigos ha favorecido también la convergencia de las tecnologías especializadas en cada uno de estos tipos de información. Pero lo más importante es que, a su vez, tal concurrencia está generando procesos paralelos de convergencia, lo que explica la consiguiente revolución digital. Cualquier elemento (ordenador personal, teléfono móvil, cajero automático, videoconferencia) hace uso de redes de comunicaciones, de *software* y de elementos microelectrónicos *(hardware).* Así, la convergencia de los códigos se traslada a todos y cada uno de los elementos de la plataforma tecnológica, por lo que deviene en convergencia social, primero dentro de los subsectores de las TIC (la redes de acceso y tránsito y las aplicaciones y

12. Terceiro, José B., y Matías, Gustavo, junio 2001, *Digitalismo*, Taurus.

servicios sobre los diferentes terminales de usuario) y luego en otros sectores próximos. No sólo genera nuevas tecnologías presentes en todo el globo al poco de nacer, sino prácticas sociales o culturales que se imponen a gran ritmo conforme esas tecnologías amplifican la capacidad de voz, ojos, oídos, como lo harán en el futuro con gusto, olfato y tacto.

— *Sectorial y de redes.* Es la respuesta organizativa de las empresas y de los sectores a la nueva estructura de redes basadas en la información, por lo que depende en gran medida de los avances en el desarrollo y aplicación de la tecnología unitaria de los códigos; es decir, de su difusión entre los primeros sectores afectados y entre el resto de la economía. Las redes por excelencia —las de telefonía, datos y televisión— no tardarán en cerrar su ya iniciada evolución hacia las redes multimedia: red de redes y red única. Primero se registra en el ámbito de las comunicaciones (redes, servicios y aplicaciones), luego se extiende a las actividades más próximas que forman parte con los tres sectores relacionados con el hipersector multimedia o de la información (es decir, desde las telecomunicaciones y la informática a los media, a los contenidos informativos) y, por último, parece que ha de dejar sentir su impacto en el conjunto de la economía que aporta contenidos, difuminando a nivel macroeconómico las cada vez más borrosas fronteras entre los sectores primario, secundario y terciario.

— *Empresarial, financiera y de capital.* Los anteriores procesos generan a su vez convergencia de las prácticas y organizaciones, hace años manifiesta, por ejemplo, en las operaciones financieras y comerciales instantáneas en cualquier parte del mundo, así como en la aceleración del boom de los intercambios, que abren nuevos mercados y tienen efectos negativos (las turbulencias generadas desde los mercados financieros) y positivos (la tendencia de la ampliación de los mercados y los efectos de las propias tecnologías a la hora de reducir la inflación a aumentar la productividad y elevar la producción, generando círculos virtuosos como el que disfrutan hace años los países desarrollados y creando incluso expectativas del advenimiento por su causa de una onda larga de prosperidad en los inicios del siglo XXI).

2.3. Del *revival* a la primera frustración

Estas convergencias, a las que siguen otras como la institucional, científica, política, ecológica y de poder, han provocado que la renovación económica de los años noventa, irradiada desde los EE.UU. a algunos países, estuviera marcada como avanzadilla de lo que se avecina por cuatro cambios: rápido aumento de la inversión, fuerte concentración en la tecnología de la información, explosión del mercado de valores y acceso a la Bolsa de un sector más amplio de la sociedad y la eficacia del capital riesgo y las nuevas salidas a Bolsa, que estimularon la innovación suministrando capital a la gente con ideas.

Sin embargo, las políticas monetarias restrictivas acometidas desde 1999 por los EE.UU. con seis subidas consecutivas de los tipos de interés hasta después de evidenciarse la crisis de las puntocoms —luego secundadas por Europa ante los temores a efectos negativos de la burbuja bursátil—, forzaron una marcha atrás, comenzando por los dos primeros cambios: inversión y alta tecnología. Las inversiones tecnológicas, que habían llegado a suponer casi la mitad de la formación de capital en los EE.UU. en años anteriores, se redujeron drásticamente y el Nasdaq cayó en año y medio casi un 70 %, recuperando sus niveles de principios de 1988 y mermando su capitalización en varios billones de dólares aun cuando el PER medio de los valores tecnológicos superaba todavía los 30 años a mediados de septiembre del 2001 frente a los 20 años a que se habían visto reducidos el resto de los valores.

El problema era al mediar el 2001 que la inversión tecnológica se había estimulado hasta el año anterior con las expectativas de un rapidísimo crecimiento de la demanda de telecomunicaciones de banda ancha, semiconductores, servidores de red, etc., pero las empresas redujeron sus previsiones de demanda ante las declaraciones y los hechos de los bancos centrales. Entonces apareció la idea de sobredimensión y excesiva deuda de las empresas de esos sectores, castigadas así en los mercados por una causa real y dos de índole financiera. La incógnita a despejar era si los demandantes de tecnologías invertirían ante las bajadas del precio del dinero iniciadas con el 2001 y reforzadas en septiembre tras el ataque terrorista a Nueva York y Washington. La esperanza es que los ciclos de los productos tecnológicos son más cortos, por lo que los excedentes se resuelven antes, sobre todo si hay competencia.

2.4. La evidencia de las potencialidades

Los intentos monetarios de rescatar el barco antes de que terminara de hundirse tienen su explicación en que la evidencia de que naufragarían las potencialidades de lo nuevo, entre ellas la de transformar los mercados e incluso los estados, las instituciones básicas de relación para los individuos y grupos económicos.

El mejor exponente de ello es Internet, identificado como mercado global y aproximación a la idea de mercado perfecto, además de impulsor de la integración de los mercados financieros y reales, mediante la supresión de barreras no sólo físicas y tecnológicas, sino normativas gracias a la convergencia de las políticas en directrices como la apertura y la liberalización, la desregulación o la privatización. Pero también convergencia de las instituciones de las que surgen dichas políticas.

La globalización se asiste de todos estos ámbitos de convergencia, entendidos como condiciones necesarias pero no suficientes. Obviamente, produce también sus propias divergencias, como por ejemplo las registradas en el ámbito de la distribución de la renta y del poder, aunque sobre ello operan tanto mitos como realidades.

2.5. Otros efectos económicos y sociales

El que en sólo cinco años se duplicaran las líneas telefónicas tendidas durante más de un siglo o la expectativa de volver a duplicarlas pese a esta crisis antes de 2010 no es con todo el mayor ni el único logro de la digitalización de las TIC, donde Internet registra el mayor crecimiento. Su mayor efecto estará en el cambio de las relaciones sociales en cantidad y calidad, pues la Red no se limitará a las relaciones entre personas, sino que se extenderá a las de personas-objetos y objetos-objetos.

Las actuales realidades de conexión por dispositivos fijos o móviles gracias al GSM (Sistema Global de Comunicaciones Móviles) se convertirán en varios miles de millones antes de que termine la presente década, pues las expectativas de expansión del teléfono y de la Internet móvil recibirán un fuerte impulso en breve con el GPRS (Sistema General de Paquetes vía Radio), con el EDGE (Estándar Digital de Telefonía Móvil) y, sobre todo, con el UMTS (Sistema Universal de Telecomunicaciones Móviles). Pero no más allá del final de la presente década se unirán las conexiones de esas personas con los *robots sapiens,* ya en proceso de diseño y que podrán comercializarse antes de 2010. Como la potencia de los *chips* se multiplica por mil cada quince años, sólo es cuestión de tiempo el que pequeños animales domésticos se vuelvan inteligentes. Pero antes de que los robots sean capaces de mantener una conversación con su dueño, poblarán las casas, las calles y los centros de asistencia de niños y ancianos. Según Tosí T. Doi, jefe del laboratorio de Criaturas Digitales de Sony, en la próxima década en los 46 millones de hogares japoneses habrá dos o tres robots, entre ellos un humanoide.

Estos cambios en las relaciones sociales (entre individuos, empresas, estados u otras instituciones) serán de mayor envergadura en la medida en que alteren aún más la organización del espacio y el tiempo de trabajo y ocio. Así lo indica por ejemplo entre las empresas el proceso alianzas, fusiones y absorciones, acelerado sobre todo al terminar los años noventa bajo la creciente presión globalizadora de las nuevas infraestructuras de la información. Interacción entre empresas que se ha visto reforzada al terminar el siglo con la generalización de Internet, medio que al integrar la tecnología de los anteriores y potenciar así la posibilidad de las relaciones a menores precios está generando nuevas interdependencias, mayormente positivas, pero también negativas, entre las economías nacionales.

Además de potenciar el comercio electrónico a través de la modalidad B2B *(business to business),* que en poco más de un lustro puede llegar a representar el 50 % del comercio entre empresas, la red electrónica ha potenciado la cooperación necesaria para posibilitar una nueva forma de interacción internacional: la de los individuos, con la correspondiente aparición de los profesionales surgidos en muchas especialidades durante el siglo XX como los nuevos mediadores del conocimiento y de la atención ante el siglo XXI. A esa nueva interacción se suman otras muchas que desde el ámbito de la cooperación social presionan sobre lo económico.

El resultado en las relaciones de los individuos profesionales está siendo similar a la que se produce entre los Estados y las empresas. Unos, por ejemplo las grandes figuras del deporte, la música, el cine u otras artes, se suman con Internet a la nueva economía de la atención, para servir como «atractores» de clientes a los que vender su imagen. Otros, carentes del valor atención pero que tenían como recurso el ser fuentes de información desde que se inició el proceso de especialización profesional con el siglo XX, ahora deben lanzarse al escenario global como mediadores del conocimiento.

Sin embargo, el resultado, más a largo plazo, es el afianzamiento y la preeminencia de las relaciones de cooperación sobre las de conflicto, así como un cambio en la cualidad respecto al grado y contenidos de las mismas, como muestran los numerosos procesos de integración registrados en las últimas décadas. Procesos que tampoco se observan sólo en las relaciones entre los Estados, sino en el conjunto de las relaciones que afectan a los otros agentes o actores (ONG, empresas e individuos), porque es una integración derivada de la convergencia de las infraestructuras y de la convergencia de las superestructuras observada igualmente en las instituciones y en las organizaciones, ya sea en las dimensiones política o jurídica o en la cultural.

La nueva realidad reticular es capaz de redefinir tanto el espacio como el tiempo, actuando así sobre las dos principales limitaciones y coordenadas humanas. El resultado es la dispersión de las gentes y del trabajo pese a su concentración en ciudades y áreas metropolitanas o regiones, lo que replantea las políticas de transporte, educación, formación y desarrollo económico en los nuevos marcos y áreas de relación regionales[13] y globales. Y, de paso, las maneras de leer, estudiar, escribir y difundir nuestras ideas, razonar, decidir, trabajar..., tareas que encuentran soportes en la emergente *e-economía* del *e-todo*.

La globalización es uno de sus frutos espaciales, aunque la creación de nuevas actividades y la dinámica de innovación y especialización no resultan menos importantes. Ello genera estímulos para la mayor movilidad de los factores productivos, causando los actuales círculos virtuosos, que han llevado a la economía norteamericana desde mediados de los años ochenta al ciclo de expansión más prolongado y estable que se recuerda, expansión que puede continuar durante las próximas décadas. Esta nueva economía aumentó la productividad y aceleró el crecimiento, incrementó el nivel de vida de millones de personas sin disparar la inflación, dando evidentes síntomas de que la creciente interdependencia causada por las infraestructuras y superestructuras in-

13. *http://www.neweconomyindex.org/metro/index.html*

formativas tiende a sintonizar las pautas de crecimiento económico y a aproximar variables tanto monetarias (inflación, tipos de interés) como reales (crecimiento del PIB, empleo).

El efecto combinado del impulso de las nuevas relaciones sociales basadas en la información y del potencial de la capacidad de ampliar los sentidos no puede ser otro que el de una redefinición del papel del individuo, aunque también de las organizaciones en su sentido más amplio de contextos de relación o agregados de individuos y de las instituciones como conjunto de valores que regulan tales relaciones. Las fronteras y relaciones entre el yo y el nosotros e, incluso, el ellos, están en pleno proceso de redefinición, tema que mereció a principios de agosto de 1999 todo un suplemento de *The Economist,* cuando A. G. Grove, cofundador y CEO de la empresa Intel, dijo: «En cinco años, todas las empresas estarán en Internet o no serán empresas». El resultado de esa redefinición son, entre otros, los siguientes cambios económicos:

— La información, concebida por la teoría como un bien no exclusivo ni transparente (De Long), impone poco a poco su presencia creciente como *commodity,* de la mano de los grandes avances tecnológicos y de los cambios sociales.
— Los incrementos de productividad esperados, aunque en principio discutidos por la famosa paradoja de la productividad, empiezan a ser identificados como causa de «círculos virtuosos», de externalidades importantes, de innegable rendimiento económico.
— En el desplazamiento de lo tangible a lo intangible, de una economía basada principalmente en la materia y la energía a otra centrada en la información, resulta especialmente percibida la mayor calidad y el superior rendimiento de los servicios, sobre todo de los más intensivos en información, más capaces —por tanto— de atraer sus nuevas tecnologías.
— Poco a poco se admite una gran integración de las funciones de la empresa en el espacio y en el tiempo.
— En la nueva economía, el objetivo de la producción es muchas veces no hacer mejores productos, sino productos más vendibles.

Estos cambios económicos son impulsados por otros cambios fundamentalmente sociales, entre ellos los que siguen:

— El paso de las relaciones personales de carácter lineal a las reticulares.
— La capacidad de las nuevas tecnologías de potenciar las relaciones humanas en el sentido de que amplían el alcance y potencialidad de los sentidos (sobre todo vista y oído, quizá en el futuro hasta el gusto, olfato y tacto).
— La demanda de movilidad modifica los métodos y relaciones de trabajo.
— También cambian los objetivos de la educación y la formación.

3. Conceptos, dimensiones y perspectivas de la nueva economía

La realidad de lo que hoy se tiende a conceptuar como nueva economía es muy anterior en décadas a que surgiera el término, aceptado en pocos años por las principales organizaciones que se han ocupado de su cuantificación, como el gobierno de EE.UU.,[14] la OCDE,[15] Eurostat[16] y otras oficinas estadísticas nacionales, revisiones estadísticas que en buena parte anticipamos.[17]

En general, por seguir lo más típico de las acepciones norteamericanas, el término se refiere al tipo de cambios cuantitativos y cualitativos que, en 15 años, han transformado la estructura, el

14. Census Bureau (2000) *http://www.census.gov/epcd/ec97/us/US000.HTM* y *http://www.census.gov/epcd/ec97sic/RANKUSE.HTM*. Ver también Matías, Gustavo (2000), *Los transportes de la nueva economía*, Fuentes Estadísticas, número 47, octubre, pp. 4-5.

15. Matías, Gustavo (2000), *La OCDE mide la nueva economía*, Fuentes Estadísticas, número 43, abril, pp. 4-5 (*http://www.fuentesestadisticas.com/numero45/paginas/4-5.htm*).

16. Matías, Gustavo (2000), *Las dos primeras medidas de la sociedad de la información europea*, Fuentes Estadísticas, número 46, septiembre, pp. 10-11 (*http://www.fuentesestadisticas.com/numero%2046/paginas/fue2.htm*).

17. Matías, Gustavo (1994), «La tercera parte del PIB español circula por las autopistas de la información», *El Mundo*, 4-9-94 y Matías, Gustavo (1995), *Telecomunicaciones en el umbral del infolítico*, Telecomunicaciones, BBV, p. 18, cuadro Sector Información: porcentaje del total de la fuerza laboral, donde para España se atribuye una evolución desde el 30,14% en 1981 al 34,12% en 1991.

funcionamiento y las normas de la economía. La Nueva Economía es una economía basada en la ideas y el conocimiento, donde la clave de la creación de empleo y de la mejora de vida son las ideas innovadoras y las tecnologías empotradas en mercancías y servicios. Una economía donde el riesgo, la incertidumbre y el cambio constante son norma más que excepción. Una economía cuyos indicadores[18] principales han de referirse a que cada vez más personas basan su trabajo en la información y el conocimiento.

3.1. Una decena de definiciones

En general, y pese a la sugerencias no operativas de la Escuela Estadística de principios de siglo, los primeros intentos de medir el impacto macroeconómico de la información y el conocimiento en su aportación al PIB datan de mediados del siglo XX. Todos ellos se han centrado, como otros estudios, en la perspectiva de las rentas (Porat[19]), en la perspectiva de la demanda (Machlup[20])

18. *www.neweconomyindex.org/section1_page1/html*

19. Porat, M. U. y Rubin, M. R. (1967), *The Information Economy: The interindustry transaction matrices.* Porat, M. U. (1967), *The Information Economy: the labor income by industry matrix of employee compensation.* Porat, M. U. (1967), *The Information Economy: The «total effect» matrices.* Porat, M. U. (1977), *The Information Economy: Definitions and measurement*, vol. I., *The Information Economy*, Department of Commerce, Washington. Porat, M. U. (1977), *The Information Economy: Sources and methods for measuring the Primary Information Sector (detailed industry reports)*, vols. II, III, IV, V, VI, VIII, *The Information Economy*, Department of Commerce, Washington. Porat, M. y Rubin, M. (1977), *The Information Economy: Development and Measurement* (Washington, D.C.: Government Printing Office).

20. Machlup, F. (1962), *The production and distribution of knowledge in the United States*, Princeton University Press, Princeton, New Jersey, 1980. *Knowledge: its creation, distribution and economic significance*, vol. I., *Knowledge and knowledge production*, Princeton University Press, Princeton, New Jersey, 1982. *Knowledge: its creation, distribution and economic significance*, vol. II., *The branches of learning*, Princeton University Press, Princeton, New Jersey, 1984. *Knowledge: its creation, distribution and economic significance*, vol. III., *The Economics of information and human capital*, Princeton University Press, Princeton, New Jersey. Ver también Machlup, F. y Leeson, K., 1978. *Information throught the printed word: the dissemination of scholary, scientific and intellectual knowledge* (3 vols.). Praeger Publishers, Nueva York (1978). E igualmente Machlup, F. y Mansfield, U. (eds.) 1983. *The study of information: Interdisciplinary messages*, Wiley, Nueva York.

y en la perspectiva de la oferta (Hepworth[21]). De alguna forma todos parten de los trabajos iniciales de Machlup sobre el empleo en actividades intensivas en información, *The production and distribution of knowledge.* También todos utilizan en mayor o menos medida las tablas *input-output* para cuantificar las relaciones intersectoriales. Pero aunque por la convención contable de partida los tres métodos deberían conducir a estimaciones similares, lo cierto es que los resultados han diferido considerablemente, mientras que han proliferado los estudios metodológicos sobre el particular, entre ellos los de Engelbrecht,[22] Sola,[23] Jussawalla,[24] Katz[25] Cheah,[26] Karunaratne,[27] Lange y Rempp,[28] Lamberton,[29] Wellenius[30] y Rubin.[31]

21. Hepworth, Mark (1990), *Geography of the Information Economy*, Londres, Guilford Press.

22. Engelbrecht, H. J. (1986), «From newly industrialising to newly informatising countries: the Primary Information Sector of the Republic of Korea 1975-1980», en *Information, Economics and Policy*, vol 2, número 3, pp. 179-194, y «The Japanese Information Economy: its quantification and analysis in a macroeconomicc framework (with comparations to the US)», en *Information, Economics and Policy*, vol 2, número 4, pp. 277-306.

23. Sola Pool, Ithiel de et al. (1984), *Communication Flows: A Census in the United States and Japan* (Amsterdam: Univ. of Tokyo Press).

24. Jussawalla, M. (1988), «Information Economies and the development of Pacific countries», en Jusawalla, M. y Lamberton D. M. y Karunaratne N. D. (eds.), 1988, *The cost of thinking: information economies of ten Pacific countries*, Ablex Publishing Corporation, Norwood.

25. R. L. Katz (1986), «Explaining Information Sector Growth in Developing Countries», *Telecommunications Policy,* 10, 209-228.

26. Jussawalla, M. y Cheah, C. W. (1983), «Toward and information economy: the case of Singapore», en *Information, Economics and Policy,* vol. 1, número 2, pp. 161-176.

27. Karunaratne, N. D (1986), «Analytics of information and empirics of the information economy,» en *The Information Society*, vol. 4, número 4, pp. 313-331.

28. Lange, S. y Rempp, H. (1977), *Qualitative and quantitative aspects of the information sector*, Mimeo, Karlsruhe, RFA.

29. Lamberton, D. M. (1988), *Theoretical aspects of the measurement of the information sector*, en Jusawalla, M. y Lamberton, D. M. y Karunaratne, N. D. (eds) 1988, cap. 4, pp. 47-60.

30. Wellenius, B. (1988), *Foreword concepts and issues on information sector measurement*, en Jusawalla, M. y Lamberton D. M. y Karunaratne N. D. (eds) 1988, cap. 4, pp. VII-XII.

31. Rubin, M. R. (1988), *The secondary information sectorits meaning, measurement and importance*, en Jusawalla, M. y Lamberton D. M. y Karunaratne N. D. (eds.) 1988, cap. 4, pp. 101-112.

Es por ello que la actual economía de Internet tienda a confundirse con las más sucesivamente amplias de economía digital (que se extendería a toda la transición del átomo al *bit* como unidad básica de información digitalizada), de las TIC (de todas las tecnologías de la información y comunicaciones, incluidas analógicas y digitales), e-economía (toda la basada en el soporte electrónico), de redes (extensiva a otras redes, pero también al comercio electrónico), economía de la información (de sus infraestructuras de transporte y de sus contenidos) y economía del conocimiento (que incluye el conocimiento informativo como el resto o de reglas). Más ambiguas y menos cuantificables son las definiciones de economía liviana (*Weightless Economy*, que pone el énfasis en el proceso de desmaterialización de los bienes y servicios), o la confusa y exenta de rigor economía virtual (como si las redes de información no cobijaran transacciones tan reales como las físicas), por no citar la economía de riesgo.

El inicio de año, década, siglo y milenio invita a clarificar las muy diversas acepciones del concepto nueva economía —realidad y teoría—, pues en ambas crece la confusión conforme se desarrollan sus objetos de estudio. Ya se distinguen con alguna claridad al menos una decena de significados diferentes, aun sin remontarnos a otros múltiples precedentes teóricos, como los de nueva economía keynesiana, clásica, neoclásica, institucional, etc. Estas escuelas de pensamiento se relacionan con lo que hoy conocemos como economía de la información y el conocimiento, pues muchos de sus autores hablaban de la cosa y en prosa sin saberlo.

Sin entrar en tales vericuetos, podemos distinguir tres grandes grupos de significados: primero, la economía que describe los efectos micro o macroeconómicos de los incrementos de productividad derivados de aplicar información, conocimiento y sus tecnologías, efectos centrados en suavizar desajustes entre oferta y demanda (sean en forma de menor inflación, paro, déficit público o exterior, sean en forma de nuevos ciclos de auge y depresión de la renta real); segundo, la economía que facilita o cuenta las nuevas normas o regularidades que diferencian la vieja economía, basada sobre todo en la materia y activada por la energía, de la nueva, más centrada en la información y activada por el conocimiento; y tercero, las diversas nuevas economías de las prácticas o de las e-reglas, a las que nos remiten múltiples libros de gurús.

Incluso descartando conceptos más imprecisos, la lista estaría incompleta sin las ideas implícitas en los primeros intentos de medir la nueva economía, que difieren por continentes e instituciones. Así, la OCDE habla de economía del conocimiento (incluyendo desde el I+D a la enseñanza, las nuevas tecnologías o los servicios basados en información), para concluir que representa el 51 % del PIB de sus 23 países estudiados. En EE.UU. prefieren la economía de Internet (estudios como el de la Universidad de Texas) o la nueva economía digital (tres primeros informes anuales del Departamento de Comercio, que realmente miden el impacto de las nuevas tecnologías más el e-comercio). En Europa, también existe una dualidad entre el concepto de hipersector de la información acuñado y medido por el Observatorio EITO y el más general y válido de Sociedad de la Información aceptado por la Comisión.

El Observatorio Europeo de las Tecnologías de la Información (EITO)[32] ofrece en la práctica información más limitada a las TIC que el Departamento de Comercio, aunque en teoría concibe una agregación de datos más amplia, que parte de las telecomunicaciones (equipos y servicios), sigue por las tecnologías de la información (TI, al sumar a las anteriores la conmutación de datos), se eleva y centra en las tecnologías de la información y las comunicaciones, pero aspira a la definición más amplia de hipersector de la información (TIC + contenidos como publicidad, audiovisual, marketing y anuncios y distribución, a los que no tardará en añadir otros servicios). También sin medirlas, suele hablar de la economía de redes, de la e-economía y de la sociedad de la información

En su informe del 2001 (535 páginas con 202 tablas y 144 gráficos, el European Information Technology Observatory estima que el mercado mundial de las TIC crecerá durante el 2001 el 9,6 % respecto al año 2000, para luego reducir esa tasa al 8,4 % en el 2002. Europa crecería respectivamente al 11,3 % y al 8,9 %, en ambos años más que los EE.UU. (8,3 % y 7,6 %, respectivamente). Pero esta primera potencia tiene un 35,7 % (36 % el año anterior) del mercado mundial, frente al 29,1 % de Europa (31 % en 1999) o el 10,6 % (11 % antes) de Japón y cerca del 4 % los 4 tigres asiáticos. El resto del mundo aporta una quinta parte del total, aunque

32. http://www.eito.com

otras estadísticas de la OCDE atribuyen a los EE.UU. casi el 50 % de la cuota de producción mundial de TIC, así como en los ingresos de Internet. También encabezan los EE.UU. en las de EITO la participación de las TIC sobre el PIB (8,75 %, seguido por Suecia (8,27 %) y Suiza (7,8 %). España ocupa la séptima posición, el 6,82 % (6,5 % en 1999). Más importantes que las cifras es el crecimiento interanual medio en el sexenio 1995-2000, que fue del 8,5 % en Europa, del 8,9 en EE.UU., del 4,5 % en Japón y del 12,3 % en el resto del mundo. Crecimientos muy importantes que superan en más de cuatro puntos los crecimientos interanuales del PIB en ese mismo período. En EE.UU. el mercado de TI es muy superior al de telecomunicaciones, en Japón se acorta esta diferencia, en Europa el mercado de telecomunicaciones es un poco superior al de TI y muy desequilibrado a favor de las telecomunicaciones en el «resto del mundo». En lo único en que Europa desbanca a Estados Unidos es en el campo de la telefonía móvil digital, donde tiene 20 suscriptores por cada 100 habitantes, frente a 5 en Estados Unidos. La conclusión es una fuerte correlación entre el nivel de desarrollo de los países y el aumento del peso del mercado de las TI respecto al de las telecomunicaciones.

El ISI, elaborado por la consultora IDC, es un índice de países en función de su capacidad para acceder a las redes de telecomunicaciones informatizadas y generar contenidos para la nueva Sociedad de la Información. Valora 23 categorías, agrupados en infraestructura informática, de Internet, de telecomunicaciones y marco social. Los datos de 1999 atribuían a Suecia, Estados Unidos, Finlandia, Noruega y Dinamarca las cinco primeras posiciones respecto a los valores obtenidos respectivamente en el Índice de la Sociedad de la Información (ISI). Por su parte, España ocupaba el puesto número veinticuatro, al igual que ya sucediera en 1998, precedida por todos los países de Europa-15 salvo Portugal y Grecia, con posiciones 26 y 29, respectivamente.

Por último, otro observatorio centrado en Internet y en EE.UU., cuya peculiaridad es analizar la distribución de los resultados por los estados de la Unión es *The New Economy Index*,[33] cuyas predicciones de fuerte crecimiento para el 2001 han sido frenadas por la crisis bursátil. Pese a ese eje en Internet, el *web* de este índice apuesta también por el concepto de economía

33. *http://www.neweconomyindex.org/introduction.html*

del conocimiento al incluir otros indicadores como el capital humano, el dinamismo empresarial, la competencia o la globalización y al asegurar que la falacia es creer que toda la nueva economía es la de Internet o la de las próximas cosas nuevas. Al contrario, se refiere a una más fundamental y profunda transformación de todas las actividades, comparable a la economía manufacturera surgida en 1890 y a la emergencia de la producción en masa, la economía de las corporaciones de los cuarenta y cincuenta del siglo XX.[34] «La nueva economía viene para quedarse», a pesar de la caída del Nasdaq, añade.

3.2. HACIA OTRAS ECONOMÍAS DEL CONOCIMIENTO

En suma, la nueva economía, así como el paradigma tecno-económico que implica, asistieron a su expansión en los años noventa, pero había surgido mucho antes como economía del conocimiento, como respuesta al aumento de la complejidad social registrado a partir sobre todo del siglo XIX. Lo que se aceleró en esa etapa última fue la aplicación de TICs, en la segunda mitad del siglo XX. Desde entonces aparecen las primeras visiones de la economía de la información de Machlup,[35] las visiones sociológicas de Bell y luego de Castells, las visiones de la Sociedad de la Información por parte de Porat, Naisbitt, Masuda u otros muchos análisis derivados del impacto de las anteriores en numerosas visiones más recientes de los organismos internacionales (Comisión Europea, OCDE, UNESCO, OIT) o nacionales (MITI de Japón en 1969 y, más re-

34. *http://www.neweconomyindex.org/metro/index.html*
35. Machlup, F. (1962), *The production and distribution of knowledge in the United States*, Princeton University Press, Princeton, New Jersey, 1980. *Knowledge: its creation, distribution and economic significance*, vol I. *Knowledge and knowledge production*, Princeton University Press, Princeton, New Jersey, 1982. *Knowledge: its creation, distribution and economic significance*, vol II. *The branches of learning*, Princeton University Press, Princeton, New Jersey, 1984. *Knowledge: its creation, distribution and economic significance*, vol. III. *The Economics of information and human capital*, Princeton University Press, Princeton, New Jersey. Ver también Machlup, F. y Leeson, K. 1978, *Information throught the printed word: the dissemination of scholary, scientific and intellectual knowledge* (3 vols.). Praeger Publishers, Nueva York (1978). E igualmente Machlup, F. y Mansfield, U. (eds.) 1983, *The study of information: Interdisciplinary messages*, Wiley, Nueva York.

cientemente, Departamento de Comercio de los EE.UU., Reino Unido, Francia, Finlandia o incluso España y Andorra), todas las cuales coinciden en que se limitan a contraponer Sociedad Industrial y Sociedad de la Información, entendida como una simple prolongación posindustrial.

Nuestra visión, por el contrario, es que el gran cambio cualitativo y cuantitativo del Espacio-Tiempo hay que remitirlo en lo económico y lo social a *domesticación humana* de la energía y de la información, que se remonta por el estado actual de los conocimientos primero al Paleolítico (uso de energía propia para el acceso a medios materiales de producción externos), luego al Neolítico (inicio del uso de la energía y de la información ajenas para el acceso a medios de producción externos que ya empezaron a ser tanto materiales como inmateriales, tanto de bienes como de servicios producidos por el advenimiento de lo social, tras la domesticación de animales, plantas y de la información propia y ajena, gracias a las cuales empezó la domesticación de la propia sociedad) y, por último, al *Infolítico* (cuando ante la creciente complejidad de lo social se intensifica el uso de información y conocimientos propios y ajenos para el acceso a más bienes de producción en cantidad y cualidad; es decir, cuando realmente se inaugura a gran escala un Espacio-Tiempo nuevo (hoy por hoy mediatizado por lo digital) y cuando gracias tanto a la energía de las máquinas y a la información y el conocimiento empieza la domesticación de las sociedades ajenas y su consiguiente conversión en sociedades propias, cuando empieza a gran escala la mundialización, la globalización y, con ellas, la universalización).

3.3. Del capitalismo global al digitalismo

Ya desde estos primeros momentos de emergencia, el espacio y el tiempo digital, más allá de quedar en meros conceptos, tienen presencia real en las diversas manifestaciones de la vida social, pues altera desde sus inicios y con rapidez las formas de vivir, sentir y pensar (empezando por las formas de organizar) el mundo a partir de lo que hemos conocido a través de nuestros sentidos, abocados a confundirse con sus extensiones logradas mediante las máquinas.

Frente al capitalismo más o menos estático o evolutivo, el digitalismo es dinámico por su propia naturaleza. El espacio y el tiempo del capitalismo mercantil, industrial o financiero están siendo sustituidos por el espacio y el tiempo del digitalismo, que presentan perfiles netamente diferentes, hasta el punto de haber cambiado el paradigma organizativo triunfante a lo largo del siglo XX. No sólo se alteran los medios de relación entre agentes y factores productivos, que se hacen cada vez más relacionales (empezando por la tecnología, pero siguiendo por el trabajo y el capital a los que sirve). La relación social sigue siendo una relación de poder y su objetivo la consecución del placer. Pero el medio básico de relación para lograrla ya no es tan sólo el capital físico o financiero, concebidos por Marx como *trabajo muerto*, sino el conocimiento, que nutre y fecunda el trabajo vivo de hoy, la más abundante reencarnación de la plusvalía en la sociedad digital. Esto es algo más que trabajo acumulado y se convierte en un fin más humano y completo que el del propio capital como instrumento de relación.

En la globalización resultante de la conjunción de todas esas esferas de la vida social, la nueva totalidad del digitalismo pasa a ser más que la suma o agregación de las partes que interactúan en ese resultado. El digitalismo es el nuevo escenario u horizonte socioeconómico, que está dotado de un nuevo orden y de un nuevo sistema de relaciones humanas, las propias de la sociedad de la información y del conocimiento. En esa telaraña mundial, el individuo, la familia y el Estado, que han sido hasta ahora las unidades básicas de relación, paulatinamente van cediendo protagonismo a la organización basada en la información y el conocimiento.

3.4. Del e-comercio al e-todo

Internet genera múltiples submodelos de relación. La matriz de las relaciones sociales, antes limitada a las empresas y los consumidores, se amplía para que participen nuevos agentes. Éstos se disponen así a poblar también el e-comercio: junto al B2B y B2C aparecen, por ejemplo, las subastas del C2C. Pero no tardarán en extenderse modalidades como el G2B, el B2E o el T2T, avanzadillas de esa relación de todos con todos.

Casi toda relación es susceptible así de realizarse por los medios electrónicos emergentes. La economía deviene así en potencial e-economía, al igual que la empresa, el gobierno, las organizaciones sociales e incluso la familia. Potencial que se hará real cuando den plenos frutos las incipientes investigaciones y desarrollos en reconocimiento de voz, sistemas expertos, *e-books*, servicios de almacenamiento barato, *software* de vídeo, sistemas inteligentes de transporte, telefonía de tercera generación y robots.[36]

Las primeras avanzadillas son el comercio y las finanzas electrónicas, así como otros tipos de intermediación y la formación. Pero en un futuro próximo todos los demás servicios intensivos en información encontrarán incentivos para devenir parcial y crecientemente en electrónicos. Por eso ya se desarrolla a marchas forzadas el *e-business*, la empresa organizada en base a la red.

No sólo se transforman los servicios ya conocidos, sino que surgen cada día nuevas clases de intermediarios y negocios, como las subastas, los «*cyber*-almacenes» o las casas de divisas, que reducen las pérdidas de los vendedores o los costes de los compradores. La *web* evita a vendedores y compradores la búsqueda física a lo largo del mundo o en costosos viajes. En algunos países del sur y de Asia florecen así a un ritmo mayor que en las áreas desarrolladas los «infomediarios».

Pese a la crisis bursátil, el crecimiento del comercio electrónico, en principio más pujante entre empresas que entre ellas y los particulares, superará los 8 billones de dólares en el año 2004, según Forrester. Su avance será durante los próximos años más exponencial en Europa y Asia que en los EE.UU., donde el *Census Bureau* ha informado que las ventas detallistas durante el último trimestre del 2000 (en pleno pinchazo de la burbuja bursátil que afectó más seriamente a las *dotcoms*, algunas de las cuales perdieron el 90 % de su valor) crecieron un 67 %, siete vez más que las ventas físicas.[37]

El EITO dice que ya pudo superar en el año 2000 los 246 millones de euros, un 25 % más que la cifra obtenida en 1999. Reino Unido, Alemania y Francia son los países europeos que presentan una mayor propensión hacia el comercio electrónico.

36. *http://www.neweconomyindex.org/metro/index.html*
37. *http://www.neweconomyindex.org/metro/index.html*

El umbral necesario para el hipercrecimiento del comercio electrónico, según Forrester Research, se configuró en los Estados Unidos entre 1998 y el año 2001. Por esta fecha están a punto de crear similares condiciones para el lanzamiento, aunque con una demora de dos a tres años, Canadá, Gran Bretaña y Alemania. En una tercera oleada, aunque con una demora de otros dos a tres años, se incorporarían Japón, Francia e Italia.

Cierto que todavía los ingresos del comercio electrónico representan menos del 1 % de todas las ventas minoristas. Pero el máximo despegue se espera a partir de ahora. Así lo reafirma el informe sobre las 500 mayores compañías del mundo realizado por Economist Inteligence Unit y la consultora Booz Allen and Hamilton, según el cual más del 90 % de los *top managers* creen que Internet transformará o tendrá un gran impacto sobre el mercado global. Así lo cree también la famosa consultora Forrester Research, que ha lanzado el pronóstico de que el comercio de bienes inter-empresas basado en Internet se duplicará cada año durante los próximos cinco ejercicios, pasando de los 43.000 millones de dólares del año 1998 hasta 1,3 billones de dólares hacia el año 2003, cifra luego revisada al alza pese a la recesión iniciada en la primavera del 2000, pues en junio del 2001 la misma consultora estimaba el e-comercio mundial total en 0,6 billones para el año 2000, 1,3 para el 2001, de forma que ascendiera a 2,2 billones el 2002 y 4,6 el 2003. Pero lo cierto es que el emergente *e-business* es ya mucho más importante que el *e-commerce,* debido a que las empresas están más deseosas y son más capaces que los individuos de sacar rendimiento económico a Internet.

En dos años se esperaba duplicar y se ha duplicado la proporción de compañías norteamericanas que venden sus productos en Internet, al pasar desde el 24 % de 1998 a más del 50 % en el año 2000.[38] De ahí que los EE.UU. representan el 69 % del e-comercio mundial, aunque las previsiones de e-Marketer es que baje al 64 % en el 2002 y al 59 % en el 2003, conforme el mundo se incorpora.

Mientras ocurren estos cambios, se expanden los papeles de la logística y de los intermediados financieros (casos de FedEx,

38. FEI/Duke University Corporate Outlook Survey (1999), March 29, *(http://www.duke.edu).*

UPS, American Express). Las transformaciones de los procesos podrán traducirse en significativos ahorros de costes. Un estudio de American Express y Ernst & Young Management Consulting estima que el enlace entre la tarjeta de compras y un sistema *e-purchasing* puede ahorrar hasta el 95 % de los costes de las órdenes manuales.[39]

Lo que ha empezado a ocurrir con el sector de la informática y la electrónica, que ya ha atravesado el umbral y se dispone ahora a entrar en la fase de hipercrecimiento, se extendería en los próximos años a sectores como el farmacéutico, el de papel y material de oficina, los de bienes de consumo, y a partir del año 2001 hasta alimentos y agricultura, construcción y equipos industriales. Los tres o cuatro años que pasarán en la mayoría de los sectores entre su entrada en el comercio electrónico y la fase de hipercrecimiento del mismo se explican en que se tarda más de dos años para empezar a formular una idea innovadora de negocio, establecer la presencia en la *web* y empezar a dominar el sector elegido.

Sin embargo, ya han aparecido más que síntomas de que por el ciclo del negocio pronto ese efecto se desplazará hacia otros sectores de la economía norteamericana y mundial, como consecuencia de los llamados *network effects*. Quizá el principal de ellos en lo que importa para la extensión de Internet es el que *The Economist*[40] llama el efecto apologético o evangelizador, basado en la necesidad que tienen las empresas situadas en la red de persuadir a sus proveedores y consumidores para que se incorporen a ella. «Como los compradores y vendedores reducen sus costes y elevan su eficiencia al invertir en la capacidad de hacer negocios en Internet, es de su interés el persuadir más y más a sus *partners* para que hagan lo mismo, creando así un círculo autorreforzado.»

3.5. Las siguientes economías emergentes

A través de los sentidos, los seres humanos que han poblado la tierra a lo largo de la historia han conformado el mundo. Aho-

39. American Express (1999), press release, May 25, (*http://www.americanexpress.com*).

40. *The Economist*, 26 de junio de 1999, «The net imperative», p. 6 de «A survey of business and the Internet».

ra, la vista, el oído, el olfato, el gusto y el tacto seguirán siendo fronteras ampliables gracias a la tecnología digital, a la economía y a la cultura digital. La permanente ampliación y convergencia de los espacio-tiempos primero visual, auditivo, en un futuro inmediato el gustativo, olfativo y táctil, tienden a expandir el horizonte de posibilidades de los más de 10.000 millones de personas que habrá en el mundo a mediados de este siglo.

Gracias también al digitalismo, la ahora emergente *e-economía* de los *bits*, que apenas asiste a su *big-bang*, dará lugar a otras formas aún más sofisticadas, prometedoras y relativamente inminentes de economías de la información. Incluso en el caso de que las nuevas tecnologías digitales no evolucionen (por ejemplo, mediante la nanotecnología) o deriven en otras aún más potentes y todavía por descubrir, ya se pueden entrever esas nuevas economías del conocimiento.

La más inmediata y potente que se nos presenta es la *g-economía* de los genes y sus innumerables aplicaciones, tanto a todos los seres vivos ahora conocidos como a los que esa tecnología pueda crear. Ayudada por las TIC, tras descifrar el genoma esa economía ya había causado el primer billonario en dólares, Michel Haseltime, quien declaraba a *Fortune* de la segunda quincena de junio del 2001 que antes de terminar el siglo será realidad la perpetua regeneración de los cuerpos. Las expectativas de la *g-economía* ya han llevado a IBM a desarrollar un nuevo superordenador que multiplicará por cien la capacidad de cálculo de los ahora más potentes; es el proyecto *Blue Gene*, que tendrá como principal objetivo las aplicaciones bioinformáticas de la investigación genética.

También está a la vuelta de la esquina la *s-economía* del espacio, no sólo de los espacios infinitamente pequeños que se dispone a descubrir la nanotecnología, sino de los espacios infinitamente grandes que pueden proyectar al ser humano tanto a la conquista del universo como al descubrimiento de nuevos universos por ahora sólo hipotéticos.

Por tanto, las economías hacia las que nos conduce el digitalismo tenderán a ser, no ya sólo globales, sino verdaderamente universales. Los frutos de la división del trabajo generada por el capitalismo, y en concreto la creciente especialización científica dc los últimos siglos, demandarán, más pronto que tarde, la cooperación u otras formas de relación interdisciplinar. Así lo permiten ya entrever las emergentes demandas de hombres universales, cuya estela se perdió en la extensa obra de Leonardo da Vinci, demandas que empiezan a ser acentuadas por la convergencia científica o por las reflexiones sobre la transdisciplinariedad que convivirá con la especialización de las ciencias iniciada hace poco más de un siglo..

No tardará en calar y extenderse la tentación de aplicar las crecientes facultades de las máquinas al propio cuerpo. Entonces sí que será difícil distinguir entre el ser humano y la máquina capaz de acumular sus vivencias y registros. De este modo, el digitalismo nos lleva de la era de las máquinas inteligentes hacia la era de las máquinas espirituales, como ha visto R. Kurtzweill.

4. **Políticas ante la nueva economía global**

Los tres principales economías del mundo (EE.UU., la Unión Europea y Japón), además de la visión global del Grupo de los Siete (G7), han contribuido con sus programas políticos al advenimiento de la sociedad de la información, directamente en sus demarcaciones. Además, a través de las organizaciones internacionales, recomiendan a los países en vías de desarrollo que desregulen sus economías, construyan infraestructuras adecuadas y fijen precios asequibles a los ciudadanos para que puedan aprovecharse de las ventajas de la sociedad de la información, hoy centrado en el desarrollo de Internet.

4.1. Iniciativas en la tríada mundial

El renovado liderazgo norteamericano se nota en que esas recomendaciones de los organismos internacionales siguen la pauta de los cinco principios fijados en el informe publicado en 1997 por el presidente y el vicepresidente de los EE.UU. A Framework for Global Electronic Commerce: liderazgo del sector privado, evitar restricciones indebidas, establecer un ambiente legal basado en modelos contractuales, reconocimiento de las cualidades de Internet como medio, y facilitar la globalización del *e-commerce*. Informe donde se afirmaba que, por sí solos, «Internet y el comercio electrónico tienen el potencial de conducir el crecimiento económico mundial por muchas décadas».

El impulso dado durante los años noventa por Clinton partió del reconocimiento de que, «en la nueva economía, infraestructura significa información además de transporte», así como de que «más de la mitad de la fuerza de trabajo de los EE.UU. está empleada en industrias intensivas en información». De ahí el objetivo de lograr un sistema puerta a puerta de fibra óptica para el año 2015 para conectar cada hogar, cada laboratorio, cada aula y cada negocio de América.[41]

En Europa, ha predominado más la retórica de la Comisión y la burocracia que las realidades. Entre sus hitos destacan el Informe Delors, «Crecimiento, competitividad, empleo. Retos y pistas para entrar en el siglo XXI». *Libro Blanco* 1994, cuyos principios eran no exclusión social y maximizar empleo mediante difusión y aplicaciones, eliminar obstáculos reglamentarios (responsabilidad nacional), apertura, servicio universal y normalización, además de crear entornos competitivos abiertos para las empresas: redes transeuropeas, formación, etc. El posterior informe Bangemann, *Europa y la sociedad global de la información. Recomendaciones al Consejo Europeo,* era más específico en sus objetivos: 1) eliminar monopolios y liberalizar sector telecomunicaciones, 2) autoridad supranacional de las comunicaciones europeas, interconexión e interoperabilidad de redes, servicios y aplicaciones, 3) acelerar normalización, 4) ajustar con urgencia tarifas de larga distancia y de alquiler, 5) sensibilización pública sobre las teleaplicaciones (trabajo, educación, sanidad y administraciones públicas, y 6) alcance mundial de las telecomunicaciones europeas. Ulteriores hitos han sido el plan de actuación *Europa en marcha hacia la sociedad de la información,* y su concreción del año 2000 durante la cumbre de Lisboa en la iniciativa e-Europa.

En Japón, la estrategia está en línea con las diseñadas en la UE y EE.UU. Desde su escenario de crisis de los noventa (población envejecida, superpoblación en las principales áreas urbanas, excesiva exportación de capital, necesidad de mejoras en

41. Remarks of Gov. Bill Clinton, Wharton School of Business University of Pennsylvania, Filadelfia, 16 de abril de 1992.

la calidad de vida, apertura insuficiente, necesidad de comprender otras culturas y de cooperar ante los problemas medioambientales mundiales), el gobierno ha propugnado una *sociedad intelectualmente creativa* con el apoyo de una infraestructura de info-comunicaciones, definida como una entidad que englobe y armonice las infraestructuras de red, terminales, aplicaciones *software*, recursos humanos, sistemas públicos y privados, además de valores sociales y estilos de vida relacionados con la sociedad de la información.

Sin embargo, para muchos países el movimiento hacia una economía digital en general está constreñido por la brecha crítica de las infraestructuras, que en los países en desarrollo se enfrenta con sus otras necesidades de infraestructuras de transporte o agua, eléctricas y telefónicas. Para ellos, además, el potencial de productividad de la economía digital ofrece tanto esperanza como preocupación, mientras las estadísticas muestran un crecimiento preocupante —aunque discutible en sus causas y efectos— de la brecha digital.

4.2. La función de las organizaciones internacionales

La infraestructura e incluso la estructura de las comunicaciones internacionales está en negociación dentro de algunas de las más importantes organizaciones internacionales, que han legitimado así sus funciones en un momento en que EE.UU. (su principal impulsor tras la Segunda Guerra Mundial) había perdido interés en buena parte de aquel sistema ONU, sobre todo tras el desmoronamiento del bloque del Este. De ahí la dificultad de negociar normas para el comercio electrónico, complicadas por la presencia de actores, tanto bilaterales (gobiernos estatales y corporaciones transnacionales), plurilaterales y regionales (Grupo de los Siete y la OCDE) y multilaterales (entidades como la ITU y la WTO).[42]

Algunas de las principales organizaciones internacionales se ocupan de cuestiones relacionadas con el comercio electrónico, la propiedad internacional, la seguridad de Internet y los impuestos. Pero ha sido el G-7, que en julio del año 2000 hizo una seria lla-

42. Murphy, Paula M., 2000, *L'Institut de Hautes Études Internationales*, *murphy@hei.unige.ch*, «Negociating...».

mada a acelerar los preparativos de la sociedad de la información, la institución que más ha contribuido a globalizar y extender la revolución informativa, en ocasiones con llamadas a la cooperación a través de la OMC, UIT, ISO y OCDE. También han colaborado la UNCITRAL, Comisión de la ONU del Derecho Mercantil Internacional, Foro de Cooperación Económica de Asia y el Pacífico (CEAP), Organizacion Mundial para la Propiedad Intelectual (OMPI) al aprobar la Agenda Digital, Área de Libre Comercio en las Américas (ALCA) al pedir mayor desarrollo de la infraestructura y menores costes en las telecomunicaciones, además de protección efectiva de la propiedad intelectual. Por supuesto, los EE.UU. han movilizado a otras organizaciones, como Banco Mundial, FMI, y otras entidades regionales y nacionales.

5. **Internet y la nueva economía europea y española**

Aunque ya hemos visto que ni Europa ni mucho menos España ostentan posiciones avanzadas en Internet y las TIC, la situación es algo mejor en el caso europeo para la sociedad de la información o la del conocimiento. No así en el caso español, a pesar de su importante activo de la lengua y de las posiciones estratégicas ganadas durante la última década en Iberoamérica.

Ya hemos visto que la OCDE le atribuye a la nueva economía española sólo un 35 % de la producción (frente al 50 % de media comunitaria) y que en el Indicador de la Sociedad de la Información (ISI) España ocupa el puesto número 24, precedida por todos los países de Europa-15 salvo Portugal y Grecia. Reitera así curiosamente la misma posición que le suelen atribuir desde hace décadas los índices de competitividad internacional, en los cuales las ganancias han sido menores que en el crecimiento económico y en la consiguiente posición por inversiones en el exterior, presencia en las organizaciones internacionales, producción y renta por habitante, que le sitúan entre el sexto y el décimo quinto.

Sucede algo parecido a la renta por habitante, que se ha multiplicado por cinco desde 1955 pero todavía mantiene un atraso próximo al 20 % con la media europea. También en las TIC, España avanza posiciones en el mercado europeo y mundial, porque crece a un ritmo superior al de la media comunitaria y ofrece importantes tasas de penetración de la telefonía móvil y de avance de Internet en años recientes, cuando España ha sextuplicado su número de internautas en sólo 48 meses. Pero sigue estando en el puesto 20 en accesos, si bien ha llegado al tercero en denuncias por ciberocupación de dominios entre los cerca de tres millares que llegaron al ente regulador ICANN durante el año 2000.

En abril del 2001 había en España 7 millones de internautas, cuando la Encuesta General de Medios (AIMC, 1997)[43] de la Asociación para la Investigación de Medios de Comunicación apenas registraba en marzo de 1997 un total de 1.073.000 personas. Según la oficina estadística de la Unión Europea (UE), esos 7 millones de internautas de abril del 2001, el 17,7 % de la población, suponen un gran avance frente a los 2,8 internautas por cada centenar de españoles estimados en en 1997. Pero la media comunitaria es de casi el doble, un 32,7 %, que equivale a 123 millones y puede sobrepasar a finales del 2001 150 millones de habitantes.

Sin embargo, Portugal, que ofrece tasas de penetración mayores a las españolas, ha sido también más diligente en aprovechar su proyección iberoamericana para crear contenidos para Internet. El país vecino fue en el año 2000 el que más aumentó en la UE el número de páginas creadas (+51,3 %), aunque sigue siendo uno de los estados con menos páginas por cada cien habitantes (1,8 %), junto a Grecia (1,3 %) y España (1,6 %). La media comunitaria en la UE era en enero de 2001 de 3,4 %, muy lejos de las cifras de Estados Unidos (26,8 %) y Japón (4,3 %). De ahí que algunos se preguntan si el Aquiles europeo o español alcanzará alguna vez a sus respectivas tortugas.

El gobierno español ha ofrecido más retórica que hechos en la promoción de inversiones en nuevas tecnologías e Internet, a pesar de que las inversiones en I+D siguen en el 0,9 % de la última década, mitad de la media europea, a su vez inferior en un 50 % a la norteamericana y japonesa. De los 136.978,5 millones de pesetas del plan Una Sociedad de la Información para Todos,

43. AIMC, 1997, «Encuesta General de Medio». Asociación para la Investigación de Medios de Comunicación (AIMC), Versión electrónica: <URL:*http://www.arroba.es/aimc/htm/encues/intro.html*>

sólo se ejecutaron el año pasado 56.884 millones, un 41,5 %. Tampoco la marcha del Info XXI (2001-2003), el proyecto que le ha sucedido en el tiempo y que fue anunciado por el propio presidente, José María Aznar, resulta alentadora, a juzgar por la falta de datos sobre su cumplimiento seis meses después de su lanzamiento, aunque para compensar esa carencia de resultados se anuncian planes de inversión de casi un billón de pesetas. Y casi todas las comunidades autónomas han lanzado iniciativas propias al respecto.

El informe European Information Technology Observatory 2001 elaborado por EITO señala a España como el país europeo donde más crecerá el sector TIC con respecto a las previsiones del 2000, con un 14,2 %. Pero España incluso como mercado europeo de TIC es la tercera parte del alemán, tasa que se reduciría al 8,7 % en el 2002. La Asociación Nacional de Empresas de Tecnología de la Información calcula un mercado interior de más de 1,8 billones de pesetas, creciendo a ritmos de cerca del 14 % y con mayoría de *hardware* (50,5 %), frente a los servicios (27,8 %) y, en menor medida, de *software* (13,2 %), mantenimiento (4,7 %) y consumibles (3,8 %).

En el índice de comercio electrónico del Economic Intelligence Unit (EIU), que considera vitales el grado de conectividad o la disponibilidad de las infraestructuras de comunicaciones para el desarrollo del tráfico de Internet, España ocupa el puesto 21, aunque con una puntuación notable de 7,5 sobre 10. Las puntuaciones que obtienen mercados emergentes como los de Rusia, la India y China rondan el valor de 5 y respectivas posiciones 44, 50 y 51. Pero lo cierto es que en España, aunque el comercio electrónico crece más que otros países apenas representa un 0,3 % de las ventas totales. No es de extrañar cuando el tejido de PYMES es tan amplio y sólo una de cada tres pequeñas y medianas empresas industriales españolas tiene una página en la Red, pero sólo el 2,98 % realiza transacciones comerciales a través de su site.[44]

El estudio realizado por la Asociación Española de Comercio Electrónico (AECE) en abril de 2001, mediante una encuesta realizada a 4.200 individuos españoles, confirma que ha crecido incluso por encima de las expectativas y alcanzó en el año 2000

44. *http://www.ganar.com/informes/espana/0106/11camara.htm*

los 34.000 millones de pesetas. La previsión para el año 2001 asciende a 76.000 millones de pesetas. Las ventas en la Red aumentan por cuatro razones: espectacular crecimiento del número de internautas, aumento de tiendas que ofrecen productos *on-line*, incremento del gasto medio por cada compra y la comodidad que ofrece Internet a la hora de comprar por este canal.[45] Pero lo cierto es que el EITO 2000 indicaba que el comercio electrónico de España se mantendría entre el 2000 y el 2003 en una cuota del 2,4 %, porcentaje que no alcanza a la mitad de la cuota que le corresponde por el volumen de su economía o a un cuarto del de su población.

45. *http://www.ibrujula.com/news/noticia.php3?id=17792*

CAPÍTULO 9

INTERNET Y EL DESARROLLO SOSTENIBLE

GREGORY C. UNRUH

1. Introducción

La primera fase del boom comercial de Internet finalizó en el cuarto mes del nuevo milenio. Un claro reflejo de la ascensión y el declive de la era de Internet lo representa el NASDAQ, el índice del marcado de valores tecnológicos de EE.UU., que ascendió un espectacular 88 % desde octubre de 1999 hasta alcanzar su máximo histórico, 5.132 puntos el 10 de marzo de 2000. El inversor de riesgo John Doerr, de la conocida empresa ubicada en Silicon Valley, Kleiner Perkins Caulfield & Buyers, calificó la inflación financiera como «la mayor creación legal de riqueza en la historia del ser humano». El colapso de las empresas de Internet fue igual de dramático que el declive que sufrió el NASDAQ durante un año hasta situarse por debajo de la marca de los 2.000 puntos. Existe la tentación de calificarlo como «la mayor destrucción de riqueza de la historia del ser humano», pero sería un error, ya que el mayor acto de destrucción de la historia del ser humano se viene desarrollando de manera incesante desde hace más de dos siglos. Mientras los empresarios de Silicon Valley se dedicaban a construir el capital físico e intelectual necesario para soportar el crecimiento de Internet, los empresarios de otras partes del mundo se dedicaban a destruir el capital natural (nuestros bosques, ríos y atmósfera) a un ritmo vertiginoso.

La expansión económica propiciada por Internet y la consiguiente euforia que desató distrajeron la atención de algunos de los problemas medioambientales más acuciantes que afronta la sociedad industrial. Durante el período de auge, los ciudadanos de los países más poderosos estaban ciegos ante las señales de la madre naturaleza de que muchos ecosistemas se estaban explotando más allá de su capacidad para regenerarse. Nuestra predilección innata de centrarnos en el mundo creado por y para el hombre y el nuevo mundo virtual del ciberespacio, nos llevan con frecuencia a obviar el declive que experimenta el mundo natural del que dependen tanto el mundo humano como el virtual y, en último extremo, nuestra supervivencia. Numerosas organizaciones han hecho una relación de la continuada destrucción del capital natural (Alexandratos 1995; FAO, 1996; WRI, 2000; UN 1996), sin embargo, aún quedan hechos subyacentes que indican el grado de explotación al que estamos sometiendo a la naturaleza:

— Existen numerosas señales de que se está produciendo un *cambio climático mundial* provocado por la combustión de combustibles fósiles y la emisión de otro tipo de gases invernadero. Los 11 años más calurosos de toda la historia tuvieron lugar a partir de 1980 y la década de los 90 ha registrado las temperaturas más altas del milenio. Según las estimaciones, el calentamiento del planeta ha alcanzado una velocidad superior a la de cualquier período de los últimos 10.000 años y si continuase así, en el año 2100 la temperatura de la Tierra podría haber ascendido 6 grados por encima del nivel de 1990, lo que posiblemente originaría el consiguiente aumento del nivel del mar, escasez de agua, una reducción en la producción de alimentos y la propagación de la malaria, fiebre del dengue y otras enfermedades.

— El crecimiento demográfico excede tanto la capacidad de la naturaleza como la de los gobiernos de satisfacer las necesidades de los ciudadanos. En todo el mundo, 1.200 millones de personas no pueden satisfacer sus necesidades básicas para la supervivencia, como agua potable, aire limpio y saludable, al tiempo que, por intentar dar sustento a sus familias, los indigentes destruyen bosques y frágiles arrecifes de coral. La presión demográfica ha provocado la creación de laderas inestables y valles proclives a las inundaciones que crean las condiciones ideales para que se produzcan desastres naturales como el ocurrido en 1998, el huracán Mitch que acabó con la vida de 120.000 personas y provocó millones de desplazados.

— Se están perdiendo ecosistemas únicos a una gran velocidad. Durante los últimos 30 años, se ha perdido una quinta parte de las selvas tropicales del mundo, donde existía gran biodiversidad. Asimismo, hemos perdido 27 % del equivalente oceánico de las selvas tropicales, los arrecifes coralinos del mundo. La FAO estima que desde comienzos de siglo, cerca del setenta y cinco por ciento de la diversidad genética de las cosechas agrícolas se ha perdido y que el sesenta por ciento de los bancos de pescado del mundo «necesitan una gestión urgente».

La lista sería interminable, pero da la impresión de que la mayor creación de riqueza financiera en la historia del ser humano es análoga a la mayor destrucción de la riqueza natural de la historia. Mientras que la destrucción del capital financiero durante el hundimiento de las empresas de Internet resultó ser un trauma para los inversores, realmente se trató sólo de la destrucción de unas expectativas infundadas acerca de las ventajas futuras que aportarían los modelos de las empresas de Internet. La debacle de las cotizaciones del mercado de valores significó la vuelta a las expectativas racionales después de un período de «exuberancia irracional». El hecho de destruir los mercados de capital natural, por el contrario, es bastante más grave. Mientras que las expectativas pueden cambiar, la degradación medioambiental, al igual que la extinción y el cambio climático de la Tierra no. Prevenir este daño irreversible es la tarea más importante de esta sociedad. ¿Puede Internet desempeñar algún papel en la ralentización de esta degradación, o incluso invertir el proceso?

Internet es una tecnología de objetivos generales, lo que significa que se puede aplicar a una gran variedad de sectores económicos (Bresnahan & Trajtenberg, 1995). Debido a la gran variedad de usos que permite, es difícil de definir, pero está compuesta de un conjunto de tecnologías interrelacionadas entre las que se incluyen procesadores, *software* y tecnología de redes asociada. En gran medida, estas tecnologías se están integrando de forma parecida a como hicieron las tecnologías mecánicas, de energía y de transportes para integrarse en la revolución industrial. Internet, al igual que todas las nuevas tecnologías, crea una serie de potenciales expectativas futuras. Que sean unas u otras las potencialidades que se desarrollen y logren convertirse en realidades depende del modo en que se aplique la tecnología a los retos de la sociedad. Se ha argumentado que la tecnología de la información digital está creando un nuevo paradigma económico, aunque todavía no se han definido claramente las implicaciones medioambientales y sociales de dicho paradigma. Sin embargo, está claro que para que realmente tenga éxito la nueva economía basada en Internet, esta realidad virtual también tendrá que contribuir a que la humanidad alcance el objetivo alusivo de *sostenimiento mundial.*

Desarrollo sostenible es un concepto que surgió en los ochenta para describir un nuevo tipo de crecimiento económico que equilibra las necesidades de la sociedad humana de prosperidad económica con las necesidades adicionales de igualdad social y de un ecosistema saludable. La comisión de las Naciones Unidas sobre Medio Ambiente y Desarrollo creada en 1987 definió el desarrollo sostenible como «un desarrollo que satisface las necesidades de las generaciones presentes sin desatender las necesidades de las generaciones futuras» (UNCED, 1987). Desde entonces el reto de plasmar en realidad el concepto se ha planteado como algo extremadamente difícil. ¿Cómo equilibran los gobiernos y las organizaciones internacionales las tres E que forman el sostenimiento: economía, entorno medioambiental y equidad?

Internet dispone del potencial para desempeñar un papel muy importante en cada una de las tres «E» que conforman el sostenimiento. En lo que respecta al *entorno medioambiental* puede contribuir a que el ser humano caiga en la cuenta de que ha sobrepasado los límites de la naturaleza al reducir la incertidumbre científica relativa al grado de la destrucción medioambiental y su impacto asociado. Como tecnología de la información, Internet puede ayudar a lograr un profundo y amplio conocimiento del funcionamiento de los sistemas medioambientales y de las implicaciones de la modificación del ser humano. En términos de *equidad* puede contribuir a superar la «tragedia del campo abierto» y los problemas de acción colectiva asociados que fomentan la sobreexplotación y el desigual reparto de las ventajas medioambientales. Como tecnología de la comunicación, Internet puede proporcionar una oportunidad a aquellos que no tienen derecho a decidir en los debates políticos sobre aspectos económicos, sociales y medioambientales. Y en lo que respecta a la *economía,* Internet puede ayudar de manera terminante a aumentar la eficacia del uso de recursos naturales como la energía, el agua y los bosques. Como tecnología de red, Internet abre múltiples vías para lograr un funcionamiento eficaz de los sistemas comerciales y eliminar los deshechos. Las siguientes secciones tratan estas oportunidades de manera más detallada.

2. **Unir ciencia y política en la red**

La naturaleza no puede hablar por sí misma y, en consecuencia, no puede decirnos cuándo hemos sobrepasado el límite de autorregeneración de los sistemas naturales. Nuestro entorno natural se genera mediante la interacción combinada de los sistemas geológico, hidrológico, biológico y social del ser humano y es por tanto el sistema más complejo que debemos analizar. Es extremadamente complicado entender lo que supone que la contaminación se introduzca en este entorno, o el impacto global que supone la destrucción de un ecosistema forestal. La incertidumbre creada por dicha complejidad dificulta más, si cabe, la tarea de conocer cuáles son los límites de la degradación medioambiental. En el momento de adoptar decisiones económicas sobre explotación medioambiental, las ventajas que supone sustituir un ecosistema forestal por viviendas y un complejo industrial son mucho más seguras y por lo general, tienen un mayor peso específico en la toma de decisiones sociales. La tendencia nos lleva, en consecuencia, a permitir que los problemas medioambientales alcancen un punto crítico antes de que se adopten las medidas oportunas. Una crisis es lo único que nos puede hacer ver que hemos ido demasiado lejos y que la sociedad actúe.

La historia del ser humano nos proporciona varios ejemplos de esta tendencia. Uno de los más recientes es el caso del pesticida DDT, que se acumula en la cadena de los alimentos ecológicos y daña especies animales como las aves predadoras. La famosa escritora sobre temas científicos Rachel Carson documentó con pruebas el peligro que representa el DDT para los ecosistemas en su libro *Silent Spring*, en 1968. Sin embargo, las políticas medioambientales para eliminar el DDT en los Estados Unidos sólo se pusieron en práctica después de que el producto químico diezmó la población de un símbolo nacional como el águila Bald Eagle (un tipo de águila norteamericana de cabeza blanca y alas oscuras). Del mismo modo, sólo se adoptaron medidas para reducir la lluvia ácida después de que el movimiento *Waldsturben*, un término alemán que significa «bosque muerto», se pusiera de manifiesto en el norte de Europa y en Norteamérica (Sand, 1987, Nelson y Druinker, 1987). Y, sólo después del descubrimiento en 1989 del «agujero en la capa de ozono» en el Antártico, comenzó la eliminación total de los clorofluorocarbonos (Doniger, 1988; Benedick, 1991). La incertidumbre actual sobre el ritmo y la magnitud del calentamiento de la tierra ha ralentizado de manera similar las negociaciones internacionales sobre la política que se debe seguir para afrontar el cambio climático.

La incertidumbre es inherente a sistemas tan complejos como el entorno medioambiental y todo lo que se puede hacer es reducir el grado de incertidumbre mediante la investigación y el estudio científico. Es ahí donde comienza la labor de Internet, y cada vez se encuentra más en disposición de desempeñar un papel transcendental. La incertidumbre se origina a partir de la información sesgada que recibimos sobre el estado del medio ambiente y sobre las causas y los efectos de la contaminación. Dado que Internet y las tecnologías de la información relacionadas nos permiten capturar, procesar y transmitir información, pueden contribuir a mejorar tanto la calidad como la cantidad del conocimiento científico acerca de los problemas medioambientales. Es este conocimiento científico, difundido ampliamente entre los miembros de la sociedad, lo que nos informa y lo que conduce a la toma de decisiones en el marco de la política medioambiental.

La recopilación de información sobre el medio ambiente ha representado históricamente un esfuerzo costoso e ímprobo, sin embargo Internet convierte la recopilación de datos y su transmisión en una tarea mucho más asequible (Udel, 2000). La cantidad y la calidad de la información medioambiental pueden aumentar drásticamente gracias a tecnologías como los sensores en red y el acceso en línea a los sistemas de información geográfica que nos permiten supervisar las condiciones medioambientales con métodos que hubieran sido impensables en el pasado. Las ventajas de obtener una mejor información se pueden ver magnificadas gracias a la inmediatez con que la información se publica en Internet, lo que permite a muchos investigadores procesar datos de forma simultánea.

El Proyecto Genoma Humano (NCBI, 2001) demostró esta capacidad, ya que los resultados se pusieron a disposición de todos los científicos en Internet (Bently, 1996). La mayor potencia de procesamiento de las tecnologías informáticas digitales ponen al alcance de un mayor espectro de investigadores lo que en una ocasión fueron habilidades propias únicamente de superordenadores. Haciendo uso de este potencial, proyectos como CO2 Meta-Analysis van más allá del simple análisis de los datos y, en su lugar, emplean técnicas de obtención de datos para realizar meta-análisis de un gran número de estudios publicados en el pasado (Jones, 2001). Estas aplicaciones de Internet nos permiten recopilar y analizar más información medioambiental y ponerla a disposición de un mayor número de investigadores con un menor grado de repetición.

Realizar descubrimientos científicos es sólo el primer paso. Comunicar el conocimiento científico de manera que resulte útil para los encargados de tomar las decisiones tanto en el ámbito político como el empresarial representa un segundo reto. Con frecuencia, la críptica jerga científica resulta demasiado complicada de entender para los no duchos en la materia y para los políticos, pero entre las posibilidades que ofrece Internet se encuentra la de poner a nuestra disposición enlaces y servicios multimedia, lo que puede aumentar en gran medida la comprensión de los problemas medioambientales para los inexpertos. Las representaciones gráficas facilitan a los políticos y a otros «ver» y comprender la degradación medioambiental. Es posible que uno de los acontecimientos más importantes del movimiento medioambiental del siglo XX lo constituyera la emisión por televisión de las imágenes de la Tierra recogidas desde la Luna. Conocido como el «efecto vista general», esta imagen de nuestro planeta como una pequeña esfera azul abandonada en la fría inmensidad del espacio exterior fortaleció la concienciación del mundo de lo frágil que podría llegar a ser nuestro hogar. Como bien dice el dicho «una imagen vale más que mil palabras». Simulaciones parecidas a catástrofes como la producida por «El Niño», el agujero de ozono, o el impacto que tendría sobre la agricultura el hecho de doblar la temperatura del globo pueden hacer que los problemas sean mucho más inteligibles para los diplomáticos y los políticos.

Una vez que se han puesto en marcha las medidas políticas orientadas a limitar la degradación medioambiental, el reto consiste en asegurar que se acatan y se ponen en vigor los acuerdos. Internet puede ser una herramienta muy poderosa para vigilar y hacer entrar en vigor los acuerdos medioambientales internacionales y la legislación nacional aplicable a esta área. Las medidas políticas se pueden difundir por Internet y su acatamiento se puede administrar mediante portales gubernamentales. Cualquiera puede hacer pública en Internet la transgresión de las normas por parte de alguien, ampliando los cuerpos de los agentes encargados de garantizar su cumplimiento más allá de la capacidad, siempre limitada, de las carteras ministeriales sobre medio ambiente. Internet puede aumentar enormemente la transparencia y la participación en la adopción de acuerdos de protección medioambiental, así como en su cumplimiento.

El uso de Internet para unir a los investigadores de las ciencias medioambientales y a los políticos puede mejorar en gran medida el entendimiento entre ambos y, esperemos, contribuir a remediar nuestra tendencia a esperar a que se produzca una crisis medioambiental antes de adoptar las medidas necesarias.

3. **Superación de «La tragedia del campo abierto»**

En su artículo «La tragedia del campo abierto», publicado en 1968, Garret Hardin formuló la que se convertiría en la idea más básica de por qué surgen los problemas medioambientales. La raíz del problema reside en que el medio ambiente es una fuente común de recursos que la gente se siente, generalmente, libre de explotar, algo que, en último término, nos aboca irremediablemente a su ruina. El ejemplo clásico de un pueblo con un terreno perteneciente a un municipio que cuenta con una zona de pastoreo donde los granjeros tienen derecho a llevar a pastorear a sus animales. Cada granjero tendrá un aliciente para incorporar más animales a su rebaño, a pesar de que el resto de granjeros puedan pensar lo mismo y el exceso de animales agote los recursos del campo. Los granjeros únicamente se detendrán cuando la zona común de pastoreo acabe destruida y no pueda sustentar a sus rebaños. La tesis de Hardin se ha repetido en muchas zonas comunes de la tierra como los bancos de pescado, la atmósfera y los recursos de agua.

Para superar la tragedia del campo libre es necesario cierto grado de coordinación y una visión conjunta que vaya más allá de las ganancias individuales a corto plazo. El reto consiste en un problema básico de acción colectiva. Dicho problema se deriva del hecho de que, con el fin de resolver los problemas medioambientales, muchos individuos disociados y dispersos deben adoptar medidas conjuntas. Dichos grupos tienen en su contra, sin embargo, el hecho de que los daños medioambientales se distribuirán por todo el mundo entre todos los habitantes del planeta, mientras que los costes de revertir los daños sufridos se concentran en grupos reducidos de países o industrias contaminantes. Estos grupos se encuentran en una posición ventajosa al ser reducidos en número y capaces de coordinar sus recursos sustanciales para resistir cualquier cambio que amenace sus intereses. Por el contrario, los distintos grupos distribuidos por todo el mundo que se benefician de las políticas proteccionistas del medio ambiente tienen mucha más dificultad para coordinar su respuesta. El balance entre el poder y el coste es altamente asimétrico, lo que favorece a aquellos que se benefician actualmente de la situación de los campos libres. En la última década, sin embargo, Internet se ha revelado como un ecualizador muy potente para el reto de la acción colectiva (Arquilla y Ronfeldt, 1997, Harasim, 1993).

El emblemático ejemplo de esta ecualización lo representa la protesta que tuvo lugar en Seattle el 30 de noviembre de 1999 durante la reunión de la Organización Mundial del Comercio (*Financial Times*, 1999). Mientras que las imágenes de los medios de comunicación se han centrado en un número limitado de anarquistas destrozando establecimientos de Starbucks Coffee, la realidad de dicho acontecimiento es mucho más complicada y los analistas tratan de entender lo que ocurrió. Es obvio, sin embargo, que Internet desempeñó un papel principal al reunir una ingente diversidad de grupos procedentes de más de 700 organizaciones diferentes en un grupo de protesta coordinado de más de 40.000 participantes. El proceso de organización comenzó al menos con once meses de antelación a la celebración de la reunión mediante correos electrónicos procedentes de varios grupos como por ejemplo Public Citizens' Global Trade Watch (Vigilancia del Comercio Mundial de los Ciudadanos) y Rainforest Action (Acción Lluvia Ácida).

Con la llegada del otoño ya había docenas de grupos de discusión a través del correo electrónico y de listas de distribución que repartían panfletos, en busca de voluntarios e incluso ayudando a los participantes a buscar alojamiento. La protesta que se produjo en Seattle no hubiera sido posible nunca sin Internet.

Los grupos individuales que inventaron los participantes en la protesta, que abarcaban grupos desde el Third World Network (Red del Tercer Mundo) hasta el Movement for the Survival of the Ogoni People (Movimiento para la Salvación del Pueblo Ogoni), tendrían escasa influencia por sí mismas en la toma de decisiones de organizaciones internacionales como la Organización Mundial del Comercio. Sin embargo, al superar el problema de la acción conjunta han tenido éxito en repetidas ocasiones al intentar detener acuerdos comerciales internacionales que intuían podían dañar sus intereses culturales y medioambientales (Kick y Sikkink, 1998). Han forzado el diálogo con el Banco Mundial y la Organización Mundial del Comercio sobre el medio ambiente y los pueblos indígenas, han detenido los esfuerzos de la OCDE en un acuerdo multilateral sobre inversión (Kobin, 1998; Drohain, 1998), han forzado la inclusión de acuerdos laterales sobre el medio ambiente en el Acuerdo de Libre Comercio en Norteamérica (NAFTA) y han tenido cierta influencia en las políticas de ajuste estructural del FMI (Walton y Selden, 1994). Estas organizaciones internacionales, acostumbradas a tomar decisiones de manera individual, se están viendo forzadas ahora a aumentar la transparencia y la participación de la sociedad civil en la toma de decisiones. Aún es demasiado temprano para decir si esto servirá para mejorar las condiciones medioambientales de los acuerdos multilaterales. Las organizaciones gubernamentales internacionales, su contrapartida no gubernamental, tienen que aprender a trabajar de forma productiva para avanzar a legitimar los objetivos de desarrollo económico a la vez que equilibrar los aspectos medioambientales y de equidad. Está claro que Internet desempeñará un papel continuado en el objetivo de alcanzar este nuevo equilibrio.

4. Reducción del impacto medioambiental ocasionado por la actividad económica

En 1999 Mark P. Mills publicó un artículo titulado «The Internet Begins With Coal» (Internet comienza por el carbón) para la sociedad Greening the Earth Society (Sociedad por un Planeta Verde) (Mills, 1999) donde reivindicaba que Internet era uno de los principales usuarios, e incrementaría de forma espectacular la demanda de electricidad a finales de la década. Con la rápida adopción de ordenadores personales, faxes, servidores de Internet, etc., la tesis de que Internet aumentará el uso de energía parece algo intuitivo. A pesar de esta observación, numerosos investigadores, incluido el Departamento de Energía de EE.UU., la Agencia de Protección del MedioAmbiente de EE.UU. y los laboratorios Argonne y Lawrence Berkeley (Laitner, 1999; Koomey, et al., 2000) encuentran indicadores de que Internet está provocando cambios estructurales que realmente *disminuyen* el consumo material y energético de la actividad económica.[1] Por ejemplo, durante el período comprendido entre 1996 y 1998 la economía estadounidense creció el ocho por ciento mientras que el consumo de energía creció solamente un uno por ciento (EIA, 2000; Geller y Thorne, 1999). La fuente solicitada para este desacoplamiento del crecimiento económico y el consumo energético es el rápido crecimiento de las tecnologías de la información basada en Internet en la actividad económica (Romm, 2000). De un tercio a la mitad de la mejora proviene de la amplia distribución de los modelos empresariales que requieren menos consumo de energía y materiales que, digamos, por ejemplo, la producción (Laitner et al., 2000). El resto de la mejora parece provenir de las ventajas de eficacia introducidas por Internet en la vieja economía (Mitchell y Jackson, 2001).

Algunas de estas ventajas provienen del demominado «efecto Amazon». Si comparamos un almacén de Amazon.com con

1. Parece que el artículo de M. Mills puede haber sido tendencioso y partidista. La Sociedad por un Planeta Verde es una organización fundada por las empresas productoras de carbón de EE.UU. y argumentan que las crecientes concentraciones de dióxido de carbono de los gases invernadero no son un motivo de preocupación para el calentamiento de la Tierra, sino que, por el contrario, fertilizarán y «reverdecerán la Tierra».

una venta de libros al por menor mostraría un consumo mucho menor de energía por libro vendido, de hecho una diferencia de 16 a 1 (Romm, 2000). Un estudio de la OCDE indica que Internet podría eliminar la necesidad del 12,5 % del local comercial, ahorrando la energía y los materiales necesarios para construir, operar y mantener los edificios (OCDE 1999). Y en contra de la opinión pública, Amazon utiliza entre un 40 y un 90 % menos de combustible si lleva el libro hasta su domicilio que si fuese usted quien tuviera que desplazarse en coche hasta el centro comercial. Algunas empresas pueden incluso utilizar Internet para la entrega de productos como *software*, música, entretenimiento, asesoría, servicios, etc. (Wired, 1999). Otras compañías, como Egghead Software, han cerrado todos sus almacenes físicos y se han pasado a un modelo empresarial completamente en línea (Libet y Ribaudo, 1996).

Otras de estas ventajas pueden provenir del uso de la información para destinar los recursos necesarios al lugar y en el momento precisos con unas proporciones de calidad y cantidad adecuadas. Por ejemplo, en lugar de calentar constantemente un lugar de trabajo, las redes permiten dirigir el calor donde éste es necesario (es decir, a los sitios donde se encuentra la gente) en tiempo real (es decir, cuando se encuentran realmente en el lugar). Algunos de los principales ahorros se derivan de mejorar la gestión de la cadena de suministro mediante el uso de Internet para conectar a clientes, fabricantes y proveedores (Siekman, 1999). Ernst y Young estiman que las aplicaciones de Internet podrían reducir los tan poco rentables inventarios entre un 25 y un 35 %, mientras que IBM considera, por su parte, que el ahorro podría ascender al 50 % (Romm, 2000). Menos inventario implica menos requisitos de espacio y que se generen menos desperdicios. Dell Computer ha eliminado prácticamente el inventario al fabricar ordenadores sólo cuando recibe un pedido a través de su sitio *web* (Juniper, 1999). UPS utiliza Internet para llenar lo que de otro modo serían camiones vacíos ya que realizan el viaje de vuelta después de una entrega. De este modo reduce el tráfico, la contaminación del aire y el consumo de combustible.

También podemos encontrar impactos de Internet fuera del sector de fabricación de bienes, en la gestión de recursos naturales. La agricultura es una de las principales fuentes de contaminación del agua, gran parte de la cual proviene del excesivo empleo de fertilizantes y pesticidas. Internet ha representado una gran innovación que permite lo que se denomina «agricultura y ganadería de precisión». El uso de Internet para unir las imágenes obtenidas vía satélite y los sistemas de posicionamiento global con los controladores digitales de los tractores y las cosechadoras permite utilizar de forma precisa fertilizantes y pesticidas en función de las características de cada campo. El resultado es un mayor rendimiento, más calidad y un aumento en los beneficios al tiempo que las repercusiones en el medio ambiente son menores. De manera similar, el gigante forestal Weyerhaeuser está utilizando mapas digitales e imágenes vía satélite para clasificar los distintos tipos de bosque, averiguar su edad y evaluar su estado (Horurgin, Irwin y Cook, 1998). Esta información se pone a disposición del personal de tierra a través de Internet mediante dispositivos electrónicos de bolsillo y ordenadores portátiles. Las tecnologías permiten a los gerentes forestales extraer el máximo rendimiento de valiosos recursos naturales a la vez que reducir los daños medioambientales.

5. **Conclusiones**

Para que la sociedad de Internet prospere, debe ayudar a resolver los problemas sociales y medioambientales que surgieron a partir de la sociedad industrial. ¿Qué características debería presentar una economía digital sostenible desde el punto de vista medioambiental? Internet por sí mismo debe provocar un impacto medioambiental mínimo, lo que significa que debería emplear poca potencia y debería emplear tecnologías de energías renovables. Estas características mantendrán los costes reducidos y permitirán el acceso omnipresente, incluso en lugares remotos. También será necesario que el sistema proporcione la información y el conocimiento que la gente necesita para gestionar de mejor manera sus relaciones con el mundo natural. Al posibilitar que se comparta la información y que haya colaboración entre los distintos grupos y debates de promoción, las tecnologías de Internet pueden ayudarnos a entender el modo de equilibrar la economía, el entorno medioambiental y la equidad. Asimismo, debería proporcionar la información y las herramientas de diseño e implementación necesarias para conferir a los productos y los procesos industriales existentes una misma configuración de poco consumo de energía, materiales y potencia. Llegar a esto supone afrontar numerosos retos, pero la aplicación de las tecnologías de Internet pueden ayudar a superar muchas de esas mismas barreras.

CAPÍTULO 10

LA EDUCACIÓN Y EL APRENDIZAJE EN EL TIEMPO DE LAS NUEVAS TECNOLOGÍAS DE INFORMACIÓN: UN DIÁLOGO

FEDERICO MAYOR ZARAGOZA y JAN VISSER

JAN VISSER: Quisiera empezar con un breve repaso a la Historia. En el último siglo, a medida que asistíamos al desarrollo de los medios de comunicación, cada vez que ha surgido una nueva tecnología hemos visto en ella una oportunidad de paliar las carencias detectadas en la eficacia de los sistemas educativos. La radio, la televisión, el radiocasete, la comunicación vía satélite, el vídeo... Inventos que han despertado grandes esperanzas pero que finalmente nunca han estado a la altura de las ambiciosas expectativas de quienes veían en ellos un avance muy importante de cara a resolver los problemas educativos. Una vez más, estamos hablando de nuevas tecnologías de información y de comunicación, como son Internet, la World Wide Web y toda una serie de ingenios para el procesamiento de información digital. ¿Deberíamos aprender del pasado y moderar nuestras expectativas y nuestros sueños?

FEDERICO MAYOR: El sueño es incluir a los excluidos y alcanzar a los todavía inalcanzados. Los nuevos medios de comunicación constituyen un instrumento de excepcional valor a este respecto. Pero no debemos confundir fines y medios. El fin es la educación para todos a lo largo de toda la vida. No me refiero a «educación básica», sino a la que permite lograr, día a día, la «soberanía personal», que en esto consiste el proceso educativo. Reflexionar sobre la información recibida, incorporarla como conocimiento, elaborar respuestas propias. La situación presente se caracteriza por unos utensilios de gran perfección y unos contenidos escasos y de baja calidad. Como toda herramienta, puede utilizarse adecuadamente o impropiamente. El gran riesgo es convertir a los usuarios en receptores pasivos, en espectadores y no actores. El papel de las familias y de los maestros se robustece y amplía, en lugar de disminuir. Y también la lectura, que origina este diálogo intelectual, esta controversia permanente con el autor. En suma, lo que es importante es activar la capacidad intelectual y la fuerza creadora propia de cada persona. La utilización inapropiada de los medios informáticos puede conducir a la dependencia y no a la liberación, que es el gran objetivo de la educación.

JV: Uno de sus predecesores como Director General de la UNESCO, René Maheu, escribió en 1967: «... la humanidad está experimentando una profunda mutación causada por tres factores explosivos: el aumento de la población; la velocidad con que determinados conocimientos quedan obsoletos y avanza la técnica; y la emancipación política» (Schramm, Coombs, Kahnert y Lyle, 1967, p. 5). Estas palabras aparecen en el prólogo del libro que acompaña a un extenso estudio realizado en los años sesenta por el Instituto Internacional de Planificación Educativa de la UNESCO sobre el papel de los entonces denominados «nuevos medios de comunicación educativos». Maheu prevé que la «educación experimentará una mutación radical a una escala que aún no se puede apreciar en toda su dimensión» (p. 5) y continúa diciendo que para encarar con éxito el reto de conseguir una educación más eficaz, capaz de seguir el ritmo del crecimiento de la población y de adaptarse a las exigencias de la vida, educación y comunicación deben verse como algo inseparable y complementario.

»La "profunda mutación" a la que hacía alusión Maheu apenas daba sus primeros pasos en 1967. Durante su mandato en la UNESCO, que en buena parte ha coincidido con la última década del milenio pasado, tuvo lugar un amplio debate internacional en el marco de una impresionante serie de conferencias mundiales, en muchas de las cuales usted hizo personalmente importantes aportaciones. Las conferencias tenían como objetivo definir los problemas de nuestro tiempo y convertir tan cruciales cuestiones en un asunto prioritario para la comunidad internacional. La primera conferencia fue la Conferencia Mundial sobre Educación para Todos, celebrada en marzo de 1990 en

Jomtien, Tailandia; la última, la Conferencia Mundial sobre la Ciencia, celebrada en junio de 1999 en Budapest, Hungría. ¿Cómo resumiría el resultado de aquel debate de múltiples facetas? ¿Cuáles son, en su opinión, los principales problemas que deberían figurar en la agenda de la humanidad para las próximas décadas, si no durante más tiempo? ¿En qué difiere el panorama de hoy en día de las perspectivas de los años sesenta, según las describía Maheu? ¿Difiere realmente en algo?

FM: El primer aspecto que quiero destacar es que estábamos *todos* juntos en el debate (sector público, sector privado, ONG...) y pudimos, al final, encabezar las conclusiones con «nosotros, los participantes», evitando de este modo la divergencia (y a veces la confrontación) que han venido originando reuniones mundiales —incluidas algunas del sistema de las Naciones Unidas— hasta alcanzar los violentos acontecimientos recientes.

»Tenemos que estar, por difícil que a veces parezca, todos juntos. «Nosotros, los pueblos», como tuvieron la clarividencia de encabezar, en San Francisco, el año 1945, al final de la Segunda Gran Guerra, los fundadores de las Naciones Unidas. No los vencedores, no los Estados ni los gobiernos. Todos los pueblos. Todos unidos.

»El segundo aspecto a subrayar es el esfuerzo que supone haber abarcado todas las dimensiones educativas: educación para todos, Jomtien, Tailandia, 1990; educación para adultos, Hamburgo, 1997; educación profesional y técnica, Seúl 1999; educación superior, París, 1998. A estas reuniones hay que añadir la educación para la paz y la democracia (Montreal, 1993) y, al final de siglo, la reunión mundial en Budapest sobre la ciencia.

»Tenemos ya, en consecuencia, bases conceptuales y planes de acción sobre los que basar los enfoques nacionales, regionales y locales. Ahora está en nuestras manos. Es una cuestión de voluntad política. Y, sobre todo, de cambio radical de rumbos. Al conocer la «realidad real», en expresión de Gabriel García Márquez, nos apercibimos del estrepitoso fracaso de una formación en que el estudiante, como antes apuntaba, no es actor sino espectador, no es pensador y creador —capacidades distintivas de la especie humana— sino «técnico» en algunas parcelas del conocimiento. Ahora sabemos que lo que caracteriza a la educación es la «mismedad», «ser uno mismo», ser capaz de pensar, sentir, discutir... y de expresarlo, de argüir, con un léxico adecuado y plurilingüe. La juventud de los países prósperos, sin brújula, sin amparo, requiere estos principios sobre los que cada día renovamos nuestra esperanza y recuperamos nuestra sonrisa. Y el primero es el de la dignidad humana, que no se reconoce y favorece sin esta facultad desmesurada de ser capaces de inventar nuestro propio camino.

»Los grandes desafíos de nuestro tiempo pueden presentarse en cuatro apartados (a los efectos de análisis, ya que se hallan profundamente interconectados): sociales, naturales o medioambientales, culturales y morales o éticos. Cuando se examinan los problemas más perentorios a los que se enfrenta el mundo contemporáneo —deterioro del medio ambiente, crecimiento demográfico, asimetrías económicas, desequilibrios sociales, violación de los derechos humanos, situación de la mujer, tráfico de armas y drogas, resurgimiento del fanatismo y la violencia— resulta ineluctable la conclusión de que la educación es la clave para transformar esas tendencias negativas que ensombrecen el futuro.

»En el libro *Un mundo nuevo*, realizado durante varios años con Jérôme Bindé y su equipo prospectivo, se analizan facetas especialmente relevantes de estos cuatro apartados mencionados y lo que, a mi modo de ver es especialmente importante, *se proponen soluciones*. Enunciar un problema ya es una contribución de interés. Pero presentar posibles abordajes que puedan conducir a su solución y prevención, es lo que en este momento de incertidumbre y confusión resulta perentorio. Las instituciones académicas y científicas, que deben actuar como torres de vigía para anticiparse a acontecimientos indeseables, tienen un papel especialmente relevante a este respecto, que no pueden eludir. Es un compromiso con la vida misma y todos debemos, con nuestras capacidades y desde nuestro entorno, aportar nuestro grano de arena para la construcción de un futuro distinto. Las líneas de solución que presentemos en *Un mundo nuevo*, se enmarcan en la globalidad, la complejidad, el medio y el largo plazo y, lo que es fundamental para la toma de decisiones, la irreversibilidad potencial.

»Lo que sucede es que, desde hace siglos, vivimos en una sociedad que se basa en la ley del más fuerte. «Si quieres la paz, prepara la guerra», como reza este proverbio perverso que ha conducido a estar preparados para la guerra y, por tanto, a practicarla. La horrenda experiencia de los atentados suicidas en

Nueva York y Washington del día 11 de septiembre de 2001, confirman que tendremos que, con gran urgencia, replantear ahora no sólo aspectos de la seguridad a escala personal, nacional e internacional, sino confiar más en la palabra y menos en la espada. Esto es, precisamente, lo que recomiendo en los Los nudos gordianos, que ya no pueden deshacerse, como hizo Alejandro el Magno en la isla de Gordio, de un sólo tajo sino aplicando la imaginación y la sabiduría.

»El gran problema es la *inercia:* cambiar de rumbo es muy difícil y es frecuente que intenten persuadirnos de que "no hay nada que hacer... las cosas son como son". Los pragmáticos, los realistas, nunca han cambiado nada, porque no pueden transformar la realidad aquellos que la aceptan. Es necesario, por tanto, una posición perseverante. Recuerdo la impresión que me causó un joven que asistía a una reunión sobre "El derecho a la alimentación", en Roma. Al final de mi intervención y del coloquio, se acercó y me dijo, *Non si renda mai!* Tenía razón: no debemos rendirnos nunca, sino seguir tan tenaces como audaces, intentando enderezar los actuales derroteros. Sobre todo cuando sospechamos que pueden alcanzarse puntos de no retorno. La irreversibilidad potencial es, a mi modo de ver, una de las facetas propias de la ética de nuestro tiempo. En efecto, no pueden aplazarse aquellas decisiones que, aun aplicando el tratamiento correcto, lo hagan a destiempo. *Mañana siempre es tarde*, es el título de uno de mis primeros libros, que advierte desde el principio la necesidad imperiosa de no dejar para mañana lo que se puede hacer hoy, sobre todo cuando "mañana" se habría producido un daño irreparable, irreversible.

»Ha llegado el momento de —con el horror en los ojos, con la indignación en el corazón y con serenidad en la mente— realizar cambios de hondo calado en nosotros mismos y exigir a quienes son nuestros portavoces que no esperen ni un día más en acometer las transformaciones inaplazables. El 11 de septiembre es un punto de inflexión histórico.

»Lo primero es *evitar la transferencia de responsabilidades*: de los políticos a los mercados; de las familias a los educadores; de los ciudadanos a los gobernantes. El verbo clave que todos debemos conjugar, lo he repetido muchas veces, es "compartir". Hoy más que nunca, sobrevivir significa compartir recursos y conocimientos, preservar la riqueza natural y la diversidad de las culturas, aceptar a la vez la identidad y la diferencia para vivir en armonía, formar alianzas para aumentar la fuerza disponible y ganar juntos la victoria contra la adversidad. Compartir bienes materiales pero, sobre todo, conocimientos. Y evitar el éxodo de talentos: las ayudas para estudios en el extranjero han producido en muchos casos, a pesar de haberse ofrecido con buena voluntad, el empobrecimiento en lo que es fundamental para el desarrollo endógeno: el talento y las capacidades y destrezas de sus ciudadanos.

»Sólo así se podrá, con la rapidez que hoy es necesaria, modificar un sistema de desarrollo que acumula cada día mayor riqueza para unos pocos y miseria para la gran mayoría. A este respecto, es conveniente tener conciencia permanente de las raíces de la prosperidad, de donde proceden los recursos naturales que forman parte de los bienes que disfrutan los más afortunados: de donde procede el gas, el petróleo, los minerales, los peces... Pondría esta frase en todos los centros escolares de los países más desarrollados: "Vive más simplemente para que otros puedan simplemente vivir".

»Es tiempo de acción y de cumplir las promesas. Buena parte de la frustración de los excluidos que habitan en muchos países en desarrollo tiene sus orígenes en el reiterado incumplimiento de los acuerdos suscritos con motivo de cumbres y asambleas en las que se discutió hasta la última coma... para que después permanezca en los anaqueles de las instituciones internacionales como "papel mojado". En estos comienzos de siglo tenemos que empeñarnos, todos juntos, todos distintos, en demostrar que "la historia no ha muerto", como aseveró el profesor Fukoyoma, sino que empieza ahora una nueva historia, la historia adecuada a la dignidad de todos los hombres de la tierra.

JV: La capacidad de la humanidad de resolver los problemas que acaba de mencionar tiene mucho que ver con su capacidad de aprender. Antes de seguir adelante, quizá sea conveniente aclarar lo que significa aprender en las circunstancias de nuestro tiempo. Esto hace que surja el tema de la educación, que es un tema relacionado, pero no debemos olvidar que aprendizaje y educación son conceptos distintos, por muy interconectados que estén. Recuerdo cuando insistió en la necesidad de revisar con espíritu crítico el concepto de «educación» durante el Congreso Internacional de Educación celebrado en

1998 sobre «La educación a las puertas del tercer milenio». Sus palabras fueron: «La etimología de la palabra *educar* la emparienta con términos como reducir, seducir, inducir y conducir, alusivos todos al sometimiento y la obediencia. Pero en nuestra época, educar ha llegado a tener un significado diametralmente opuesto. Hoy en día, la educación es, en esencia, un esfuerzo por adquirir la más relevante de las propiedades: el dominio de sí mismo. Porque sólo este dominio hace posible el del mundo exterior» (Mayor, 1998, p. 1).

»Estoy de acuerdo con su afirmación de 1998. De hecho, creo que hay un serio problema de semántica en torno al término «educación», problema que, si no se corrige a tiempo, afectará negativamente al desarrollo del aprendizaje humano en un momento en el que precisamente se necesita una acción radical. Nuestras ideas preconcebidas sobre el acto de educar y sobre lo que significa ser una persona educada siguen estando firmemente ancladas en el pasado y, en consecuencia, están estrechamente conectadas, como usted señalaba, con las connotaciones etimológicas del término. En inglés, idioma en el que más trabajo, las connotaciones del término educación están tan vinculadas a las ideas de los estudios y la enseñanza, que prefiero hacer una clara distinción entre "aprendizaje", por un lado, y, por otro, los diversos procesos deliberadamente planificados que se considera que hacen que una persona aprenda y que, en consecuencia, se identifican con el término "educación". El programa que dirigí en la UNESCO se llamaba "Aprender Sin Fronteras". Michel Serres, a quien debemos el nombre, estuvo acertado al poner el énfasis donde correspondía: en el aprendizaje. Todos los que trabajamos en ese programa vimos cada vez más claro, a medida que íbamos entendiendo mejor en qué estábamos trabajando, que no habría sido necesario añadir la expresión "sin fronteras". El aprendizaje, entendido como corresponde, sólo puede ser "sin fronteras".

FM: Desde luego, la educación no admite fronteras. Y, sin embargo, tenemos que constatar que han existido y existen muchas vallas que separan, que diferencian, que excluyen. Motivos económicos, geográficos, políticos, ideológicos, de género, lingüísticos, religiosos... y educativos. El propio sistema educativo, parcelado, sobre todo en los primeros años de la vida, con exigencias para «seguir el ritmo habitual», ha creado obstáculos y barreras que deben desaparecer totalmente de ahora en adelante. Los nuevos medios de comunicación nos permiten superar algunas de estas fronteras —sobre todo las de naturaleza física— y, al mismo tiempo, traspasar la reciente frontera del gigantismo institucional que, sobre todo a escala global, hace muy difícil que la voz del pueblo alcance los oídos de los más poderosos. La red de redes constituye a este respecto una de las grandes esperanzas de «nivelación», de superación de estas barreras... que desaparecen como por encanto en los momentos de zozobra. He repetido muchas veces la fantástica previsión de Leonardo da Vinci cuando describe un navío en el que viajan hombres y mujeres, blancos y negros, jóvenes y viejos, ricos y pobres... De pronto, se desata la tormenta y, súbitamente —escribe Leonardo—, no hay a bordo ricos o pobres, jóvenes o viejos, hombres o mujeres, blancos o negros. Sólo hay pasajeros que comparten un destino común y contribuyen todos a intentar mantener el barco a flote.

»Simón Bolívar proclamó que "la educación es la base de la libertad". Cuanto más cultos, más libres, expresaron de distinta forma José Martí y Miguel de Unamuno. Es la capacidad de decidir por uno mismo entre distintas opciones que conocemos, la de tener nuestras propias respuestas y no actuar al dictado de nadie lo que nos hace libres, lo que nos da alas para volar sin lastre en la dirección que cada uno ha diseñado. Es esta libertad personal la que nos hace ciudadanos plenos, porque nos permite hacer uso permanente de las libertades públicas. La solución está en la democracia, basada en la justicia. Insisto: en la *justicia* y no en la ley, porque es precisamente la participación, la voz del pueblo, la que asegura que la ley sea justa, que la legalidad se haga justicia de forma permanente. Una democracia en la que todos los ciudadanos tengan capacidad de expresión, de su asentimiento o de su disentimiento. Por ello, es inaceptable lo que han pretendido algunos países —los G7 o G8: sustituirse al sistema de las Naciones Unidas e intentar justificar la flagrante contradicción de democracia a escala nacional y oligarquía (o mejor dicho, plutocracia) a escala supranacional.

»La "soberanía personal" es la única soberanía relevante, al fin y al cabo. Sólo ella es capaz de resistir los embates de unos medios de comunicación audiovisuales omnipresentes y omnímodos que, poco a poco, convierten en alicortos y sumisos a los que, por las facilidades educativas de que disponen, deberían ser indóciles y resistentes a esta progresiva expropiación del espíritu. Tenemos que reconquistar muchas parcelas de nuestra soberanía que, sin apercibirnos, se han ido ocupando, restándonos independencia y libertad.

»Durante los dos últimos siglos, cada generación ha acometido la tarea de forjar el porvenir mediante la formación de los jóvenes en los valores y las creencias que ha considerado indispensables para dar sentido de libertad y de justicia a la vida colectiva. Para ello será ahora necesario desarmar la historia, poner menos énfasis en las guerras y en los asuntos de poder, y procurar que todos los ciudadanos conozcan a los pensadores, filósofos, escritores, poetas, artistas, científicos —y a los anónimos también— que hicieron posible con su generoso ejemplo superar tantos momentos de crisis... ¿Cómo puede ser que conozcamos de memoria tantos datos irrelevantes y no nos inspiren poetas (como Salvador Espriú, como José Ángel Valente)? Es sin duda indispensable conservar la memoria del pasado, pero en mi opinión es aún más importante preservar la *memoria del futuro,* el proyecto de vida en común que podemos ofrecer a las generaciones venideras, mediante la educación en los valores y principios que pueden guiarles en la confusión y en la oscuridad.

»La definición suprema de cultura es nuestro comportamiento cotidiano. Actuamos en cada momento según las tradiciones que heredamos, lo que pensamos, imaginamos, soñamos, recordamos, olvidamos, amamos, rehusamos, creamos, inventamos... Sólo cuando tenemos la capacidad de hacer el diseño de nuestra propia vida, tenemos la libertad, la audacia y la intrepidez necesarias para pensar lo que decimos y decir lo que pensamos. Y es que no sólo debemos aprender a conocer, a hacer, a ser, a vivir juntos, como recomienda la Comisión presidida por Jacques Delors (Delors, J. et al., 1998) sino que debemos aprender a atrevernos. Como catalán, he comentado con frecuencia que el riesgo sin conocimiento es peligroso, pero que el conocimiento sin riesgo es inútil. En las páginas de uno de mis libros, que se titula precisamente *La memoria del futuro,* cuento con qué satisfacción oí al cineasta Wim Wenders reivindicar en la UNESCO el derecho de evocar ideas tan fundamentales —y tan chocantes hoy en día— como el amor divino. "Si alguien empieza a hablar de Dios en una cena —dijo Wenders en aquella ocasión— un estupor incómodo se abate sobre los comensales." Pensar en las cuestiones esenciales, reflexionar nuestras propias respuestas sobre ellas: en esto consiste la libertad. En saber que no tenemos mérito alguno por *quién* somos y *cómo* somos. Tampoco elegimos, por cierto, haber nacido. *Todo el mérito reside en nuestra actuación,* en lo que hacemos. En nuestra conducta.

JV: La preservación y reelaboración constante de la memoria histórica y de nuestros proyectos de futuro en común ya no es únicamente una misión del cambio generacional, proceso por el cual cada generación prepara las condiciones de aprendizaje a la siguiente, que ocupará su lugar con el tiempo. Por desgracia, la tradición educativa tal y como la conocemos sigue basándose en gran medida en tan anticuada suposición. Y si bien hace tan sólo un par de décadas quizá podía tener todavía algo de sentido, ya no. El tiempo en que las personas podían pensar en términos de tener un trabajo fijo para toda la vida y, en general, de tener que afrontar a lo largo de su vida problemas para los que uno se podía preparar de una vez por todas y para siempre al principio de la misma, ha pasado a la historia.

»Abraham Pais hace alusión en su autobiografía de 1997 *A tale of two continents: A physicists life in a turbulent world* a dos marcos temporales y compara "el período después del cual el liderazgo de una generación es asumido por la siguiente" con "el... período después del cual la información y tecnología existentes se quedan obsoletas" (p. 474). Señala que, mientras que el primer período de aproximadamente 20 años se ha mantenido básicamente constante, el segundo se acorta a pasos agigantados. Según Pais, se alcanzó un punto crítico más o menos en los años sesenta, cuando el segundo periodo se hizo más corto que el primero. Cuando eso ocurrió, se alteró radicalmente la ecuación. En palabras de Pais: "En esa coyuntura, la experiencia de la generación mayor ya no es tan útil" (p. 474).

»En realidad, al alcanzarse ese punto crítico, no cambió únicamente la perspectiva de la generación mayor, sino ambas, la de la generación mayor *y* la de la más joven. Desde entonces, pensar en términos de cambio generacional resulta obsoleto y esta nueva percepción se ha ido consolidando con el tiempo, al menos en aquellas partes del mundo en las que la gente vive muchos más años y en mejores condiciones que antes, lugares en los que en un momento dado pueden llegar a convivir e interactuar en el tiempo no ya dos sino tres y a veces incluso cuatro generaciones. Ninguna generación debe controlar la vida de otra generación en ningún momento durante su presencia en la Tierra. En efecto, aprender a convivir se ha convertido en un pilar fundamental de la realidad educativa del siglo XXI. A la vista de lo que acabo de decir, dicho pilar se refiere también a *cómo conviven las generaciones*. Por tanto, las personas de todas las edades tienen necesidad de aprender y, por ello, y en un sentido más fundamental que nunca, aprender se ha convertido en algo que se hace "durante toda la vida". Nunca acabamos de aprender. Aprender a convivir es, en primer lugar, *aprender a aprender juntos* y nos afecta a todos: personas de cualquier edad, condición, idioma y origen cultural o étnico, vivamos donde vivamos. He aquí un reto en el cual la tecnología digital actual puede hacer una gran contribución, siempre y cuando estemos dispuestos a compartir y crear infraestructuras cuyo control no quede en manos de unos pocos.

FM: Es cierto: las carreras que preparaban «de por vida», han quedado limitadas a sectores del conocimiento y de la actividad profesional que evolucionan lentamente. El aprendizaje permanente es una consecuencia directa de la alta velocidad de evolución del conocimiento, lo que implica —y tengo especial interés en destacar esto— que los conceptos troncales sean más firmes y patentes. Lo mismo sucede con los principios y valores que orientan la aplicación de los avances científicos y tecnológicos.

»El "cuento" de Abraham Pais es muy interesante, pero mi opinión —y mi preocupación— es que ni ahora ni antes se ha tenido realmente en cuenta la experiencia, adquirida a veces con grandes dosis de imaginación, coraje y desprendimiento, para inspirar a los ejecutivos, a los encargados de la gobernación de una parcela determinada. La experiencia es el gran tesoro personal y colectivo del que disponemos, pero hay que reconocer que es muy infrecuente que el poder consulte y escuche. El resultado es que este inmenso caudal de posibles soluciones permanece yermo. La experiencia de los padres, de los maestros, de los ciudadanos en general deberá ahora apreciarse en su justo valor para lograr los cambios radicales que ya todos consideramos inaplazables. Muy a pesar nuestro, tenemos que aceptar que la mayor parte de las conductas juveniles han sido impuestas, sobre todo a través de los medios audiovisuales, desde lejanas instancias de influencia y "moda", sin que los padres —con sus afanes diarios— y los maestros, sobrepasados con frecuencia por responsabilidades que no les corresponden, hayan podido evitarlo. Vemos a tantos jóvenes, en los países prósperos, rodeados de todo tipo de bienes materiales, pero desorientados, ¡des-amparados! Sus familiares procuran que "no les falte nada". Y les falta todo. O, al menos, lo más importante: una mano, una sonrisa, un beso.

»Sí: ahora —como ambos hemos subrayado— tendremos que aprender a vivir juntos. Pero digo bien aprender y no re-aprender. Porque siempre se ha vivido separados, escalonados, distanciados, incluso en aquellas comunidades que, desde hace siglos, se han basado en religiones que tienen el amor al prójimo como mandamiento supremo. Señores y vasallos, conquistadores y conquistados, tribus, castas, ricos y pobres, blancos y negros, indios y "ladinos"...: así ha sido la historia hasta nuestros días. *Ahora* es cuando nos hemos apercibido —sobre todo después del 11 de septiembre de este año— que las murallas han caído, que los vetustos sistemas de "seguridad" que protegían en buena medida, precisamente, las barreras existentes, han caído despedazados. Y es necesario, imperativo, vivir juntos. Recuerdo cuando, en 1988, en el espacio de muy pocos meses, Yasser Arafat y Shimon Peres me dijeron por separado lo que luego proclamaron juntos: "Los palestinos y los israelíes no tenemos más remedio que vivir juntos". La paz de Yahvé, la paz de Alá. Es la misma. Es la paz que se construye cada día, ladrillo a ladrillo, en los corazones y las mentes de cada uno.

»Por cuanto antecede, ciertamente, lo importante es que el proceso educativo lo sea "a lo largo de toda la vida". Por cierto, ¡qué buena es la expresión "aprender a aprender juntos" que usted ha utilizado! Disponemos de los utensilios, que nos proporciona la moderna tecnología de la educación. Necesitamos contenidos... y la visión, la voluntad. *If there is the will, there is the way.* Si hay voluntad, hay camino.

»El aprendizaje global es la base de una democracia a escala global, en lo que se sustituya la imposición ("soy mayor que tú, soy más fuerte que tú, soy más rico que tú, soy más viejo —o más joven que tú—") por la comprensión y el diálogo. El tránsito de una cultura de fuerza a una cultura de diálogo y de tolerancia es esencial. Y no olvidemos que "diálogo" implica estar a la escucha del otro.

JV: Diálogo es la palabra clave. Las condiciones del mundo

en que vivimos exigen que nos concienciemos plenamente de nuestra unión. Y esta concienciación debe tomar forma a un nivel cualitativamente diferente al de otros conceptos similares existentes en el pasado. Si no nos concienciamos plenamente tendremos serios problemas. Vivimos todos juntos en un mismo y pequeño planeta, compartimos sus limitados recursos y nos enfrentamos a problemas que sólo podremos resolver realmente si cada persona, si cada grupo organizado de personas, reconoce a sus vecinos y acepta que todos somos iguales. Por tanto, la capacidad de crear un diálogo real entre nosotros es crucial. La identificación diálogo/aprendizaje es lo que con más contundencia respalda la afirmación de Maheu de que «educación y comunicación son inseparables y se complementan entre sí» (Schramm, Coombs, Kahnert y Lyle, 1967, p. 5).

»En este sentido, recientemente definí en el capítulo de un libro el aprendizaje como la "disposición a dialogar... con [nuestro] entorno humano, social, biológico y físico" (Visser, 2001*a*, p. 453) durante toda la vida. Participamos en ese diálogo —individual y colectivamente, en toda clase de configuraciones organizadas socialmente— para así "interactuar de forma constructiva con el cambio" (p. 453). Este énfasis en el aprendizaje como diálogo está también muy presente en la obra de, entre otros, John Shotter (1997 y 2000, octubre) y en el maravilloso concepto de "colaboración creativa" de Vera John-Steiner (2000). Es, además, una consecuencia lógica, por un lado, del énfasis que ponen Tessmer y Richey (1997) en el "contexto" como un factor importante que se debe tener en cuenta al diseñar entornos de aprendizaje y, por otro, de la idea de que aprendizaje y actividad son conceptos inseparables (Jonassen, 2000, octubre). Está también muy presente en cómo Cole y Engeström (1993) conciben la creación de conocimiento como un proceso histórico-cultural. Por mi parte, he añadido un nuevo elemento a la idea de diálogo: la idea de que participamos en él con una finalidad, una finalidad que adquiere cada vez mayor importancia a medida que aumenta más y más el ritmo con que cambian las cosas a nuestro alrededor. Se impone la necesidad de no vernos como meros seres pasivos que sólo pueden reaccionar al cambio, sino como participantes conscientes y activos en él. Además, dado que contribuimos al cambio, es muy importante que lo hagamos de manera constructiva. Como seres humanos, tenemos la capacidad de elegir entre ser constructivos y ser destructivos. En mi opinión, la definición del aprendizaje humano debe incluir el imperativo de que nuestra interacción sea constructiva. Si no, es inhumana. Creo que esto está en la línea del énfasis que ponía usted en "la capacidad de hacer el diseño de la propia vida" como parte de lo que significa ser una persona educada.

FM: La conciencia colectiva, de buena vecindad, de alteridad en suma, que antes se restringía a espacios físicos muy concretos, hoy —por la mayor capacidad de transporte pero también, para la inmensa mayoría de los ciudadanos del mundo, por los medios audiovisuales— se ha convertido en una actitud que debe ser imperativamente global. En particular para los que deben tomar decisiones que pronto o tarde afectarán al conjunto del planeta. Me gusta aconsejar que, salvo en el tren, «es peligroso *no* asomarse al exterior».

»Me gusta mucho su definición del aprendizaje como "disposición al diálogo, tanto con nuestro entorno humano y social como biológico y medioambiental-físico". El aprendizaje implica interacción, comunicación. Como catalán sé bien que la mejor manera de fomentar y proteger una cultura no es construir un cerco, una muralla, alrededor. Bien al contrario, es la apertura, el pluralismo. El repliegue y la fortaleza, el aislamiento y la insularidad, llevan a la endogamia y al declive.

»Otro aspecto muy importante que usted ha mencionado es el del aumento del ritmo de los acontecimientos, de tal modo que la velocidad nos impide la adopción de medidas debidamente reflexionadas. Y es entonces cuando se produce el "ajuste" o la adaptación a lo que sucede, en lugar de ser capaces, al menos en parte, de procurar que suceda lo que más beneficia a la especie humana. El mayor ritmo requiere, en consecuencia, estar preparados con *anticipación,* haber previsto varios escenarios posibles. Implica una permanente actitud prospectiva. Ésta, lo repito ahora, es una de las grandes aportaciones que podemos esperar, en estos momentos de encrucijada, de las universidades y de las grandes instituciones científicas.

»"Participantes conscientes y activos": ésta es una excelente definición de ciudadanos. Ciudadanos que actúan según su propio proyecto de vida, que modulan y mejoran cada día. Y cuando hablo de diseñar la *propia vida* no hablo, desde luego, de un diseño en un espacio aislado, sino de una vida *con* los demás.

¡Tantas veces me he dado cuenta de que, con la mejor voluntad, trabajábamos *para* los demás *sin* los demás! Esto explica muchos fracasos. Cuando me refiero a cada ser humano único, no me refiero a un ser humano aislado, sino formando parte de la humanidad. De toda la humanidad. Sin exclusión alguna.

JV: La capacidad de hacernos cargo, individual y colectivamente, de nuestras propias vidas apenas tiene cabida en la práctica en la mayoría de los colegios y escuelas del mundo. En cierto sentido, como ha señalado usted en alguna ocasión, necesitamos una concepción de la educación —una visión de lo que me gusta denominar la *panorámica del aprendizaje*— que tenga «un significado diametralmente opuesto» a los significados originales de la palabra educación, que hacen un excesivo hincapié en la sumisión y la obediencia. Creo que debemos determinar el papel de las denominadas nuevas tecnologías de la información y la comunicación con la idea de crear ese «significado diametralmente opuesto» como telón de fondo.

»Parece claro que hay una serie de principios sobre los que tendríamos que ponernos de acuerdo. Uno de ellos es que deberíamos desterrar de una vez por todas la sacrosanta idea de que todo aprendizaje ha de ajustarse a un plan de estudios que lleve a los alumnos "paso a paso" de A a B. Don Antonio Machado advierte en sus *Cantares* a quienes transitan por la vida: "Caminante, no hay camino, se hace camino al andar" (Machado, A., 1912). "Al andar se hace camino" y, por eso, ante todo, los estudiantes han de aprender a hacer frente a los posibles problemas que les puedan surgir en el futuro. A lo largo de la vida, tal y como la conocemos en esta apasionante y turbulenta fase de la historia humana, esos problemas cambian constantemente. Por eso, si optamos por darles una "preparación para la vida", noción fundamental de la concepción tradicional de la educación, ha de ser necesariamente una preparación para lo imprevisible (Lederman, 1999, abril).

»Por tanto, todo diseño de entornos de aprendizaje que se precie debe estructurarse en torno a problemas, problemas que guardan relación con los seres humanos en su totalidad, cuerpo y alma, y que con mucha frecuencia no se solucionan mediante la simple suma de elementos independientes del conocimiento compartimentado en que ha desembocado la multiplicidad de disciplinas. Además de la riqueza del patrimonio cognitivo que debemos al desarrollo de nuestras diversas disciplinas, es fundamental una visión transdisciplinaria. Y eso requiere la colaboración entre seres humanos. Por ello, el colegio debe contribuir a crear ese espíritu de colaboración creativa del que habla Vera John-Steiner (2000).

»Por último, el colegio debe concebirse como una parte integral de una "ecología del aprendizaje", concepto en el que hago especial hincapié en mis escritos de los últimos años (ej.: Visser 2001*a* y 2001*b*) y que encontrará asimismo reflejado en la obra de David Solomon (2000, octubre) y John Shotter (2000, octubre), entre otros. Otro concepto relacionado, la noción de desarrollo humano ecológico, es también una constante en la obra del psicólogo del desarrollo Urie Bronfenbrenner (1995). La ecología del aprendizaje está formada por gran cantidad de lo que podríamos denominar "subentornos de aprendizaje" que interactúan los unos con los otros, de modo que los aprendizajes realizados en cada uno de ellos se refuerzan entre sí. Algunos de los subentornos de aprendizaje son centros de enseñanza, como el colegio, pero el concepto engloba también a la familia, Internet, los museos, la naturaleza, los deportes, la práctica espiritual o los medios de comunicación. La variedad y diversidad de dichos subentornos de aprendizaje es infinita, ya que muchos de ellos aparecen, desaparecen y vuelven a aparecer varias veces a lo largo de nuestras vidas. A nivel social, debemos ser conscientes de la necesidad de desarrollar "políticas de entornos de aprendizaje" que garanticen que todo aprendizaje saldrá reforzado de las distintas, aunque interconectadas, partes de la ecología del aprendizaje.

»Sin duda, la definición de aprendizaje como una disposición que lleva a un proceso, más que un proceso en sí mismo; que el proceso al que conduce es un proceso de diálogo, que trasciende al individuo y abarca también lo social; y que está asociado a un esfuerzo consciente por participar de manera constructiva en el entorno en constante cambio que nos rodea, ... esta definición es bastante más completa que las definiciones tradicionales, que ven el aprendizaje como una forma de cambiar deliberadamente las capacidades humanas. La diferencia está en hacer las cosas por uno mismo en colaboración con otros o hacerlas uno solo. Con esas definiciones anticuadas como telón de fondo, es normal que los educadores crean que tienen que decir a los demás lo que tienen que hacer. "Yo soy educador, y por tanto me has de obedecer, yo mando y tú has de hacer lo que yo quiero", si me permite parafrasear sus palabras. El aprendizaje como "disposición... a participar en un diálogo continuo", disposición compartida por todos los seres humanos, sólo puede desembocar en un panorama educativo completamente diferente, una auténtica "ecología del aprendizaje" en la que todo el que aprenda, aprenda gracias al aprendizaje emprendido por los demás.

FM: Durante siglos ha prevalecido la óptica educativa desde el ángulo de la enseñanza. Ahora, por fortuna, estamos contemplándola desde el ángulo del aprendizaje, y la valoramos en términos de lo que se aprende y no de lo que se enseña, de lo que se incorpora y no de lo que se difunde.

»Cuando Antonio Machado escribe que "se hace camino al andar" nos anima a emprender, a iniciar el recorrido sabiendo que —si disponemos del conocimiento necesario, si lo adquirimos durante el trayecto— seremos capaces de enfrentarnos con éxito a los desafíos que surjan. "Al andar se hace camino", no quiere decir ni mucho menos que emprendamos viaje sin brújula y sin puntos de referencia. "Todo viaje de cien leguas depende del primer paso", reza un conocido proverbio chino. Debemos partir bien pertrechados, pero debemos partir. Insisto en que el conocimiento sin audacia, sin intrepidez, resulta inútil. Para hacer camino, para avanzar, para que no nos detengan las primeras adversidades, deben guiarnos unos cuantos valores que brillen suficientemente en la noche de nuestros días. Fue el mismo Antonio Machado quien escribió: "Es de necio confundir valor y precio" (Machado, A., 1917). Hoy conocemos demasiados precios y menospreciamos demasiados valores. Es éste un tema esencial para el radical cambio de rumbo que se avecina.

»Para hacer frente a los retos que se nos presentan a cada uno, cada día, tenemos que prepararnos *a lo largo de toda la vida,* aprender sin cesar, aprender a avizorar. Saber para prever, prever para prevenir. Aprender como actitud, como avidez de información para nuestra propia reflexión y creatividad.

»Las nuevas tecnologías pueden ser extraordinariamente "facilitadoras" del proceso de aprendizaje, si se las sitúa en su lugar, si no se confunde información con conocimiento; aprendizaje para ejercer con fluidez técnicas y destrezas con educación. No ser nunca *screen driven*, dirigidos por las pantallas, sino, bien al contrario, sacar todo el partido posible a los medios de telecomunicación interactiva. Se trata, en resumen, de aplicar el saber con sabiduría. Sabiduría que, por cierto, he encontrado en tanta gente analfabeta que ha vivido intensamente porque han pensado intensamente, porque se han visto obligados, para sobrevivir, a utilizar cotidianamente la imaginación y la perseverancia.

»¡Imaginación y perseverancia! Como boticario, creo que ésta es la fórmula ideal para el tratamiento de las grandes dolencias a las que, todos juntos, como en el barco leonardino, tenemos que hacer frente.

BIBLIOGRAFÍA

Adams, J., *The Next World War*, 1998, Nueva York.

Alexandratos, N., ed., *World Agriculture: Towards 2010* (Organización de las Naciones Unidas para la Agricultura y la Alimentación y John Wiley e hijos), 1995, Chichester.

Arquilla, J. y Ronfeldt, D., *In Athena's Camp: Preparing for Conflict in the Information Age*, RAND, 1997, Santa Mónica.

Ballarino, T., *Internet nel mondo de la legge*, CEDAM, 1998, Padova.

Barber, B., *Un lugar para todos*, 2001, Madrid.

Barlandi, B., «It's our way or the highway: americans ruling cyberspace-a look back at bad policy and a look ahead at new policy», *Journal of Technology Law and Policy*, issue 2, primavera, 1998.

Benedick, R., *Ozone Diplomacy*, Harvard University Press, 1991, Cambridge.

Bentley, D., «Genomic Sequence Information Should Be Released Immediately and Freely in the Public Domain», Science, 274, 25 de octubre de 1996.

Blavin, J. y Kutner, J., USA: «Global ideal, national reality» (ICANN), *Revista Electrónica de Derecho Informático*, n.º 29, diciembre 2000.

Bronfenbrenner, U., «Developmental ecology through space and time: A future perspective». En P. Moen, G. H. Elder, Jr., y K. Luscher (eds.), *Examining lives in context: Perspectives on the ecology of human development*, (pp. 619-647), APA Books, 1995, Washington, DC.

Bronfenbrenner, U. y Ceci, S. J., «Nature-nurture reconceptualized: A bio-ecological model», *Psychological Review, 101* (4), 568-586, 1994.

Cahiers français, «L'Internet», n.º 295, marzo-abril 2000.

Castells, M., «Materials for an exploratory theory of the network society», *Bristish Journal of Sociology*, n.º 1, enero-marzo 2000.

— *The Information Age*, vol. I, «The Rise of the Network Society», 1996, Nueva York, y vol. II, «The power of Identity», 1997, Nueva York.

Cebrián, J. L., *La Red*, 1998, Madrid.

Cole y Engeström, «A cultural-historical approach to distributed cognition», en G. Salomon (ed.), *Distributed cognitions: Psychological and educational considerations*, Cambridge University Press, 1993, Cambridge, Reino Unido.

Delors, J., Al Mufti, I., Amagi, I., Carneiro, R., Chung, F., Geremek, B., Gorham, W., Kornhauser, A., Manley, M., Padrón Quero, M., Savané, M-A., Singh, K., Stavenhagen, R., Suhr M. W. y Zhou N., *Learning: The treasure within*. Informe a la UNESCO de la Comisión Internacional de Educación para el Siglo XXI. UNESCO, 1996, París, Francia.

Doniger, D., «Politics of the Ozone Layer», *Issues in Science and Technology,* 4, primavera 1988.

Drucker, S. J. y Gumpert, G. (eds.), *Real law @ Virtual space. Communication regulation in Cyberspace*, Hampton Press Inc, 1999.

Eco, U., «Press, TV, Internet», en Foro: Información, Conocimiento, Verdad, 29-30.10.2000, Bolonia.

EIA (Energy Information Administration, Administración de información energética), *Annual Energy Outlook 2000,* DOE/EIA-0383 (00), 2000, Washington DC.

Financial Times, «Network Guerrillas», 30 de abril de 1998.

Geller, H. y Thorne J., *U.S. Carbon Emissions Barely Increase in 1998*, julio de 1999, Washington, DC, *www.aceee.org/briefs-/98score.htm.*

Gewirtz, P., «Constitutional law and new technology», *Social Research*, otoño, 1997.

Giacomello, G., «Who is "big Brother"?», *International Journal of Comunication Law and Policy*, issue 5, verano 2000.

Gilhooly, D., «Towards the global Internet infrastructure», *International Journal of Communications Law and Policy,* issue 3, verano 1999.

Global Legal Issues Journal, Symposium: «The Internet and the sovereign State: the role and impact of cyberspace on national and global Governance», vol. 5, issue 2, primavera 1998.

— Goldsmith, J. L., «The Internet and the abiding significance of territorial Sovereignty».

— Perritt, H. H. Jr., «The Internet as a threat to Sovereignty? Thoughts on the Internet's role in strengthening national and global governance».

— Post, D. G., «The "unsettled paradox": The Internet, the State and the consent of the governed».

— Sassen, S., «On the Internet and Sovereignty».

— Trachtman, J. P., «Cyberspace, Sovereignty, jurisdiction and modernism».

González Pons, E., «Internet por donde sigue la historia», *Nueva Revista*, 61, feb. 1999.

Habermas, J., *La constelación posnacional,* 2000, Barcelona.

Handley, S. T., «International Internet regulation: a multinational approach», *Journal of Computer and Information Law*, vol XVI, 1998.

Harasim, L. M. (ed.), *Global networks: computers and international communication*, MIT Press, 1993, Cambridge.

Harvard Law Review: «Developments in the Law : the law of cyberspace», vol. 117, n.º 7, 1999.

Held, D., *Global Transformations Reader*, 1999, Londres.

— *Global Transformations*, 1999, Londres.

Hemel, E. y Schmidt, C., «Internet's potential impact on retail Real Estate», *Merrill Lynch*, marzo de 1999.

Horrigan, J. B.; Irwin, F. H. y Cook, E., *Taking a byte out of carbon*, World Resources Institute, 1998, Washington DC.

Jacobs, J. A., «Comparing regulatory models: self-regulation vs. Government regulation», *Journal of Technology Law and Policy*, issue 1, primavera 1996.

John-Steiner, V., *Creative collaboration*, Oxford University Press, 2000, Oxford, Reino Unido.

Jonassen, D., «Learning as activity», ponencia presentada en la sesión presidencial de *In Search of the Meaning of Learning* (J. Visser, presidente) en el Congreso Internacional de la Association for Educational Communications and Technology, Disponible en Internet en la dirección, *www.learndev.org/dl/DenverJonassen.PDF*, 2000, Denver, CO.

Jupiter Communications, *Digital Commerce Growth Will Be at Expense of Off-line Dollars*, 4 de agosto de 1999, *www.jup.com/jipiter/press/releases/1999/0804.html*

Katz, J. E., «Struggle in Cyberspace: fact and friction in the World Wide Web», *Annals*, AAPSS, 500, nov. 1998.

Keck, M. E y Sikkink, K., *Activists beyond borders: advocacy networks in international politics*, Cornell University Press, 1998, Itaca.

Keohane, R. y Nye, J., «Power and interdependence in the Information Age», *Foreign Affairs*, septiembre-octubre 1998.

Kobrin, S. J., «The MAI and the clash of globalizations», *Foreign Policy*, n.º 109, otoño, 1998.

Koomey, J.; Kawamoto, K.; Nordman, B.; Piette, M. A. y Brown, R. E., Memo to Skip Laitner of EPA: *Initial comments on «The Internet begins with coal»*. LBNL-44698, 2000.

Laitner, J. A., «Skip», *The information and communication technology revolution: Can it be good for both the economy and the climate?*, U.S. Environmental Protection Agency, dec. 1999, Washington, DC.

— y Koomey, J.; Worrell, E. y Gumerman, E., 2000. «Re-estimating the annual energy outlook 2000 forecast using updated assumptions about the Internet economy», presentado en The Eastern Economics Association Conference (LBNL-46418), 24 march 200, Crystal City, Virginia.

Lawrence Lessig, *Open Code and open societies : values of Internet Governance* (draft 3), 1999 Sibley Lecture, University of Georgia, 1999.

Leaffer, M., «Domain Names, Globalitatión and Internet Governance», *Global Legal Issues Journal*, vol. 6, issue 1, otoño, 1998.

Lederman, L. M., «On the threshold of the 21st century: Comments on science education», ponencia presentada en el Simposio *Overcoming the underdevelopment of learning* (J. Visser, presidente) en la reunión anual de la American Educational Research Association, abril 1999, Montreal, Canadá.

Lesourne, J., «Penser la société de l'information», *Commentaire,* vol. 20, n.º 77, primavera, 1997.

Lévy, P., *L'évolution culturelle*, mimeo, 2001 e intervención en el Foro Información, Conocimiento, Verdad, Bolonia, 29-30.10.2000.

Libert, B. y Ribaudo, W., *The new space race: Virtual space draws the skylines of the future*, Arthur Andersen, 1996, *www.realty4.com/art_andr.html.*

Louvier, J., «Le cadre juridique de l'Internet», en *Les nouvelles pratiques délictuelles liées aux technologies de la communication*, PUF, 1999, París.

Luke, T. W., «Nationality and Sovereignty in the new World order», *AntePodium*, 3/96.

Mayor, F., *La memoria del futuro*, UNESCO Press, 1995, París.

— Discurso del director general de la UNESCO, con motivo del Congreso Intercontinental de Educación: La educación a las puertas del tercer milenio; 21 de julio de 1998. Documento DG/98/25. París: UNESCO, París.

Mefford, A., «Lex informatica: Foundations of law of Internet», *Indiana Journal of Global Legal Studies*, vol. 5, n.º 1, Fall 1997.

Mello, W., *From Melbourne to Prague: the Struggle for a Deglobalized World*, (02.11.2000), *www.zmag.org/melbourne_to_prague.htm.*

Mills, M. P., *The Internet begins with coal: a preliminary exploration of the impact of the Internet on electricity consumption*, The Greening Earth Society, VA, mayo 1999, *httm://www.fossilfuels.org*, Arlington.

Mitchell-Jackson, J., *Energy needs in an Internet economy: A closer look at data centers,* Thesis, Energy and Resources Group, University of California, 16 de mayo de 2001, Berkeley.

Mulgan, G., *Connexity,* Boston, 1997.

Muñoz Machado, S., *La regulación de la red,* 2001, Madrid.

Naciones Unidas (UN), *World Population Prospects 1950-2050* (The 1996 Revision), 1996, Nueva York.

Nelson, S. y Druinker, P., «The Exent of forest decline in Europe», *Environment 29*, n.º 9, 1987.

Nye, J. y Donahue, J. (eds.), *Governance in a globalizing World,* 2000, Washington.

Organización de las Naciones Unidas para la Agricultura y la Alimentación (FAO), *The state of World fisheries and aquaculture, 1996*, FAO, 1997, Roma.

Ortega, A., *Horizontes cercanos: Guía para un mundo en cambio*, 2000, Madrid.

Pais, A., *A tale of two continents: A physicist's life in a turbulent world*, Princeton University Press, 1997, Princeton, NL.

Perritt, H. H., «Cyberspace self-governement: Town hall democracy or rediscovered royalism?», *Berkeley Technology Law Journal*, fall, 1997.

Pisanty, A., «México: ICANN, ¿Gobierno de Internet?», *Revista Electrónica de Derecho Informático*, n.º 24, julio 2000.

PNUD, Informe sobre el Desarrollo Humano 1999, 1999, Madrid.

Post, D. G., «Anarchy, State and the Internet: An essay on law-making in Cyberspace», *The Journal of Online Law*, 1995.

Revue Suisse de Science Politique, vol. 5, 1999.

— Akdeniz, Y., «The regulation of Internet content in Europe : governmental control versus self-responsability».

— Giacomello, G., «Taming the Net? The issue of Government control on the Internet».

— Holistcher, M., «Global Internet Governance and the rise of the private sector».

— Lessig, L., «Governance, Internet and otherwise».

— Shahin, J. B., «The Internet. A case study for global governance».

Rifkin, J., *The Age of access: How to shift from ownership to access is transforming capitalism*, 2000, Londres.

Rubén Blanco, J., «Sobre sujetos virtuales y mundos digitales: el caso de las comunidades virtuales», *Política y Sociedad*, 30, 1999.

Sand, P., «Air pollution in Europe: International policy pressures», *Environment*, 29, n.º 12, 1987.

Sassen, S., «Digital networks and the State, some governance questions, Theory», *Culture and Society*, vol. 17 (4), 2000.

Shapiro, A., *The Control Revolution: how the Internet is putting individuals in charge and changing the World we know*, Public Affairs, 1999, Nueva York.

— «The Net that binds, using cyberspace to create real comunities», *The Nation*, junio 21, 1999.

Shotter, J., «The social construction of our "inner" lives», *Journal of Constructivist Psychology*, 10, 7-24, 1997.

— «Constructing "Resourceful or mutually enabling" communities: Putting a new (dialogical) practice into our practices», ponencia presentada en la sesión presidencial de *In Search of the Meaning of Learning* (J. Visser, presidente) en el Congreso Internacional de la

Association for Educational Communications and Technology, disponible en Internet en la dirección *www.learndev.org/dl/DenverShotter.PDF,* 2000, Denver, CO.

Siekman, P., «How a tighter supply chain extends the enterprise», *Fortune,* 8 de noviembre de 1999.

Siniscalo, D. y Vitalini, S., «Comunità digitali», *Il Mulino,* n.º 381, 1/1999.

Solomon, D. L., «Philosophy and the learning ecology», ponencia presentada en la sesión presidencial de *In Search of the Meaning of Learning* (J. Visser, presidente) en el Congreso Internacional de la Association for Educational Communications and Technology, disponible en Internet en la dirección *www.learndev.org/dl/DenverShotter.PDF,* 2000, Denver, CO.

Tessmer, M. y Richey, R. C., «The role of context in learning and instructional design», *Educational Technology Research and Development,* 45 (2), 85-115, 1997.

The Economist, «A survey of Government and the Internet», 24 de junio de 2000.

Turkle, S., «Looking toward cyberspace: beyond grounded sociology», *Contemporary Sociology,* vol. 28, n.º 6, noviembre 1999.

Udel, J., *Internet Groupware for Scientific Collaboration, http://software-carpentry.codesourcery.com/Groupware/report.html*

Valentine, J., «Information technology, ideology and governmentality», *Theory, Culture and Society,* vol. 17 (2), 2000.

Vallespín, F., *El futuro de la política,* 2001, Madrid.

Vedel, T., «Peut-on gouverner les nouvelles techniques de communication? Les États dans les villages planétaires», *Revue Internationale de Politique Comparée,* n.º 3, 1999.

Visser, J., *Landscaping the learning environment: Creating a home for the complex mind.* 2001 David Kinsey Lecture. Amherst, Massachusetts: University of Massachusetts. También disponible en Internet en la dirección *http://www.learndev.org/KinseyLecture2001-rev2.pdf.*

— (2001*a*), «Integrity, completeness and comprehensiveness of the learning environment: Meeting the basic learning needs of all throughout life», en D. N. Aspin, J. D. Chapman, M. J. Hatton e Y. Sawano (eds.), *International Handbook of Lifelong Learning* (pp. 447-472), Kluwer Academic Publishers, Dordrecht, Países Bajos.

Walton, J. y Seddon, D., *Free Markets & Food Riots: the Politics of Global Adjustment,* Blackwell, 1994, Cambridge.

Wired, MP3 cutting into music sales?, 24 de marzo de 1999.

World Resources Institute, *World Resources Report 2000-2001,* Oxford University Press, 2000, Nueva York.

Wright, R., *Non Zero, the logic of human destiny,* 2001, Nueva York.

Wyckoff, A. y Colecchia A., *The economic and social impact of electronic commerce*, Organización para la Cooperación y el Desarrollo Económico (OCDE), 1999, París.
Zaldivar, C. A., *Al contrario*, 2001, Madrid.
Zittrain, J., «ICANN: between the public and the private. Comments before Congress», *Berkeley Technology Law Journal*, otoño, 1999.
Zysman, J., Weber, S., «Governance and politics of the Internet economy-Historical transformation or ordinary politics with a new vocabulary?», *BRIE Working Paper*, 141, mayo 2000.

Impreso en el mes de marzo de 2002
en A&M GRÀFIC, S. L.
Polígono Industrial «La Florida»
08130 Santa Perpètua de Mogoda
(Barcelona)